培养具有中华情怀的
时代新人

武汉市中华路小学培养"中华小当家"
育人方式20余年实践探索

罗宏文　主编　　范成君　副主编

华中科技大学出版社
http://press.hust.edu.cn
中国 · 武汉

图书在版编目(CIP)数据

培养具有中华情怀的时代新人 ：武汉市中华路小学培养"中华小当家"育人方式20余年实践探索 / 罗宏文主编 ；范成君副主编 . -- 武汉 ：华中科技大学出版社，2024. 9. -- ISBN 978-7-5772-1228-9

Ⅰ. G622.0

中国国家版本馆CIP数据核字第2024LT8625号

培养具有中华情怀的时代新人
——武汉市中华路小学培养"中华小当家"育人方式
20余年实践探索

罗宏文　主　编
范成君　副主编

Peiyang Juyou Zhonghua Qinghuai de Shidai Xinren
—— Wuhan Shi Zhonghualu Xiaoxue Peiyang "Zhonghua Xiaodangjia" Yuren Fangshi
20 Yu Nian Shijian Tansuo

策划编辑：曾　光　刘　静

责任编辑：孙　念

封面设计：琥珀视觉

责任校对：刘　竣

责任监印：朱　玢

出版发行：华中科技大学出版社(中国•武汉)　　电话：(027) 81321913
　　　　　武汉市东湖新技术开发区华工科技园　　邮编：430223

录　　排：孙雅丽

印　　刷：湖北新华印务有限公司

开　　本：787mm×1092mm 1/16

印　　张：15.75

字　　数：283千字

版　　次：2024年9月第1版第1次印刷

定　　价：79.00元

编委名单

主　编：罗宏文

副主编：范成君

编　委：夏　惠　　雷　莹　　沈朝霞　　许许多多　翁葆华　　王　菡

　　　　王　露　　程　红　　向　珺　　刘文敬　　刘　卉　　樊琳丽

　　　　谢　辉　　罗　青　　严雪锋　　王　聪　　周　婷　　郭婉怡

　　　　曾　胜　　黄巧雅　　祁梦园　　刘嘉琪　　邵　颖　　张玉洁

　　　　杜安琪　　王莉莉　　方梦雪　　郭晶晶　　黄玲燕　　舒荷影

　　　　范泽颖　　许　静　　杨晓丽　　夏立艳　　陈　飘　　刘群艳

　　　　章　玲　　杨　思　　杨　明　　马玉霜

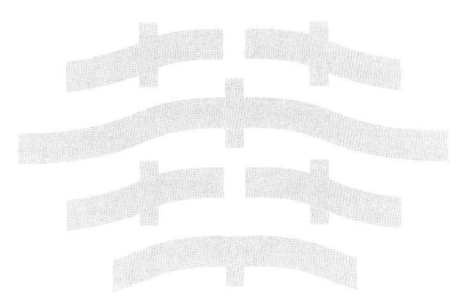

序

　　我与中华路小学结缘20余年，先后参与了徐宏丽校长、王成高校长、罗宏文校长领导下的学校教科研工作，涉及学校文化建设、课程与教学改革、教育评价改革、教师专业发展等方面。

　　中华路小学始建于1947年，它在武汉市乃至全国都有较高的知名度。21世纪以来，学校发展给我留下的深刻印象是：全面贯彻党的教育方针，坚持发展素质教育，大力弘扬立德树人和家国情怀，深入扎实推进课程与教学改革，学校风气正，教师素质优，教育质量高，社会口碑好。

　　2023年下半年，为了进一步总结、提炼20余年来学校教育改革与发展的实践成果，我受罗宏文校长之邀参加了《培养具有中华情怀的时代新人——武汉市中华路小学培养"中华小当家"育人方式20余年实践探索》一书的策划和编撰指导工作。在与学校领导和编写团队的交流、研讨过程中，我深切地感受到，在三任校长的"接力式"引领以及全体师生的共同努力下，学校积累了丰富的教育改革经验，形成了许多具有标志性的成果和示范引领性的亮点。此次全面、系统、深入地梳理20余年来学校育人方式变革的实践成果，十分必要，也恰逢其时。在我看来，本书具有三个显著特点。

　　一是立足培养"中华小当家"，校本特色鲜明。中华路小学与"中华"结下了不解之缘，学校因校名生"中华"，因地域见"中华"，因课改强"中华"。三任校长秉承"站在'小中华'，心系大中华""玉兰精神，中华情怀""站在'小中华'，心系大中华，全面发展强中华"的办学思想，坚持培养"中华小当家"的素养目标

（家国情怀、国际视野；乐学善思、合作创新；知行合一、勇于担当），开展了一系列卓有成效的教育教学改革，体现了鲜明的校本化特色，产生了较大的影响力。学校坚持不懈地为党育人，为国育才，培养热爱祖国、热爱中国共产党、热爱社会主义的新时代接班人——"中华小当家"。

二是聚焦学生发展核心素养，体现时代气息。根据新时代的特点和趋势，学校按照《中国学生发展核心素养》指标体系和新课程标准提出的培养"有理想、有本领、有担当"的时代新人的要求，着力构建、实施了以"五大核心素养"为导向的育人体系，即"厚植爱国情怀，培养文化素养""养成文明礼仪，培养社交素养""达成深度学习，培养学习素养""学会劳动生活，培养生存素养""增进国际理解，培养全球素养"，深入推进素养导向下的育人体系建设和教育教学改革，积极回应中国式教育现代化对人才培养的战略需求，体现了鲜明的时代特点和气息。

三是注重传承与创新发展，突出育人方式变革。学校坚持立德树人和"五育融合"，围绕培养"中华小当家"的文化素养、社交素养、学习素养、生存素养和全球素养，通过学校课程建设、课堂教学变革、教师教科研能力提升等举措深入开展育人方式改革。在教育价值导向上，努力实现厚植家国情怀、养成文明礼仪、达成深度学习、学会劳动生活、增进国际理解的目标。学校基于"素质教育"和"绿色教育"的办学理念，以课堂教学为主阵地，不断打磨、升级课堂教学质量评价体系，逐步从1.0版更新至7.0版，实现了以评价改革引导教学变革的目标；同时，学校还设计了"五色"课程图谱，形成了"红色立德、蓝色科创、黄色健体、紫色臻美、绿色劳作"的课程体系，打造了幼小衔接的"Do Re Mi"课程、中小衔接的"成长课程"，构建了幼儿园—小学—中学一体化的育人共同体。

20余年来，我对中华路小学的发展多有了解，也目睹了学校教育的巨大变化。如今，中华路小学的教育工作者们在教育高质量发展的探索中取得了非常可喜的成绩。承蒙学校的盛情相邀，为本书作序，衷心希望中华路小学在教育改革和实践的道路上不断探索，取得更大的成绩，为武昌区、武汉市乃至全国的基础教育发展做出更大的贡献。

靖国平于湖北大学

2024年3月22日

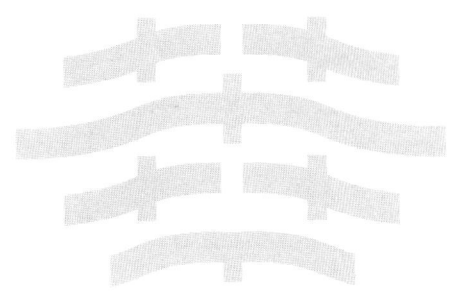

前　言

　　1990年7月，20岁的我从武汉市第二师范学校毕业，分配到武昌区中华路小学担任语文教师兼班主任，其后的7年时间中，由于工作的需要先后担任过学校团支部书记、校长助理、副校长。现在回想起来，自己是非常幸运的，一毕业就能在这所底蕴深厚的学校得到锻炼和成长，印象最深的是学校的教师都非常朴实、低调，不论年长的教师还是年轻的教师都非常敬业。有两件事至今给我留下了深刻的印象。一件事是当时学校的顾问（老校长漆文婉）每周二都到学校来指导教学，学校安排她连续听我的课差不多一个学期，每次听完课之后她就跟我反馈，指导我修改教案，提出下一次听课的要求。从一开始的紧张、抵触到后来的从容自信，以至于到现在一天不进课堂听课都觉得这一天似乎荒废了，我想可能就是那个时候养成的习惯。还有一件事就是时任学校书记的朱秀珍到我们四年级语文组"蹲点"，用一周的时间把我们3位年轻教师的教案、作业批改全部查阅了一遍，然后跟我们反馈，指出我负责的班级学生两极分化倾向明显、书写不够美观整洁等问题，连每一个学生的名字、情况都如数家珍，那一刻我震撼万分。在朱秀珍书记密密麻麻的笔记中，我看到了一个老教育人的严谨和执着，以及对年轻教师成长不遗余力的帮助与支持。后来我当了校长，也是坚持每学期必须像这样"蹲点"一个年级，逐一跟教师们进行交流和反馈，这也是那个时候从朱秀珍书记身上学到的。

　　1997年，我离开中华路小学，先后在武昌区内4所学校担任校长，但是我始终关心中华路小学的发展动向，经常会在媒体、教育局经验交流大会上了解学校发展的情况。特别是2001年开始启动新课程改革之后，中华路小学乘上快速发展列车，

《人民教育》杂志对学校办学进行报道，原国家教育委员会副主任柳斌、教育部基础教育司原副司长朱慕菊、第二届教育部基础教育课程教材专家工作委员会委员刘坚等先后多次到学校指导工作，学校先后获得"湖北省普通中小学示范学校""湖北省基础教育五十强""武昌名校""武汉市群众满意中小学"等一个个耀眼的荣誉称号，梅安妮、余素兰、徐利萍等一位又一位优秀教师脱颖而出。我每次路过学校，看到科技楼上书写的"站在'小中华'，心系大中华"标语，都不由自主地为自己曾经是中华路小学的一员，曾经在这里留下青春足迹，也为它今天所取得的成就而感到自豪。在办学中，我也经常和时任中华路小学校长的徐宏丽、王成高交流探讨，学习和借鉴了很多他们的经验与做法。

2021年8月，在离开中华路小学24年之后，我再次回到这所既熟悉又陌生的学校，成为中华路小学第十任校长。之所以说熟悉，是因为这里还有很多曾经一起共事的伙伴，每位教师身上所特有的精神气质（我把这种精神气质概括为朴实而坚定、内敛而丰厚）依旧。学校文化几十年一脉相承，注重常规，关注细节，坚持让校园里的每一件小事都具有教育的味道，始终将人的发展融入学校教育教学之中。和我以前新任其他学校校长时的感觉完全不同，我似乎都不需要适应期、过渡期，很快就能融进学校。我想，这么多年来我身上养成的习惯其实是这所学校在我年轻的时候打下的深深烙印，根本磨灭不掉。之所以说陌生，是因为学校经过20余年的发展不断壮大，一校三区的办学格局，学校教师队伍日趋年轻化，办学理念不断践行、提炼、深化，更加顺应时代和社会发展的要求。如何更好地传承学校文化，擦亮"中华路"教育品牌，我想就是要挖掘学校文化的精髓，站在时代的高度，没有对过去的了解与传承，就谈不上今天的实践与创新，更谈不上对未来的展望与期许！

2001年秋季启动课程改革之时，学校就提出了"站在'小中华'，心系大中华"的办学精神，将国家民族的发展与学校的办学目标、培养目标紧密结合在一起，激励了无数师生将个人成长与国家发展融为一体。2021年我们在此基础上提出了"站在'小中华'，心系大中华，全面发展强中华"的办学精神，既是对学校办学历史的传承，更是对当下教育使命和社会关切的回应，更加彰显名校担当，正好和教育部于2022年4月印发的《义务教育课程方案和课程标准（2022年版）》中提出的培养目标"有理想、有本领、有担当"高度契合，更加坚定了我们前行的信心。

2024年，我们将学校20余年办学历程中所积累形成的经验与做法集结成册，在回望来时路的过程中明确未来行进的方向。当前，我国正朝着第二个百年奋斗目标进军，"双减"、新课标等相继出台，大数据、人工智能等对教育的发展产生重大的影响，在实现"为党育人、为国育才"的历史使命中，中华路人正勠力同心，砥砺前行，通过积极构建"五色"课程图谱，打造"精学"课堂，开展"用英语讲好中国故事"项目实验等途径，培养具有家国情怀、国际视野的时代新人。

感谢在本专著编撰出版过程中给予学校大力帮助的靖国平教授，他是学校20余年实践探索的见证者、同行者、指导者，感谢武昌区教育局领导对专著的出版发行给予的关心和帮助。江流贤胜，大成武昌。辛亥革命在这里打响第一枪，白云黄鹤的传说千年流传，独特的城市文化孕育了我们独特的精神气质，英雄的城市造就了英雄的人民。"遵循规律、遵守规范、轻负高效、持续发展"是武昌区提出并践行的"绿色教育"理念，中华路小学作为其中的一员，必将在"绿色教育"的实践与探索中深耕细作，砥砺前行！

武汉市武昌区中华路小学校长　罗宏文

2024年3月18日

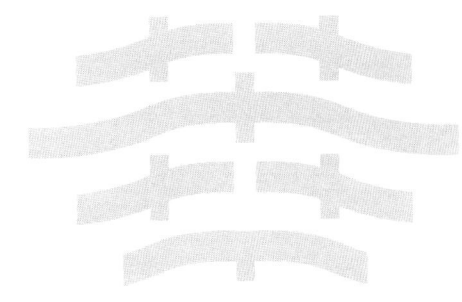

目　录

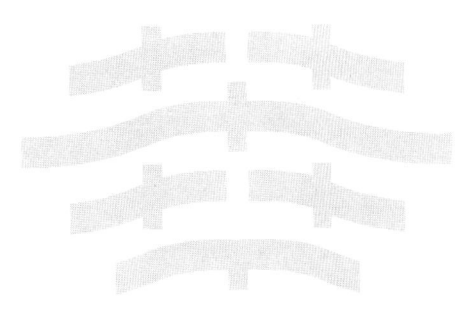

第一章
培养"中华小当家"的缘起、历程和时代呼唤

第一节　培养"中华小当家"的缘起

一、因校名生"中华"

"滔滔长江滨，白云黄鹤下。玉兰深处是我家，名字叫中华……"这是中华路小学在2017年建校70周年时谱写的新校歌中的一句歌词，唱响在每个师生的心中。滔滔长江水，滚滚向东流，造就了美丽的武汉，哺育了江城儿女，也孕育了一所以"中华"为名的学校。

武昌区中华路小学始建于1947年，当时校名为武昌首义区第一国民学校，创办初期学校十分简陋，仅有4间教室和1间办公室，教职工7人，学生179人。1950年改名为武昌区第十一小学，办有9个教学班。1956年改名为中华路小学，附设幼儿园1所。"文革"期间改名为燎原小学。1978年党的十一届三中全会以后，恢复校名中华路小学，沿用至今。现在，学校已发展为有3个校区、在校生规模达3000多人的小学。

学校以"中华"为名，一代代"中华人"将办学育人与国家发展、民族复兴紧紧联系在一起，展现了深厚的民族情怀和文化底蕴。

学校以"中华"为名，诉说着对中华民族优秀传统文化的尊重和传承，引导学生成长为具有家国情怀的接班人。

学校以"中华"为名，彰显着全球化背景下的文化自信，引导学生成长为具有国际视野和跨文化沟通能力的人才。

正如学校在20世纪80年代创作的校歌中唱的那样："扬子江畔,有个美丽的地方,翠绿的小树,美丽的楼房,在这里我们点燃理想的火苗,文明的花儿,实验的花儿,竞相吐芬芳!农讲所旁,有个幸福的地方,在这里我们德智体全面发展,肥沃的土壤,科学地育人,琴棋书画有专长!啊,中华,中华!我们在这里起飞,展翅翱翔,将来我无论走到什么地方,都要为你争光,为你争光。"

二、因地域见"中华"

武昌区中华路小学,坐落在中华路上,与著名的红色革命遗迹红巷紧密相连。小巷不足1公里,却集中了武昌中央农民运动讲习所旧址、中国共产党第五次全国代表大会会址纪念馆(下文简称中共五大会址纪念馆)、毛泽东旧居纪念馆、陈潭秋烈士纪念馆等多个红色革命遗迹。

2004年8月至2007年3月,中华路小学在武昌区都府堤20号(原陈潭秋纪念馆、武昌区潭秋中学)设立潭秋分校。2007年3月,为建设中共五大会址纪念馆,潭秋分校搬至黄鹤楼道87号(原武昌黄鹤楼小学校址)过渡办学。2008年8月,潭秋分校正式搬入位于武昌区中山路53号的金都汉宫小区内,更名为武昌区中华路金都小学,属于"公办民助"性质小学。2011年8月,按照武昌区教育整体规划,武昌区中华路金都小学退回公办制,更名为武昌区中华路小学金都校区。2015年8月,中华路小学作为优质教育资源被引进武昌区最北段的杨园片区,开办了第三所分校——武昌区中华路小学橡树湾校区,满足了当地居民对优质教育的需求。自此我校三校区各美其美,彰显特色,共同为武昌区基础教育的优质均衡发展贡献力量。

中华路小学充分利用红色资源,将学校的许多实践活动,如少先队主题队会,共青团支部、党支部的活动,青年教师课题研究活动等都安排在中共五大会址纪念馆中开展,将红色资源与学校的教学活动相互融合。

2018年,经武昌区人民武装部、武昌区教育局批准,我校正式成立了"少年军校"。学校三个校区都有一支国旗护卫队,分别以陆、海、空三军仪仗队的形式在校园里参与训练,每天进行庄严的升、降旗仪式。2023年,我校被教育部和中央军委政治部认定为全国国防教育示范校。

在这里,学生们不仅积淀了深厚的红色文化底蕴,还用自己的行动诠释着红色文化的精神内涵,成长为一代又一代热爱祖国、热爱人民、热爱社会主义的"中华小当家"。

三、因课改强"中华"

2001年秋，国家启动新一轮基础教育课程改革，武昌区作为教育大区、强区，成为首轮国家课改实验区，我们学校也成为首批进入新课程改革的实验校。

课程改革充满了未知和挑战。作为参加首轮课改的学校，教师们可参考的资源很少，从某种意义上说，参与首轮课改的教师们，都是新课改的拓荒者。每一个教师都会学习再学习、实践再实践，力求自己的每一节课都发挥出最大的课堂效益，努力实现新课标的目标与精神，为孩子营造一个快乐的学园，培养素质全面而富有个性的学子。

于是，在课堂上，语文学科的教师致力于创造一个充满童趣的学习氛围，构建一个以情感、态度、价值观为主体，知识和能力、过程与方法并重的三位一体的教学结构。数学学科的教师突出数学与现实生活、现实世界的联系，通过创设有趣的问题情境，引导学生思考，提高学生应用所学数学知识解决日常生活中的实际问题的能力。艺术学科的教师则力求营造一个充满艺术氛围的环境，以人文素养为核心进行艺术学习。同时，年组还加强了校本课程的研究，丰富学校课程体系，拓展学生实践活动场域，促进学生全面发展。

首轮课改六年，学校教师共上全国、省、市、区各级接待课、研究课210多节，接待各级领导、专家、同行听课2万多人次。学校科研成果被武汉市科技局认定为重大科技成果，学校教师获奖的各级论文和在各级刊物上发表的文章共180多篇。《光明日报》《人民教育》等刊物以及湖北电视台、武汉电视台对学校的课程改革情况共做过45次专题报道。时任教育部基础教育司副司长朱慕菊莅临学校，参加教师研讨活动"我讲我的故事"，对学校课程改革实验工作给予了高度评价。

我校一直坚持课程改革，推进学校整体发展，不断提升学校办学品质，得到《人民教育》的持续关注。其先后三次走进了中华路小学，对我校办学及课改成果进行了报道——

第一次早在1987年，《人民教育》上就刊登了《武汉市中华路小学在搞好课堂教学的同时实行课内与课外结合》，展示了我校丰富多彩的课间活动；第二次是在2002年，《人民教育》编辑余慧娟老师走进中华路小学，写下《一堂课和它背后的故事》，从一节普通的品德与生活课，看到了中华路小学教师"蹲下身看孩子"的职业精神和人文关怀；2011年，余老师又回访学校，写下了《把每一件小事做出教育的味道——湖北省武汉市中华路小学十年素质教育纪实》，细致描摹了我校师生生动活泼的生活画卷，展现了校园点点滴滴小事中的育人情怀和文化精神。

中华路小学在素质教育方面的努力，也得到了武汉市素质教育督导评估团的高度认可。这份荣誉，是对学校教育成果的最好褒奖，也是对学校未来发展的极大鼓舞。"在中华路小学感受到精神的家园，品到教育的味道"，"在中华路小学看到了真教育"，"从中华路小学看到了武昌教育的高贵"。①

2023年，中华路小学现任校长罗宏文给《人民教育》编辑余慧娟老师回了一封信，向余老师历数我校近十年来课程改革的探索和实践：不断打磨"课堂评价体系"，从1.0版更新至7.0版；设计"五色"课程图谱，形成"红色立德、蓝色科创、黄色健体、紫色臻美、绿色劳作"课程体系；打造幼小衔接"Do Re Mi"课程、中小衔接成长课程，搭建了学段之间的桥梁。

如今，当我们回首过去，那些艰辛与荣耀都成了我们前行的动力。我们对教育的理解更深刻了：教育不仅仅是教书育人，更是点燃希望、传递梦想的神圣使命。我们相信，每一个孩子都是一个小小的个体，他们都有自己的梦想和追求。而我们的责任就是为他们提供更多的机会和平台，让他们在学习和成长的过程中更加自信和坚定。在中华路小学，我们始终致力于培养"中华小当家"，让每一个孩子都能成为有理想、有本领、有担当的未来之星。

现在，当我们凝望明天，那些挑战与机遇都将成为我们前进的引擎。"站在'小中华'，心系大中华，全面发展强中华"已成为学校的办学精神，深深地镌刻在每一位中华路人的心里！在未来的日子里，中华路小学将继续将办学理念与中华民族的伟大复兴紧紧联系在一起，不断弘扬中华民族的优秀传统文化，培养出一代又一代热爱祖国、热爱人民、热爱社会主义的新时代接班人——"中华小当家"。

第二节 培养"中华小当家"的发展历程

武昌区中华路小学从1947年建校至今已有77年，学校历史悠久，形成了独特的文化精神和办学理念，深深地影响着每一个教师和学子。20余年来，伴随着国家发展和教育改革的历程，我校不断探索育人途径和方式，积累了丰富的实践经验，逐渐形成了独具特色的"中华小当家"育人模式。

---

① 余慧娟,施久铭,谢铭德.把每一件小事做出教育的味道——湖北省武汉市中华路小学十年素质教育纪实[J].人民教育,2011（18）：39-48.

一、借新课改春风，培养"中华小当家"

1980年，学校开始引进中央教科所教材，进行学科单项改革试验。中央教科所派专家到校指导工作。1985年，在学科单项改革的基础上，学校以"加快素质教育，深化整体改革"为主题，开展教育教学整体改革试验。到2000年，完成了三轮试验，进行了"五四学制"改革实验、课程与教材改革实验、思想品德教育改革实验、教法改革实验、中小幼衔接改革实验、家庭教育研究实验、课外活动体系实验以及管理改革实验等，成立了"中华路小学整体改革实验"领导小组、专题组，向国家教委小学整体改革试验调查组进行专题汇报。形成了各年级学生素质的目标体系，在全国教育整体改革会议上作了经验交流。

2000年9月，学校"九五"市级重点课题"减轻学生过重负担，优化教育教学活动，全面发展学生素质"由武汉市教育规划领导小组组织专家进行结题评审，研究成果达到国内同类研究的领先水平。"十五"期间，学校科研工作以武汉市教育科学研究"十五"规划重点独立资助课题"小学问题教学研究"和2002年武汉市中小学素质教育专项课题"小学生问题意识与自主（探究）学习研究"为主体，还申报了两项国家级课题、一项省级课题、两项区级课题。全校教师全员参与，形成了"科研兴校""科研兴教"的良好氛围。

2001年6月8日，教育部印发了《基础教育课程改革纲要(试行)》，标志着新一轮的基础教育课程改革正式启动。[1]中华路小学很敏锐地感受到课程改革的春风，积极响应国家号召，实施以学生为本的教学方式改革，提炼学校的办学思想"为了学生的发展而教育"，提出了"创乐园、打基础、求发展"的育人思想。新一轮课程改革强调学生的主体性，提倡学生的主动学习和实践，打破了过去以教师为中心的教学模式。学校不仅在教学方法上进行了大刀阔斧的改革，还注重在课程设置、评价方式等方面进行多元化、个性化的探索。学校在保证国家课程的基础上，结合地方特色和学校实际，开发了多种校本课程。这些课程涵盖了人文、科学、艺术、体育等多个领域，为不同兴趣和特长的学生提供了更多选择。学校还鼓励教师采用探究式学习等以学生为主体的教学方法。这些方法不仅有利于培养学生的创新思维和批判性思考能力，还能帮助学生建立正确的学习态度和方法。与此同时，学校建立了多元化的评价制度，从多个方面对学生进行全面评价。

---

[1]顾红蓓.有感于"新课程改革"[J].新课程学习（下），2011（6）：71.

2011年4月，学校承担的武汉市教育科学研究"十一五"规划重点课题"小学课堂教学事件生成课程资源的策略研究"总结了生成课程资源的六种策略，具有创新性和推广性。

新课改的春风推动了我校课堂教学改革和课程建设的探索实践，也孕育了"中华小当家"育人模式的雏形。

二、发展核心素养，引领"中华小当家"

为了落实十八大和十八届三中全会提出的关于立德树人的要求，2014年教育部印发《关于全面深化课程改革落实立德树人根本任务的意见》，提出建设学生发展核心素养体系，深入回答"培养什么人、怎样培养人"的根本问题，引领课程改革和育人模式变革。

中华路小学再一次敏锐地捕捉到教育改革的主旨，更加注重学生的核心素养培养，帮助学生全面发展，提高其社会责任感和未来竞争力，改革一系列课程结构和评价体系，培养学生的批判性思维，培养学生独立思考、分析问题、评价信息的能力，使其能在成长过程中做出合理的决策；培养学生沟通与合作的能力，以应对未来复杂的社会环境；培养学生自主发展的能力，让学生学会自我管理、自我约束，使其具备自主发展的意识和能力；提高学生的社会参与度，培养学生的公民意识和社会责任感，使其积极参与社会活动，为社会做出贡献。

学校在发展学生核心素养的教育实践中，注重学生的全面发展与个性化发展。学校通过多样化的课程设置和教学方法，为学生提供个性化的教育体验。在课程设置方面，学校不仅注重国家课程的教学，还开设了艺术、体育、科学等多方面的拓展课程，以满足学生不同的兴趣和特长发展需求。此外，学校还鼓励学生参与多样化的实践活动和项目式学习，以培养其创新思维和实践能力。

学校将培养学生的社会责任感作为教育的重要目标之一。学校通过开展社会实践活动、志愿服务等，帮助学生了解社会问题和社会需求，培养其社会责任感和公民意识。此外，学校还注重与家庭、社区和专业机构的合作，共同为学生创造一个良好的成长环境，促进其全面发展，提升其社会参与度。通过培养学生的社会责任感，中华路小学致力于培养具有社会担当的新时代青少年。

2017年6月，学校"基于学生核心素养的课程供给校本研究"课题组向武汉市教育科学规划领导小组申报了教育科学"十三五"规划重点课题，被批准立项，2021年11月以优秀等级结题。

在发展学生核心素养的目标的引领下，"中华小当家"的内涵不断丰富，逐渐完善。

三、培养时代新人，争做"中华小当家"

在十九大报告中，习近平总书记指出："青年兴则国家兴，青年强则国家强。青年一代有理想、有本领、有担当，国家就有前途，民族就有希望。"在二十大报告中，习近平总书记提出了"着力培养担当民族复兴大任的时代新人"的重要要求，为时代新人的培育锚定了基本方向。

2022年3月，国家义务教育新课程标准颁布。新课程方案完善了课程目标，全面落实习近平总书记关于培养担当民族复兴大任时代新人的要求，结合义务教育性质及课程定位，从有理想、有本领、有担当三个方面，明确了义务教育阶段时代新人培养的具体要求。

在此时代背景下，学校总结提炼了"中华小当家"的具体内涵，中华路小学的学生需要具备以下特征：家国情怀，国际视野；乐学善思，合作创新；知行合一，勇于担当。

学校注重培养学生的远大理想和正确价值观，通过开展主题教育活动、采用榜样引领等方式，引导学生树立积极向上的人生目标和价值观念。学校提供多样化的课程和实践活动，培养学生的创新思维和实践能力。通过项目式学习、探究式学习等方式，帮助学生掌握适应未来社会所需的知识和技能。学校教育学生树立社会责任感和公民意识，通过参与社会实践活动、志愿服务等方式，培养学生的担当精神和参与社会公共事务的意愿。学校鼓励学生自我规划和自我约束，培养学生的自主管理能力和自律精神。通过开展时间管理、目标设定等活动，帮助学生掌握自我管理的方法和技巧。学校提供实践平台和机会，鼓励学生进行创新实践。通过开展科学实验、艺术创作等活动，培养学生的实践能力和创新思维。学校加强与家庭的合作与沟通，共同关注学生的成长和发展。通过家长会、亲子活动等方式，促进家庭与学校的互动和合作，共同培养学生的自主发展意识和实践能力。学校注重培养学生的全球视野和跨文化交流能力，让学生能够更好地理解其他国家和民族的文化和价值观，提高他们在全球化社会中的适应能力和竞争力。

学校始终坚持以学生为本，不断进行教育改革和创新。从新课改到发展核心素养，再到时代新人的培养，学校的教育目标始终围绕学生的全面发展和社会责任感的培育。这不仅体现了学校对于教育公平和全面发展的深入理解，也展示了学校在培养新时代青少年方面的坚定决心和独特见解。

一所学校之所以与众不同，是因为从学校里走出来的人身上带有这个学校的文化符号，烙上了学校的文化印记。中华路小学就是一所与众不同的学校，在教育改革的过程中，在培养"中华小当家"的过程中，中华路人将学校发展的"文化基因"一代代地传承了下来，让"文化基因"像种子一样生根、发芽、开花、结果。

第三节 培养"中华小当家"的时代呼唤

武昌区中华路小学是一所底蕴深厚的省级示范名校，是课程改革的实验站，是老百姓口中"家门口的好学校"。我校基于新时代的育人要求，全面贯彻党的教育方针，坚持立德树人导向，坚持素质教育方向，以培养"中华小当家"为主题，落实"站在'小中华'，心系大中华，全面发展强中华"的办学思想，构建符合学校实际的校本化育人体系，培养具有文化素养、社交素养、学习素养、生存素养、全球素养的时代新人。

一、顺应时代发展，为党育人、为国育才

2001年5月，《国务院关于基础教育改革与发展的决定》颁布；2001年6月，《基础教育课程改革纲要（试行）》出台，全国基础教育工作会议召开。全面贯彻党的教育方针，体现时代要求成为当今教育界的共识。党的十八大以来，习近平总书记围绕"培养社会主义建设者和接班人"作出一系列重要论述，深刻回答了"培养什么人、怎样培养人、为谁培养人"这一根本问题。我们的教育要坚持社会主义办学方向，落实立德树人的根本任务，坚持教育为人民服务、为中国共产党治国理政服务、为巩固和发展中国特色社会主义制度服务、为改革开放和社会主义现代化建设服务，扎根中国大地办教育，同生产劳动和社会实践相结合，加快推进教育现代化、建设教育强国、办好人民满意的教育，努力培养担当民族复兴大任的时代新人，培养德智体美劳全面发展的社会主义建设者和接班人。而"中华小当家"的育人模式能更好地因应国家教育改革的变化，也是培养社会主义建设者和接班人的有效举措。

教育，要顺应时代的召唤，必须以立德树人为根本任务，以为党育人、为国育才为根本目标，以服务中华民族伟大复兴和让国家强起来为使命。在这个时代背景下，我校坚持以人类命运共同体理念为价值引领，落实立德树人根本任务，培养具

有文化素养、社交素养、学习素养、生存素养和全球素养的时代新人，永远听党话、跟党走，拥护中国共产党领导和社会主义制度、立志为中国特色社会主义事业奋斗终生。

二、立足教育强国，发挥名校的育人优势

中国特色社会主义进入新时代，中国人民在站起来、富起来的基础上走向强起来，这意味着我国政治、经济、文化、社会等全方位地强起来。教育，是全面建设社会主义现代化国家的基础性、战略性支撑，教育兴则国家兴，教育强则国家强，教育强国建设在推动实现中国式现代化建设新征程上具有重要的战略性意义。

小学教育是学校教育的起始阶段，更是义务教育的奠基阶段。推动小学教育改革与发展，建设高质量小学教育立德树人体系是促进小学教育现代化、建设教育强国和办好人民满意的教育的基础性工作。在当前建设高质量教育体系的时代背景下，我校作为省级示范小学，与时俱进，根据时代变革的新挑战、社会发展的新要求、人才成长的新路径、教育教学方式的新变化，作出积极的回应：构建"五大素养"育人体系，即"厚植爱国情怀，培养文化素养""养成文明礼仪，培养社交素养""达成深度学习，培养学习素养""学会劳动生活，培养生存素养""增进国际理解，培养全球素养"，积极践行社会主义核心价值观，夯实立德树人根基，不断探索适合小学生发展的教育，同时在育人过程中尊重学生的人格尊严，认可学生多元的成长价值和发展成就。

三、聚焦核心素养，促进学生多元成长

教育服务于强国建设的根本在于实现人的现代化。教育是培养人的活动。提升人的素质，促进人的全面发展，是教育的本质所在。促进人的现代化发展是教育本质的要求。所以，教育强国把教育指向人的现代化，使教育回归育人的本真。

中国式教育现代化，既有提升人的现代性、促进人自由全面发展的教育共同要求，又有建设中国特色社会主义的特殊要求。二者合一就是要培养德智体美劳全面发展的社会主义建设者和接班人；就是要聚焦促进学生全面发展，大力发展素质教育，促进德智体美劳"五育"的有机融合，全面提升学生的意志品质、思维水平、创新能力等综合素质，努力提高学生身心健康发展水平，培养学生成为能够担当中华民族伟大复兴大任的时代新人。

当今世界科技发展日新月异，网络新媒体和人工智能广泛应用于人们的学习、

生活和工作中，青少年儿童的成长环境发生了深刻变化，新时代对人才培养提出了新的、更高的要求，即要培养具有核心素养、完整的人，能面向未来、重视变化、终身发展的人。而"中华小当家"育人模式呼应了时代变化和要求，"中华小当家"就是具有核心素养、全面发展、面向未来、终身发展的人。

（本章编写人员：罗宏文、王露、程红、向珺）

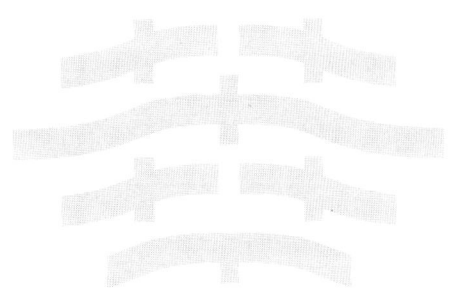

第二章
培养"中华小当家"的基本内涵、
素养目标和主要依据

第一节　"中华小当家"的基本内涵

"中华小当家"是我校旨在培育具有中华情怀的时代新人的理想形态，是"有理想、有信念、有担当"的社会主义建设者和接班人的具体化。

一、"中华小当家"的时代旨趣

习近平总书记在2013年五四青年节同各界优秀青年代表座谈时强调："历史和现实都告诉我们，青年一代有理想、有担当，国家就有前途，民族就有希望，实现我们的发展目标就有源源不断的强大力量。"当今世界，百年未有之大变局正在加速演进，中国面临着机遇和挑战。习近平总书记以宽广的视野，立足中国、放眼世界，在党的二十大报告中，明确提出要着力培养担当民族复兴大任的时代新人。国家要有长足的发展，必须重视对新时代青年各方面能力的培养，使其成长为能够自觉主动地承担起民族复兴的历史重任的时代新人。

新时代是近代以来中华民族得以蓬勃发展的最好时代，也是实现中华民族伟大复兴最为关键的时代。时代新人作为实现新时代现代化价值目标的历史主体与基本力量，既拥有着广阔的发展空间，同时也承载着伟大的历史使命。小学阶段是学习成长的起点，是时代新人的萌芽时期。

"中华小当家"育人模式作为我校20年来贯彻实施的育人模式，与习近平总书记对"有理想、有本领、有担当"时代新人的号召不谋而合。"中华小当家"就是未来的时代新人，坚持培养一批批"中华小当家"具有保证党和国家事业承前启后、后继有人的时代意义，更具有助力实现中华民族伟大复兴，促进人的自由而全面发展的实践价值。

二、"中华小当家"的现实意蕴

我校基于新时代的育人要求，观照当前教育存在的育人目标"错位失衡"、育人模式"单一封闭"、育人实践"薄弱低浅"等现状，以高质量发展为主线，全面贯彻党的教育方针，坚持立德树人导向，探索协同教育机制，落实"站在'小中华'，心系大中华，全面发展强中华"的办学思想，弘扬"学于勤、成于智、立于德"的校训与"基础扎实、个性鲜明、人格向上"的校风，建构符合学校现实的校本化育人体系，培养具有中华情怀的全面发展的时代新人，即"中华小当家"。

三、"中华小当家"的内涵特征

（一）"中华小当家"的内涵

我校将时代要求、办学理念、德育特色有机融合在培养"中华小当家"这一核心目标之下，深入回答"培养什么人、怎样培养人、为谁培养人"的教育核心问题，力求在学生必备品格和关键能力方面的育人目标上落地扎根。

"中华小当家"首先应具有坚定的理想信念和深沉的家国情怀；其次应具备在社会中生存、交往、学习所需的核心素养和关键能力，德智体美劳全面发展；最后，我们培育的"中华小当家"要走向世界，面向未来，因此他们应具备开阔的国际视野和全球眼光。

培育"中华小当家"是厚植爱国情怀、养成文明礼仪、达成深度学习、学会劳动生活、增进国际理解的五位一体的育人模式。

（二）"中华小当家"的特征

"中华小当家"有以下三个主要特征。

第一，家国情怀，国际视野。这一特征是"有理想"的具体化。爱国是"中华小当家"的核心情感，实现中华民族伟大复兴是"中华小当家"的理想信念。在全球化的时代背景下，学生还需要具备跨文化交流和合作的能力，拥有广阔的国际视野，做到文化自信，"平视世界"。

第二，乐学善思，合作创新。这一特征是"有本领"的具体化。"中华小当家"是德智体美劳全面发展的新时代小学生，他们乐于学习，保持热爱；善于思考，积极探究；长于合作，互助共进；敢于创新，不断探索。

第三，知行合一，勇于担当。这一特征是"有担当"的具体化。"中华小当家"的"当"就是责任担当，少年有担当则国家有未来。只有将所学的知识与技能运用于实践之中，努力承担在学校、家庭和社会中的不同责任，扣好人生的"第一粒扣子"，才能在未来担负起实现中华民族伟大复兴的神圣使命。

第二节　培养"中华小当家"的素养目标

教育的根本问题是"培养什么人、怎样培养人、为谁培养人"。在"培养什么人"这一问题上，武昌区中华路小学经过二十余年的探索，逐步形成具有中华路小学特色的育人目标和教育理念。21世纪初，徐校长提出"创乐园、打基础、求发展"的育人目标。经过近十年的教育教学实践与发展，王校长在此基础上提出"基础扎实、个性鲜明、人格向上"的育人目标，更好地呼应了当时的教育教学改革的要求。在党的二十大的指引下，罗校长提出了符合时代发展特点的育人理念——"站在'小中华'，心系大中华，全面发展强中华"。

在党的领导下，武昌区中华路小学始终致力于培养有爱国情怀、讲文明礼仪、有学习素养、会劳动生活、有国际视野的全面发展的"中华小当家"。

一、爱国情怀

（一）厚植爱国情怀的时代性和重要性

爱国是中华民族几千年绵延发展的主旋律，是中华民族的优良传统，更是中国人最深层、最持久的情感，是一个人的立德之源、立功之本。爱国是社会主义核心价值观的重要内容之一。加强爱国主义教育对树立正确的人生观、维护祖国统一和民族团结、推进中国社会前进具有重要意义。厚植爱国情怀、践行爱国强国，对培养德智体美劳全面发展的社会主义建设者和接班人，具有重大的现实意义。[①]

因此，爱国主义教育首先要从学生抓起。武昌区中华路小学充分发挥课堂教学

---

①元善喜，彭雪容.优化新时代高校课程思政建设的着力点[J].教育观察，2020，9（22）：24-26.

的主渠道作用，将爱国主义教育贯穿学校教育全过程，通过寓教于乐的方式培养社会主义建设者和接班人，培养"站在'小中华'，心系大中华，全面发展强中华"的"中华小当家"，培养未来能担当民族复兴大任的时代新人。

（二）培养"中华小当家"文化素养的育人目标

1. 坚定不移开展爱国主义教育

热爱故土山河是爱国主义的重要内容。祖国是我们世代生息、繁衍的辽阔大地，是我们生于斯、长于斯的故土家园，我们要教育我们的学生热爱脚下的这片土地，保护祖国的大好河山、壮美风光，维护祖国领土的完整。

国旗、国歌、国徽是一个国家主权的象征，更是国家对外的标志。作为教育者，我们不仅要让学生充分认识、了解我国的国旗、国歌、国徽，明白它们背后的意义和象征，更重要的是，要让学生懂得尊重并维护它们的庄严，学会正确升降国旗，悬挂国徽，奏唱国歌。

人民教师是党领导下的教育工作者，我们有责任和义务向学生传递党的方针政策，向学生传播党的思想、政策，培养学生的爱国意识和爱党意识，培养学生对祖国的深厚情感。

2. 开展中国特色社会主义和中国梦教育

我们要用事实和成果让学生牢记红色政权是从哪里来的、新中国是怎么建立起来的，让学生倍加珍惜党开创的中国特色社会主义，不断增强学生的道路自信、理论自信、制度自信和文化自信。[①]引导学生理解中国梦的内涵，让学生深刻认识中华民族伟大复兴的来之不易，引领学生争做新时代的奋斗者、追梦人。

3. 大力弘扬民族精神和时代精神

我们要通过各种形式开展爱国主义、集体主义、社会主义教育，提高学生的思想觉悟、道德水准和文明素养，学习并弘扬中国人民在长期奋斗中形成的伟大创造精神、伟大奋斗精神、伟大团结精神、伟大梦想精神。

4. 广泛开展党史、国史、改革开放史教育

习近平总书记说过："以史为镜、以史明志，知史爱党、知史爱国。"要让学生继承革命传统，弘扬革命精神，传承红色基因，就必须让学生学习并了解近代中国

---

① 中共中央国务院.新时代爱国主义教育实施纲要[M].北京：人民出版社，2019.

那段屈辱的历史，明白中国共产党的诞生是历史的选择、人民的选择，是中国发展道路的选择。

5. 传承和弘扬中华优秀传统文化、革命文化、社会主义先进文化

学习、理解并接受祖国的悠久历史、深厚文化，是爱国主义情感培育和发展的重要条件。我们要引导学生了解中华民族的悠久历史和灿烂文化，从历史中汲取营养和智慧，自觉延续文化基因，增强民族自尊心、自信心和自豪感。[①]同时培养学生的创新思维和辩证思维，让学生不仅能够古为今用，而且能辩证看待传统文化中的一些思想，推动中华文化创新性发展，在新时代发挥新的生命力。学习革命先辈和先进人物的事迹、思想，引导学生树立和坚持正确的历史观、民族观、国家观和文化观，不断增强学生的民族归属感、认同感、尊严感和荣誉感。

6. 强化祖国统一和民族团结进步教育

首先要让学生明白何为国家主权，知道我国的领土范围，从而自觉维护国家主权和领土完整，若遇到分裂国家的不当言行，学生要能及时分辨并与分裂祖国的言行开展坚决斗争，从小树立远大的理想和目标，能为实现民族伟大复兴、推进祖国和平统一而不断奋斗。其次还要让学生明白我国是一个多民族的国家，各族人民团结互助，共同繁荣，铸牢中华民族共同体意识。

7. 加强国家安全教育和国防教育

国家安全是安邦定国的重要基石。首先要加强国家安全教育，向学生宣传总体国家安全观，增强学生的国家安全意识，明白不能随意向他人透露关于国家政治、经济、文化、国土、社会、网络等方面的各种机密，能自觉维护国家安全。其次要加强国防教育，在学生心中树立国防观念，使学生关心国家国防建设，热爱祖国的各项国防事业，树立长大后建设国防的伟大理想并为之奋斗努力。

二、文明礼仪

（一）养成文明礼仪的时代性和重要性

孔子云："不学礼，无以立。"中华民族在五千年悠久的历史中，形成了古老的民族传统美德，在博大精深的文化遗产中，诸多优良的、传统的礼仪规范流传至

[①]陈生年.如何将爱国主义教育融入到研学旅行中——以海东市示范性综合实践基地为例[J].青海教育，2020（5）：49-50.

今，仍散发着强大的生命力，这便是文明礼仪。作为中华民族的传承人，我们有责任和义务传承和发扬中华民族的文化精髓。

孔子曰："兴于诗，立于礼，成于乐。"孟子云："爱人者，人恒爱之；敬人者，人恒敬之。"古希腊哲人赫拉克利特也说："礼貌是有教养的人的第二个太阳。"这些都充分说明"礼"是何等重要。加强小学生文明礼仪养成教育不仅关乎个人一生的发展，还反映了社会、国家的文明程度，更是社会公德、国家形象的体现。在全球化的视野下，文明礼仪更是推动全球化进程的主力，是社会交往的润滑剂和黏合剂。小学阶段就是进行文明礼仪教育的最关键时期。

（二）培养"中华小当家"社交素养的育人目标

"中华小当家"的礼仪教育内容在二十余年的育人实践中不断丰富、细化，根据发生地点和范围，分为校园礼仪、家庭礼仪和社会礼仪。

1. 校园礼仪

学生在学校的或与校园生活相关的所有言行举止，我们都可以归纳为校园礼仪。这也是学生文明礼仪的最重要、最基础的部分。学生在进入校园之前，要做到面容整洁、衣着得体、发型自然、仪态大方。进出入校园时，用语文明，行为有序。进入校园后，在与教师、同学交往沟通时要尊敬师长、友爱伙伴、宽容礼让、诚信待人。上课时，学生要认真听讲，遵守课堂纪律。午餐时，学生应该做到讲究卫生、爱惜粮食、节俭用餐、食相文雅。此外，学生在进行集会、阅读、"两操"等活动时要做到按规行礼、严肃庄重、遵守秩序。

2. 家庭礼仪

学校是礼仪教育的主阵地，家庭中的礼仪教育同样重要。学生在与长辈、亲人交流谈话时，应做到心平气和、耐心倾听。日常用餐时做到礼仪规范、食相文雅、长幼有序。而且在家庭生活中，学生应树立关爱长辈、主动服务的意识，从而构建和谐的家庭氛围。

3. 社会礼仪

每名学生都不是孤立的个体，家庭只是社会最小的单元，随着社会生活的丰富，我们不断鼓励孩子们走出家庭和校园，这不可避免地涉及社会礼仪。社会礼仪是一种具有普适性、法规性的礼仪规范，如学生外出乘坐公共交通工具时，必须遵守交通规则，学会礼让。在公共场所游玩或观赏时，要保护公物、恪守公德。在进行社会公益服务时，学生要文明交谈，举止大方，亲切礼貌。

校园礼仪、家庭礼仪和社会礼仪不是分别独立的子集合，它们之间存在交叉的部分，涵盖了从语言、行为到社会公德和秩序的方方面面。"中华小当家"的礼仪教育内容，旨在培养学生养成自尊、自爱、自律的良好品德，塑造良好的个人形象。发扬和传承中华传统文明礼仪，有利于形成和谐融洽、美好友善的人际关系，更重要的是能促进学校、家庭、社会的和谐稳定。

三、学习素养

（一）达成深度学习的时代性和重要性

《师说》有云："师者，所以传道受业解惑也。"在传统的中国教育的发展历程中，教师是知识的传递者、解惑者，而学生则是知识的接受者、发扬者。这一认识在教学实践中有着广泛、持续且扎实的影响，直到现在还有不少教育者遵循传统的"教师教、学生学"的教育方式。

但信息时代来临，知识来源多元化、复杂化，每个人都面临着独立判断信息正误以及提取自己所需信息的挑战，若教学还只停留在传统层面，对学生独立判断的能力以及归纳总结等能力的培养则是不利的。信息时代的到来迫使我们的教育进行深层次的变革。我们的教育不仅仅只是把人类几千年的文明成果传递给下一代，更重要的是还要让学生感受、体验人类文明发展过程中那些思想上、行动上的精华。

联合国教科文组织、国际教育发展委员会编著的《学会生存——教育世界的今天和明天》一书中提到："未来的文盲不是目不识丁的人，而是没有学会怎样学习的人。"[1]由此看来，让学生从"学会"变成"会学"是每一位教师需要不断追求的目标。深度学习能充分发挥学生的主观能动性，让学生意识到获取知识的乐趣。达成深度学习，是形成学生核心素养的基本途径，是"中华小当家"最根本的成长潜能。

（二）培养"中华小当家"学习素养的育人目标

1. 帮助学生掌握核心学科知识与技能

对于义务教育学段的教学而言，最重要的是让学生广泛地接受基础教育，习得并掌握所有基础学科相应的知识和技能。不同的基础学科其核心学科知识是不同

---

①靳军强.农村中学数学教学中对学生自主学习能力的培养[J].考试周刊,2018,(64):78.

的。自2022年新课标出台以来，各学科的核心素养变得十分明确，教师更加明确自己所教学科的内容，了解学生要达到的水平及需要掌握的知识与能力。只有在小学阶段搭建好学科体系，构建比较系统的学科支架，学生才能进入更高阶段的学习，因此，帮助学生掌握核心学科知识与技能是基础且十分必要的。

2. 培养学生的批判性思维

批判性思维是想象、分析和评估信息的能力，用于确定信息的完整性和有效性，简单而言就是我们接受信息时，能分析信息并做出判断。批判性思维是解决问题、制定决策和设定目标的重要组成部分，它也是教育的基础。在竞争日益激烈、变化越发迅速的今天，人云亦云是非常危险的行为。我们不仅要帮助孩子掌握各学科的相关知识和技能，更重要的是还要让学生批判性地思考，让学生在面对新的知识和信息时，能真正理解并进行分析、比较、检查、辩论，这样才能整合信息，进而进行实际和适当的应用，这才是"中华小当家"应有的思维水平。

3. 培养学生团队协作的能力

自古以来，团结合作就是我们精神文明中不可或缺的一环。放在当今社会，团结协作是任何一个团队都不可或缺的精髓。协作得当的情况下，团队的力量大于个人。在团队中，每个人都能充分展现自己的长处，发现自己的不足，扬长避短，个人的能力能得到提升。学生参与团队合作，不仅可以提升学习兴趣，还可以提高学习能力，扩展视野，碰撞思维。

4. 引导学生形成有效沟通的能力

沟通是人与人之间、人与群体之间思想与情感的传递和反馈的过程。对培养"中华小当家"而言，我们要帮助学生在校园中就逐步掌握良好的有效沟通能力。具体而言：首先，引导学生在特定场合能围绕一定的目标进行沟通，不要谈风马牛不相及的事情；其次，引导学生学会根据不同的情况选择合适的沟通方式和渠道，如区分正式沟通方式和非正式沟通方式；再次，引导学生适时选择合适的沟通环境，采取良好的沟通态度，如沟通时要有礼貌，说话委婉等；最后，引导学生掌握一定的沟通技巧，学会倾听、共情与换位思考，学会在不同场合下，与不同的人进行有效沟通。

5. 培养学生学会学习的能力

学习让我们站在巨人的肩膀上看得更高、看得更远，学习可以提高我们进步的速度。进入社会后，学习能帮助我们迅速了解新领域的知识。具有跨领域学习能力的人才能更好地适应时代发展，因此，学会学习是一项重要的能力。

在学校里，首先，要指引学生学会总结前人的经验，向优秀的人物学习，同时也不能忘记对自己学习的过程进行梳理、反思，从中总结经验教训。其次，要引导学生"知行合一"，无论学生掌握了多少知识，都要亲身去实践，将其转化为自身的能力。最重要的是要引导学生养成良好的学习习惯，提升学习的专注力以及延迟满足的能力。

6.激发学生的学习内驱力

让学生养成持续学习、终身学习的习惯，激发学生的学习内驱力是非常重要的。真正的学习内驱力不是指对浅层学习的兴趣，也不是被动听从教师或家长的指令，而是对学习真的有兴趣，能感受到掌握新知识、新技能的喜悦和成就感。只有激发学生的学习内驱力，学生才能在没有教师督促的情况下，也能凭借内心的兴趣与爱好，开展自律性的学习活动，进而养成终身学习的学习习惯。

四、劳动生活

（一）学会劳动的时代性与重要性

马克思指出："任何一个民族，如果停止劳动，不用说一年，就是几个星期，也要灭亡。"劳动是人类最本质的活动，是推动人类社会进步的根本力量。只有通过劳动汗水的浇灌，才可能绽放美好的生活之花。"民生在勤，勤则不匮。"中华民族是勤于劳动、善于创造的民族，正是因为一代又一代中华儿女辛勤的劳动创造，我们才拥有了辉煌的历史；也正是因为劳动创造，我们才拥有了今天的伟大成就和幸福生活。

作为未来建设国家的接班人，学会劳动，用劳动来改变生活是最基本的生存方式。试问一个"四体不勤、五谷不分"的人，能承担得起照顾家人的责任吗？能肩负起建设国家的重任吗？由此可见劳动之于人的重要性和基础地位。只有在劳动的过程中，我们才能找寻生活的意义，探寻最真实的生活。

（二）培养"中华小当家"生存素养的育人目标

依据教育部发布的《义务教育劳动课程标准（2022年版）》，结合武昌区中华路小学二十余年的育人经验和实践，学会劳动生活的主要内容从以下四个方面展开：形成正确的劳动观念；锻炼必备的劳动能力；养成良好的劳动习惯与品质；领会和继承优良的劳动精神。

1. 形成正确的劳动观念

作为教育者，首先，我们要让学生从小就尊重劳动，尊重劳动者，了解不同职业的辛苦与快乐，懂得"三百六十行，行行出状元"的道理，在学生心中种下基础的职业规划的种子；其次，我们要在不断的劳动实践中，让学生牢固树立"劳动最光荣、劳动最崇高、劳动最伟大、劳动最美丽"的观念；最后，我们要让学生理解劳动不仅对个人的发展有着重大的意义，对家庭幸福、社会进步、国家富强和人类进步也具有重要意义。

2. 锻炼必备的劳动能力

对于小学阶段的学生而言，他们正处于认识世界、形成基本认知的阶段，因此我们要更多地关注学生个体的劳动知识和技能。我们要指导学生认识并能正确使用常用的劳动工具，包括家庭劳动工具和校园劳动工具。在具体的劳动实践中增强学生的体力，锻炼学生手脑并用的操作能力和团队合作的能力。

3. 养成良好的劳动习惯与品质

在学生劳动实践的过程中，除锻炼必备的劳动能力和掌握必备的劳动技能外，让学生养成安全劳动、规范劳动、有始有终的劳动习惯也非常重要。同时，中华传统美德，如诚实守信、认真负责、吃苦耐劳、团结合作、珍惜劳动成果等劳动品质，也在劳动实践的过程中得以习得和强化。

4. 领会和继承优良的劳动精神

在培养劳动观念、劳动能力、劳动习惯和品质的过程中，劳动精神也在形成和发展。作为"中华小当家"，要能继承中华民族勤俭节约、敬业奉献的优良传统，要弘扬开拓创新、砥砺奋进的时代精神，要感知爱岗敬业、甘于奉献的劳模精神，要培育百折不挠、艰苦奋斗的革命精神以及精益求精、追求卓越的工匠精神。

学会劳动与生活，这一课题的内涵丰富且宏大，需要学生用一生去理解和践行。我们要做的，就是在他们的心中播下种子，除草、施肥、浇水，让小小的树苗能茁壮成长，让他们有能力去面对今后人生中的风雨彩虹。

五、国际理解

(一) 增进国际理解的时代性和重要性

"国际理解教育"是"二战"以后才出现的一门新兴学科，但国际理解教育中的一些价值观导向和思想与几千年前的中国传统文化不谋而合。《国语》有云："和实生物，同则不继。"《论语》中有："君子和而不同，小人同而不和。"费孝通先生也提出："各美其美，美人之美，美美与共，天下大同。"这些充满智慧的话语，历经锤炼，仍彰显着中国传统文化的独特韵味。同样地，时代也赋予了这些话语新的力量与意义。

随着全球化进程的加快，科学技术的飞速发展，人工智能发展到 ChatGPT 时代，实现了"人与人、人与世界的理解与连接"，国家、地区之间的交流越来越频繁，中国的社会经济、科学技术不断发展，国际地位也不断提升，在国际中扮演着越来越重要的角色。从 2010 年起，"国际理解教育"一词便多次出现在国家级政策文件中。2016 年，《中国学生发展核心素养》将"国际理解"纳入六大素养之一——"责任担当"。到 2020 年，《教育部等八部门关于加快和扩大新时代教育对外开放的意见》中明确提出，在基础教育领域，加强中小学国际理解教育，帮助学生树立人类命运共同体意识，培养德智体美劳全面发展且具有国际视野的新时代青少年。[1]这些充分表明，增进国际理解，是现代公民的必备素养，是时代发展的现实需求，是社会、国家发展的必然需要。

(二) 培养"中华小当家"全球素养的育人目标

在构建人类命运共同体的背景下，武昌区中华路小学将"增进国际理解"纳入"中华小当家"的育人体系。

1. 培养学生对本国文化的认同感、自豪感

在基础教育阶段，国际理解教育的首要任务就是培养学生深入了解本国文化，让学生认识到中华民族在世界发展中发挥的重要作用和中华文化在世界文化之林的重要地位，树立起学生对本国本民族文化的强烈认同感和自豪感，培养学生继承和发扬中国优秀传统文化的意识与能力。

---

① 汪天皎，杨伊，黄廷美.我国国际理解教育研究热点及演进分析[J].教育科学论坛，2021（25）：38-42.

2. 培养学生对多元文化的理解与尊重

国际理解的本质是文化理解和文明互鉴。首先，我们要让学生了解世界上不同国家和民族的历史、文化、习俗、观念等，开阔视野，增进了解；其次，在此基础上，我们要帮助学生学会用包容、理解的态度看待世界上的多元文化，让学生对内能理解和发扬本国文化的优势，对外能平等看待外来文化，树立"和而不同、多元共生"的富有包容性的文化观和世界观。

3. 培养学生的国际交流能力和素养

国际交流能力和素养是国际理解教育的重要一环。要想深入了解外来文化，向世界充分传递本国优秀文化和思想，都离不开语言的交流，因此语言的学习和培养跨文化交流能力至关重要，这也成为"中华小当家"国际理解教育的重要一环。

4. 培养学生遵守国际基本规则的意识

随着世界越来越开放，开放、创新、融合等现代意识越来越深入人心，理解国际规则也成为全社会的共同要求，因此，培养学生遵守国际基本法则的意识是时代的必然要求，也是"中华小当家"国际理解教育的重要内容之一。要想让"地球村"这个庞大复杂的集体有序运行，"中华小当家"就要有遵守国际基本法则的意识。

5. 培养学生拥有世界公民的视野与胸怀

全球化的视野与胸怀是国际型人才必备的基本世界观。要让学生拥有这样的视野和胸怀，首先要拓宽学生的国际视野，让学生了解生活在地球上的所有人类和生物都是不可或缺的一分子，形成"地球村"的概念，理解每个人都是"地球村"的"公民"，是"人类命运共同体"的组成部分，作为"世界公民"的一员，要学会与人和环境和谐共处，学会关爱世界。更重要的是，要培养学生在面对重大的全球性或国际性的挑战时，用平等、尊重、开放、客观、严谨的态度思考，学会从全人类的角度看待和思考问题，有勇于担当的精神，以及协调处理好问题所需的规则意识、共生意识和价值观念。这就是时代对"中华小当家"提出的公民素养要求。

第三节　培养"中华小当家"的主要依据

一、教育政策依据

（一）新课改以来国家发布的重要教育政策

随着《国务院关于基础教育改革与发展的决定》的颁布、《基础教育课程改革纲要（试行）》的出台、全国基础教育工作会议的召开，新课程改革正式开始。新课程改革强调了国家课程标准对不同阶段的学生在知识与技能、过程与方法、情感态度与价值观等方面的时代要求，由此确立了一系列人才培养目标。

2010年7月，党中央、国务院发布《国家中长期教育改革和发展规划纲要(2010—2020年)》（下简称《纲要》）。《纲要》坚持以人为本，把促进学生的全面发展、办人民满意的教育作为出发点和落脚点。

2014年3月，教育部发布《关于全面深化课程改革落实立德树人根本任务的意见》，强调立德树人是发展中国特色社会主义教育事业的核心所在，是培养德智体美全面发展的社会主义建设者和接班人的本质要求。

2016年9月，《中国学生发展核心素养》研究成果发布。

2019年3月，习近平总书记发表重要讲话，强调用新时代中国特色社会主义思想铸魂育人，贯彻党的教育方针，落实立德树人根本任务。同年6月，中共中央、国务院印发《关于深化教育教学改革全面提高义务教育质量的意见》，提出了全面提高义务教育质量的主要任务。

（二）新时代育人理念——"三有"时代新人

2022年4月，教育部正式颁布《义务教育课程方案（2022年版）》及各科课程标准（以下称"新课标"），强调培养"有理想、有本领、有担当"的具有"适应未来发展的正确价值观、必备品格和关键能力"的全面发展的时代新人。教育的本质是育人，新课标强调"育人导向"，坚持"育人为本"，明确"育人主线"，基于义务教育培养目标，将党的教育方针具体细化为各科课程应着力培育的核心素养，体现了培养时代新人的具体要求。

1. 时代新人的生成逻辑

党的十一届三中全会以后，邓小平提出培养"四有"新人，提出在中国特色社会主义的建设中，要做到精神文明和物质文明并重，培养有理想、有道德、有文化、有纪律的公民，还特别强调人才培养要面向现代化、面向世界、面向未来，为青年的发展注入了更多国际化内涵。

党的十九大以来，习近平总书记提出培养担当民族复兴大任的时代新人，在不同场合就青年的健康成长成才做出了一系列重要指示，从强调青年要有理想、有本领、有担当到有志气、有骨气、有底气，时代新人的内涵在不断丰富，更加体现了人的全面发展的发展目标和社会主义新人的时代特色和民族特色。①

新课标强调要"强化育人导向""坚持素养导向"，把"培育什么样的人"作为"课程育人"的出发点和落脚点，全面落实习近平总书记关于培养担当民族复兴大任时代新人的要求，结合义务教育性质及课程定位，根据"有理想、有本领、有担当"的培养目标，明确义务教育阶段时代新人培养和正确价值观、必备品格和关键能力等核心素养培育的具体内容要求，明确把"使学生有理想、有本领、有担当，培养德智体美劳全面发展的社会主义建设者和接班人"作为义务教育培养目标和新时代课程育人总目标。

2. 时代新人的培育路径

确立"三有"时代新人目标：党的十九大宣布，中国特色社会主义进入了新时代。建设社会主义现代化强国、实现中华民族伟大复兴、共建人类命运共同体的历史任务，摆在了我们这一代人的面前。当今世界科技发展日新月异，网络新媒体和人工智能广泛应用于人们的学习、生活和工作中，青少年儿童的成长环境发生了深刻变化，新时代对人才培养提出了新的、更高的要求。习近平总书记及时提出了"有理想、有本领、有担当"的时代新人这一培养目标，是对新时代我国教育"培育什么样的人"的精准把握，为落实立德树人根本任务，培养德智体美劳全面发展的社会主义建设者和接班人指明了方向，也使教育工作有了基本依循。新课标"坚持目标导向"，全面落实习近平总书记关于"三有"时代新人的要求，必将长久而深远地指导我国新时代人才培养进程。

落实"三面"核心素养：为了引导学生明确人生发展方向，成长为德智体美劳全面发展的社会主义建设者和接班人，2022年颁布的新课标提出要"聚焦中国学生发展核心素养，培养学生适应未来发展的正确价值观、必备品格和关键能力"，将

①冯刚，徐先艳.时代新人的生成逻辑、基本特征和培育路径[J].教学与研究，2022（4）：92-101.

核心素养扩展为三部分，进一步完善了学生发展核心素养内容体系，形成了"三有""三面"＋X（各学科核心素养）的结构体系（见表2-1）。新课标强化"育人导向"，坚持"目标导向"和"素养导向"，所提出的培养目标及其素养结构方向更加明确，内容更加丰富，要求更加具体，特色更加鲜明，必将对我国新时代基础教育课程改革和人才培养产生深远而重大的指导作用。

表2-1 新课标提出的培养目标及其素养结构体系

总目标规格	一级目标	二级目标	三级目标
	"三有"	"三面"	
时代新人（全面发展的人）	有理想	正确价值观	各学科核心素养（X）
	有本领	关键能力	
	有担当	必备品格	

3. 时代新人的目标走向

走向整合，培育完整的人。聚焦核心素养，保持"全人"教育理念，培养德智体美劳全面发展的人。核心素养作用的发挥，不仅体现在知识、能力、态度等不同成分在解决问题过程中的整合，还体现在不同素养在具体问题情境中的整合。

拥抱变化，培育终身学习的人。国家和社会对青少年儿童未来发展的期望，是从终身发展的角度进行考虑的。这种期望不仅关注学生的升学能力，更重要的是关注培养他们面向未来的能力，以便在步入社会后能够成功应对人生各个阶段的挑战。

尊重规律，培育发展过程中的人。在育人过程中，教师要尊重学生的身心发展规律和认知规律，要从学科教学走向学科教育，挖掘学科中的育人价值，从综合育人、实践育人的角度抓住学生核心素养发展的关键期，在不同阶段有所侧重，明确不同教育阶段核心素养的发展水平。

二、相关理论依据

（一）主体教育理论

主体教育，又称"主体性教育"，是"根据社会发展的需要和教育现代化的要求，教育者通过启发、引导受教育者内在的教育需求，创设和谐、宽松、民主的教育环境，有目的、有计划地组织、规范各种教育活动，从而把他们培养成为自主地、能动地、创造性地进行认识和实践活动的社会主体"。

1. 以学生主体地位为指向

该理论以发展学生的主体性为目标导向，以培养学生全面成为学习活动主体为根本追求，特征主要表现在科学性、民主性和活动性三个方面，而这三个方面又都指向凸显学生主体地位这一本质要求。

主体教育理论认为学生的主体性素质是一种综合的、整体的素质；认为活动是学生主体性发展的中介和决定性因素，因为学生只有投身于各种活动之中，其主体性才能得以形成和表现。

主体教育理论体现出以下特征：一是注重培养学生形成全面综合的知识结构和能力素养，而非记忆彼此割裂的、碎片化的学科知识；二是注重对学生主体人格、主体地位的尊重，努力从内部激发学生开展自主学习活动的意识和动力，而非使学生处于被动接受的地位；三是注重发挥学习活动对学生知识的积累、能力获得以及品格养成的促进作用。

2. 以培养学生主体性为目的

主体教育旨在培养和发展学生个体主体性的基础上，使其成为社会历史活动主体，最终形成类主体性，因此其目的含有近期和最高两个层次。主体教育的近期和最高目的对培养学生获得适应和开拓人类未来社会所需的核心素养和关键能力具有重要的提升和增效意义。

（二）"生活·实践"教育理论

"生活·实践"教育是以生活为中心、实践为方式的教育，是以生活为内容、实践为路径的教育，是源于生活与实践、通过生活与实践、为了生活与实践的教育。其基本目标是培养学生的自主力、生活力、学习力、实践力、合作力和创新力，推动学生的全面发展。"生活·实践"教育理论在继承杜威"教育即生活"、美欧新教育运动以及中国近现代教育理论本土化探索成果精髓的基础上，充分汲取陶行知生活教育学和马克思主义实践哲学理论精华，紧密结合习近平总书记实践育人重要论述，具有深厚的历史渊源和坚实的理论基础。其对当下落实"双减"政策，推进五育并举，促进个体全面发展，培养符合未来社会所需人才具有深刻意义。

1. 教育源于生活实践

国家现代化进程是满足人民对美好生活和优质教育追求的基本前提与保障。然而，国家现代化进程伴随着社会转型之下的文化冲突，也使我们的教育面对全新的育人问题，即培养什么样的人和怎样培养人的问题，这使得我们重新去思考教育与生活之间的关系问题。杜威在其实用主义教育思想中，指出教育与生活相脱离的异化现象，提出"教育即生活"的观点，主张教育要从学生的生活出发，反对传统的割裂学生生活的教育教学方式；而人民教育家陶行知先生在结合中国国情的基础上形成了与中国教育现实紧密结合的生活教育理论，提出"生活即教育"的观点，言明生活含有教育的意义，实际生活应是教育的中心。可以说，没有生活，就没有教育。

因此，教育作为一种培养人的社会生活，不能脱离生活，应以个体生活为源头，发掘生活中的教育因子，帮助个体获得更美好的生活。同时，教育源于实践也是教育本身发展的必由之路，也是人全面发展的价值之源；教育的生命力在于对实践的参与、融入和建构。

2. 教育通过生活实践

教育的根在生活中，生活蕴含最初始的教育。教育必须通过生活，在生活中进行，这是所有人发展为"人"的现实沃土和教育根基。

习近平总书记指出："所有知识要转化为能力，都必须躬身实践。要坚持知行合一，注重在实践中学真知、悟真谛，加强磨炼、增长本领。"从人的全面发展的角度看，实践是人成长与发展的重要基石。作为有目的地培养人的活动，教育必须处理好认识与实践的关系，理性而有价值地寻求认识与实践的交融点，在实践中发展人，在实践中增长学生的才能。实践所蕴含的育人价值也说明了教育不仅要源于实践，更要通过实践而完成。

3. 教育为了生活实践

2012年11月，习近平总书记提出："人民对美好生活的向往，就是我们的奋斗目标。"新时代，我国社会主要矛盾已经转变为人民日益增长的美好生活需要和不平衡不充分的发展之间的矛盾，预示着教育的发展应指向人们的美好生活，帮助人们创造美好人生。这也是"生活·实践"教育的核心理念，即通过生活教育培育个体追求美好生活的能力，帮助人们创造美好生活，实现美好人生。

"生活·实践"教育主张培育学生的"生活力"，即个体表现出的能适应生活、过好生活、改造生活的能力，其中便内含了个体的劳动能力。"以生活力为内核的劳动教育着眼于生活，重在为幸福生活作准备，促进人的全面发展，实现以劳树德、以劳增智、以劳强体、以劳育美、以劳创新。"同时，"生活·实践"教育主张培育学生的"创新力",即个体表现出来的创新性思维及其把"思维转化成产品"的能力,其中便内含了改造生活的能力。"生活·实践"教育着眼于生活培育学生的创新力,实现对生活的改造和美好生活的创造。

实践性是人的本质特征,意味着教育是指向人的一种活动,还是指向人的实践的一种活动。从根本上来说,实践是人类改变自身、改造世界、实现全面发展的根本方式。因此,教育不能仅仅停留在人发展的形而上层面,更要推动实践发展来反作用于人的发展,从而实现人的全面发展。从教育的角度来看,"生活·实践"教育的实践指向主要为教育实践和生活实践,其重点是培育主体"实践自觉"的能力。

(三)"知行合一"教育理念

"知行合一"是明代思想家王守仁提出的,他认为认识事物的道理与实行其事是密不可分的。知是行的开始,对行有指导作用,行是知的完成,是知的目标实现。经验自然主义代表人物约翰·杜威在《民主主义与教育》中提出了"从做中学"的认知理念。教育学家陶行知进一步提出了"教学做合一"的教育教学理念。随着认知理论研究的不断发展,"知行合一"认知理念更加强调"知"与"行"之间共同协作和相互促进的关系,在"知"与"行"的共同作用下提高人认识事物本质的能力,促进人在认识事物的基础上更好地利用和改造事物,促进人类社会的不断发展。

1. "知行合一"与"中华小当家"育人目标相一致

相较于传统的教育理念,"知行合一"认知理念更强调理论学习与实践学习的平衡性和互促性,不仅关注约翰·杜威提出的"从做中学",更要注重"学中做、学做互促、学做融合",从而改变"学与用分离、脱节"的教学现状。"知行合一"认知理念与新课标突出强调"实践意识",确立实践在各学科培养人中的重要乃至核心地位相一致。

2. "知行合一"与"中华小当家"育人模式相契合

传统的教育教学理念主要根植于精英教育,重视传播和研究专业理论知识,偏重于学术研究。而今天的基础教育根植于大众教育,不仅重视建立完整的学科理论知识体系,也重视学生身体力行的实践操作能力、综合运用理论知识解决问题的能力,更偏重于应用。"知行合一"认知理念非常契合"三有"时代新人的育人目标——以学生未来发展为中心，以培养学生能力为重点，既重视理论知识的学习，也重视学以致用的能力培养。

三、学校发展依据

教育思想是校长办学的灵魂，校长的办学思想是学校的灵魂，它引领着学校的发展方向。在武昌区中华路小学这二十余年的育人实践探索过程中，每一位校长都根据学校的校情，不断形成体现国家教育方针的、现代的、个性化的办学思想体系，也助推学校实现了一次又一次的跨越式发展。[①]

（一）徐宏丽校长（1995年—2011年）：站在"小中华"，心系大中华

徐宏丽校长总结了中华路小学几十年来的教育教学传统，并提出学校的育人理念是"站在'小中华'，心系大中华"，提出"创乐园、打基础、求发展"的办学理念。

创乐园即构建良好的育人环境，建设一支优秀的育人队伍，运用先进的育人方法，把学校办成儿童喜爱的乐园和学园。打基础即为学生的成长发展打下良好的思想道德基础，让学生学会做人，立志成才；为学生打下扎实的文化科学知识基础，让学生有文化、会求知。促发展即为学生在未来成长的道路上的自我发展打基础，让学生具有一定的创新精神和实践能力，使学生积聚充分发展的潜能。[②]

2006年，徐校长对学校的办学理念又进行了理性演绎：创乐园——构建师生精神生命成长的乐园；打基础——丰厚师生精神生命发展的基础；求发展——获得师生自我发展的个性空间。[③]

2008年，在徐校长的带领下，学校进一步提升教育为人民服务的行为能力与实践智慧，进一步形成本校"五个一"的校园生活理念：坚守一个信念——为了中华民族的伟大复兴，从我做起；安心于一方净土——乐于清净、乐于清贫；形成一个法律概念——在校园中，生存与发展是学生的基本权利；树立一个工作理念——让自己熟悉的事情再次陌生化；建立一个教师生活理念——学习与思考是教师的基本功。

①徐宏丽.办学理念形成的心路历程[J].中国教育报，2007-07-31.
②徐宏丽.办学理念形成的心路历程[J].中国教育报，2007-07-31.
③徐宏丽.办学理念形成的心路历程[J].中国教育报，2007-07-31.

（二）王成高校长（2011年—2021年）：玉兰精神，中华情怀

王成高校长以"玉兰精神，中华情怀"为学校育人理念，旗帜鲜明地提出了以"基础扎实、个性鲜明、人格向上"为核心价值取向的育人目标，逐步形成了以"学于勤、成于智、立于德"为校训的校园文化。

1. 基础扎实

为学生打下学会做人、学会求知、学会劳动、学会生活、学会健体、学会审美的学识基础和习惯基础，努力锻造学生的核心素养，是学校和每个中华路人义不容辞的职责。聚焦课堂，以研促学，打造"以学为中心的课堂"是学校努力推进课堂教学变革的核心工作理念。依据我校自行开发的"课堂教学评价标准"，推进"60＋90"课堂建设；在学生学业水平评价方面，通过对评价形式、评价内容及对评价主体的调整，来推动学生学习方式的变革。在评价的形式上，将传统的笔试与口试、操作测试、任务测试、游戏测试、表演测试、学科免试等方式相融合；评价内容则由课本走向生活，从关注学科知识走向关注学科素养、学习情态，从单项能力评测走向综合能力考查，从注重结果走向注重过程；评价主体也从单一走向多元，由过去的教师"一锤定音"变成如今学生自评、互评、家长评价相结合的形式，共同促进和激发学生学科素养的形成。

2. 个性鲜明

为了让孩子们的兴趣、爱好、特长更加凸显，让每个孩子建立健全思维方式、言语方式、行为方式和情感方式，学校努力建设高质量、适合孩子的课程，坚持课程设计与实施的理念，做好各项教育教学工作，真正实现学生兴趣、爱好、特长的个性化发展。通过学科内部、学科之间教育内容的整合和优化，减少学生不必要的重复和交叉学习：语文学科实现了单元内和跨单元教学内容的整合学习，美术学科实现了跨学段教学内容的整合学习，美术和音乐学科、体育和生命安全学科、科学和科技制作活动学科实现了跨学科教学内容的整合学习。通过课内和课外学习资源的整合，让知识与技能的转化有了实践和运用的平台。通过课外阅读课内化的过程，让学生将课内积累的阅读方法在课外阅读中去运用。将寒暑假作业的设计生活化，学生的假期作业不再是做题，而是将学科知识借助不同的学习方法综合地运用于生活之中。通过学科与信息技术的整合，革新日常教师的教学方式和学生的学习方式，借助3D打印教书、IPAD智慧教室、教育云平台、校园微信平台，让创客思

维在课堂上落地生根。通过选修课程的开发，给学生提供更大的选择空间与发展平台，满足学生的兴趣爱好和个性发展的需要。

3. 人格向上

健康的品格、积极的心态、有理想追求、有社会责任，是未来人才培养的基本要求。学生良好道德品质的形成，需要通过每天的校园生活、校园活动来浸润。学校努力做到将活动直通课堂，明确了德育活动课程化的工作思路，把课堂教学目标与活动目标、德育培养目标有机结合，早锻炼、晨读、课间活动、午餐、阳光活动、一日三扫、放学路队等日常活动，都力求发挥其过程中的育人功能。通过"五好"（好好说话、好好走路、好好吃饭、好好玩耍、好好劳动）班级周报的形式，实现在活动中培养学生良好行为习惯的目标，逐渐完善学生活动课程体系，让大型的节庆活动、科技节、艺术节、运动节、爱心节、阅读节、书法节成为日常学科活动的延伸课程。在迁移和运用学科知识，传承校园文化的同时，进一步训练和培养学生形成良好的行为习惯。

（三）罗宏文校长（2021年至今）：站在"小中华"，心系大中华，全面发展强中华

2021年，罗宏文校长又给学校的办学精神注入了新的内涵，形成了"站在'小中华'，心系大中华，全面发展强中华"的育人理念，形成"五育融合"文化育人体系，建构"五色"课程图谱，探索"中华小当家"的培养方式。

1. 形成"五育融合"文化育人体系

秉承"站在'小中华'，心系大中华，全面发展强中华"的育人理念，学校在梳理校史、打造校史课程的基础上，传承、创新学校文化，实现师生可持续发展，使老校焕发新活力；通过创设生动活泼的学校活动，营造健康向上的校园文化，不断提升学校的精神文化。逐年改善学校硬件基础设施，重视图书馆建设，不断优化育人空间环境，形成具有校区特色的物质文化。依托三校区的区位优势，本部校区立足现在，传承学校"根脉"，根植校史文化；橡树湾校区立足未来，"深耕"数智校园，深研"生长"课堂；金都校区立足可持续发展，以"国际理解"教育为主线，促进"五育融合"。

2. 建构"五色"课程图谱

全体教师在罗校长的带领下坚持"五育并举，学科融合"的育人理念，注重各

学科的有机融合，梳理学校已有的校本课程、项目课程和课后服务课程，设计学生成长"五色"课程图谱，通过不断充实课程内容、丰富课程形式、规范课程管理，形成了具有武昌区中华路小学特色的、促进学生全面发展的成长课程群和德育课程群。

3. 提炼深化"中华小当家"的培养方式

近三年来，我校在已有的教育实践基础上，梳理总结二十余年培养"中华小当家"育人方式的实践经验，明确了培养"中华小当家"育人方式的内涵、特点及培育目标，建构了培养"中华小当家"的育人目标与内容的"五大素养"育人体系，探索了培养"中华小当家"育人方式的实施策略及实践路径，致力于培养有爱国情怀、讲文明礼仪、有学习素养、会劳动生活、有国际视野的全面发展的"中华小当家"。

（本章编写人员：范成君、王菡、刘文敬、刘卉）

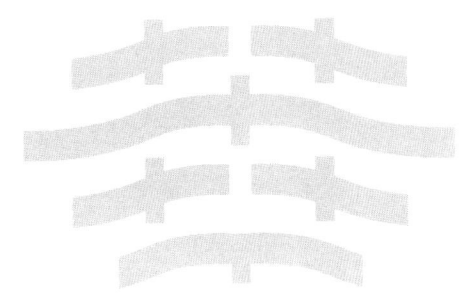

第三章
厚植爱国情怀：培养"中华小当家"
文化素养的育人方式

第一节　培养"中华小当家"爱国情怀的内涵

2019年，中共中央、国务院印发了《新时代爱国主义教育实施纲要》，并发出通知，要求各地区各部门结合实际认真贯彻落实。《新时代爱国主义教育实施纲要》中对爱国主义有着深刻的阐述：爱国主义是中华民族的民族心、民族魂，是中华民族最重要的精神财富，是中国人民和中华民族维护民族独立和民族尊严的强大精神动力。

2023年10月24日，第十四届全国人民代表大会常务委员会第六次会议通过《中华人民共和国爱国主义教育法》。其中规定，爱国主义教育的主要内容有马克思列宁主义、毛泽东思想、邓小平理论、"三个代表"重要思想、科学发展观、习近平新时代中国特色社会主义思想；中国共产党史、新中国史、改革开放史、社会主义发展史、中华民族发展史；中国特色社会主义制度，中国共产党带领人民团结奋斗的重大成就、历史经验和生动实践；中华优秀传统文化、革命文化、社会主义先进文化；国旗、国歌、国徽等国家象征和标志；祖国的壮美河山和历史文化遗产；宪法和法律，国家统一和民族团结、国家安全和国防等方面的意识和观念；英雄烈士和先进模范人物的事迹及体现的民族精神、时代精神；其他富有爱国主义精神的内容。①

爱国主义精神深深植根于中华民族心中，维系着中华大地上各个民族的团结统一，激励着我们一代又一代中华儿女为祖国发展而自强不息、不懈奋斗。中国共产党是爱国主义精神最坚定的弘扬者和实践者，一百多年来，中国共产党团结带领全国各族人民进行的革命、建设、改革实践是爱国主义的伟大实践，写下了中华民族爱国主义精神的辉煌篇章。党的十八大以来，中国特色社会主义进入新时代。加强爱国主义教育，对振奋民族精神、凝聚全民族力量，实现中华民族伟大复兴的中国梦，具有重大而深远的意义。党的二十大以来，以习近平同志为核心的党中央高度重视爱国主义教育，固本培元、凝心铸魂，作出一系列重要部署，推动爱国主义教育取得显著成效。

习近平总书记在主持中共中央政治局第二十九次集体学习时指出："祖国的命运和党的命运、社会主义的命运是密不可分的。只有坚持爱国和爱党、爱社会主义相统一，爱国主义才是鲜活的、真实的，这是当代中国爱国主义精神最重要的体现。"

青少年儿童是爱国主义教育的重点群体，武昌区中华路小学以培养热爱祖国、热爱中国共产党、热爱中华优秀文化，具有家国情怀，堪当民族复兴大任的"中华小当家"为育人目标。

一、热爱祖国

热爱祖国体现了人们对祖国的深厚感情，揭示了个人对祖国的依存关系，是人们对自己家园以及民族和文化的归属感、认同感、尊严感与荣誉感的统一。它是调节个人与祖国之间关系的道德要求、政治原则和法律规范，也是中华民族精神的核心。

少年强则国强，少年进步则国进步。青少年儿童作为祖国的花朵、未来和希望，肩负重大使命。为进一步把社会主义核心价值观和植根爱国强国的情怀作为"中华小当家"最重要的民族情感，引领我校未成年人思想道德建设工作，我校形成了"站在'小中华'，心系大中华，全面发展强中华"的办学精神；把爱国主义教育融入学校育人的全过程，从德育角度浸润孩子的心灵；通过整体化、序列化、系列化的设计，遵循小学生道德、情感、认知发展规律，开展丰富的实践活动，让

---

①新时代爱国主义教育实施纲要[M].北京：中国法制出版社，2019.

爱国主义教育在儿童的学校生活、家庭生活和社会生活中有机融合，从而让爱国主义自然而然地融入儿童的日常生活。

二、热爱中国共产党

（一）童心向党：爱国主义教育的方向

党的领导是中国特色社会主义最本质特征和最大制度优势，坚持党的领导、坚持走中国特色社会主义道路是实现国家富强的根本保障和必由之路。当前，加强新时代爱国主义教育，必须坚持以习近平新时代中国特色社会主义思想为指导，将《习近平谈治国理政》第三卷作为师生思想政治教育的重要教材和最新内容，深入推动《习近平谈治国理政》第三卷进教材、进课堂、进头脑，教育广大师生增强"四个意识"、坚定"四个自信"、做到"两个维护"，引导师生把爱国热情自觉融入坚持和发展中国特色社会主义、建设社会主义现代化强国、实现中华民族伟大复兴的奋斗中。

少先队员在党的阳光下茁壮成长，少先队事业的蓬勃发展是党的事业始终保持生机和活力的源泉，少年儿童的健康成长是国家和民族永远兴旺发达的希望所在。我校一直扣紧党、团、队政治培养链条，树立少先队员坚定的理想信念，增强少先队员的光荣感和使命感，强调少先队员要继承和发扬党的光荣传统和优良作风。

（二）强国有我：爱国主义教育的实效

作为未来的社会主义建设者和传承者，孩子们的思想品质至关重要。只有树立正确的思想榜样，才能加深对祖国的热爱之情，从而培养出爱国主义精神饱满的新一代。通过深入学习国家历史和英雄事迹，孩子们能够认识到祖国的伟大，感知民族的自豪，增强爱国情感，同时还能形成正确的人生观、世界观、价值观，树立正确的人生目标。

通过学校多方位、有意识的熏陶，孩子们了解到伟大的中国人民是如何为了国家和民族的独立富强和民主自由而进行抗争的。这样的学习可以帮助他们更好地认识到自己的责任和使命，从而更加坚定自己内心的信念和追求，朝着正确的方向努力，真正理解祖国的伟大和责任，最终成为有志气、有担当、有社会责任感的新时代好少年。

三、热爱中华优秀文化

五千多年来，因为有着深厚持久的爱国主义传统，中华民族经受住了无数难以想象的风险和考验。越是关键时刻，爱国主义就越能彰显出强大的凝聚力，帮助中华民族渡过难关。历史上我们耳熟能详的井冈山精神、长征精神、延安精神、抗战精神、抗美援朝精神、兵团精神、雷锋精神、焦裕禄精神、大庆精神、"两弹一星"精神、特区精神、女排精神等，在关键时刻都发挥出了巨大的精神引领作用。近年来总结提炼的建党精神、脱贫攻坚精神、抗震救灾精神、抗洪精神、抗疫精神等所展现的硬核战斗力、强大号召力、深厚感染力，书写了新时代爱国主义新的精彩华章。

（一）根正苗红的文化传统，知行合一推行爱国教育

多年来，武昌区中华路小学一直以"站在'小中华'，心系大中华，全面发展强中华"为校园文化核心，致力于培养优秀的中华路学子。为了实现这一目标，学校一直以来大力发展系列爱国课程，以引领学生树立正确的价值观，增强国家意识和民族自豪感。通过生动有趣的教学形式，让学生了解党史、国史、民族史中的重要人物，以及他们对中华民族的伟大贡献。通过学习这些历史，学生能够意识到自己是中华民族的重要一员，加深对祖国的深厚感情。此外，学校注重培养学生的国家意识和民族自豪感。每年学校都会组织丰富多彩的爱党爱国爱社会主义的"三爱"主题教育活动，如国庆节主题活动、纪念抗日战争胜利主题活动等。通过这些活动，学生们深切感受到祖国的繁荣和强大，进一步激发了对祖国的热爱之情。通过学习党的方针政策和辉煌历史，学生们懂得了热爱自己的祖国，热爱祖国的优秀传统文化，明白了自己作为祖国的一粒种子，要带着责任和使命茁壮成长。

在学校的培养下，学生们不仅学会了关心他人，还学会了热爱自己的祖国。他们懂得尊敬每一位教师，热爱学校，珍惜自己的学习机会，努力成为国家栋梁之材。无论是学习上，还是生活上，学生们都以优秀的表现令人赞誉有加。家长和社会对这样的教育也给予了高度评价。家长们通过学生的情绪、言语和行为，感受到学校爱国教育取得的巨大成效，他们非常高兴孩子们能够从小就接受正确的教育，明白爱国爱党的重要性，同时也希望学校在这方面能够继续加强工作。

学校坚持深入开展形式多样的爱国教育活动，不断发挥学校教育教学在爱国教育工作中的先导作用。其丰富的教育内容、生动的教育形式和显著的教育效果，受

到了社会和家长的一致好评。

（二）眼明心亮的文化传承，培养明辨是非的能力

爱国教育的目的之一是培养学生辨别是非的能力。当今世界，信息高度发达，各种信息和诱惑层出不穷。很多时候，学生容易被虚假信息蒙蔽，迷失方向。因此，通过爱国教育，学生们可以了解国家重大事件的历史背景，了解国家的发展历程和取得的成就，从而更好地辨别是非、分辨真假。学校通过开设相关课程和活动，引导学生深入了解国家的历史文化，让他们了解国家的繁荣与发展离不开先辈英雄的奋斗和付出。通过学习英雄事迹，学生们可以树立正确的道德观念和判别善恶的标准。同时，学校鼓励学生多角度思考问题，培养学生独立思考的能力，使他们能够自主分辨是非，坚守正确的道德底线和价值观。

此外，学校还注重培养学生的社会责任感。学生们通过参与社会实践活动，了解社会存在的问题和困难，并主动投身于解决这些问题的行动中。学校鼓励学生提出自己的解决方案，并参与志愿服务活动，帮助那些需要帮助的人。通过这样的实践，学生们深刻感受到自己的行动对他人和社会的重要性，懂得关心他人，服务社会。

学校在传承优秀传统文化的基础上拓宽学生的国际视野。学校在加强爱国教育的同时，也积极鼓励学生了解世界其他国家的文化和发展成就，并开设相关课程，让学生的知识结构更加多元化。通过了解其他国家的发展现状和文化传统，学生们可以拓宽视野，增加对世界的认识和理解，也能够更好地比较和评估自己国家的优势和不足，为国家发展贡献智慧和力量。

学校爱国教育的最终目标是培养眼明心亮的新时代好少年。新时代将面临许多挑战和机遇，培养一代又一代眼明心亮的少年是我们党和国家的重要任务。这些少年应该具备爱国之心、家国情怀，具备独立思考、辨析事物的能力，具备正确的价值观和远大的人生目标。他们应当立志成为有担当、有责任感的中国人，为实现中国梦不懈奋斗、不断努力。

武昌区中华路小学以教育教学为主阵地，通过多方位的爱国教育帮助学生理解党的方针政策和伟大成就，也帮助学生学会辨别是非，树立正确思想观念，培养眼明心亮的新时代好少年。只有全面、系统地实施爱国教育，我们才能真正培养出一代又一代有爱国情怀、有责任担当的接班人，为实现中华民族的伟大复兴贡献力量。

（三）风清气正的文化传播，养成正确的人生观、世界观与价值观

努力建设充满爱国爱党氛围的校园大环境，是培养学生爱国情怀和正确的价值观的关键。为了实现这一目标，武昌区中华路小学积极丰富爱国爱党教育的实践载体，通过各种形式的活动和课程，引导学生从心灵深处增强爱国意识，牢固树立起爱党爱国的信念。通过爱国教育，学生了解祖国的悠久历史和辉煌文化，懂得传统文化的重要性，树立正确的世界观、人生观和价值观，坚持正确的道德品质和行为准则。

武昌区中华路小学高度重视重大节日的教育工作。每逢国庆节、建军节、五四青年节等重要节日，学校都会开展一系列的爱国主义教育活动。这些节日不仅是学校开展爱国教育的重要契机，也是激发学生爱国情感的重要时机。除开展重大节日的纪念活动外，学校还坚持将爱国教育渗透于日常教育和校园生活之中。在潜移默化中，学生逐渐形成了主动向着党的目标要求靠拢、自觉进步的主体意识。只有通过这样的努力，才能培养出一批有爱国情怀、有责任心的优秀新一代。

总而言之，爱国爱党强国的教育是学校教育工作中的一项重要任务，也是培养学生健康成长的一个基本要素。学校应该通过丰富多样的实践载体，如重大节日的教育、校园礼仪的培训、红色文化教育等，潜移默化地影响学生、培养学生，让学生形成正确的主体意识，引导学生在思想和行为上真正树立"强国有我"的使命感，真正成长为有理想、有本领、有担当的新一代。

第二节 培养"中华小当家"爱国情怀的原则

2018年9月，习近平总书记在全国教育大会上强调指出，要培养德智体美劳全面发展的社会主义建设者和接班人，加快推进教育现代化，建设教育强国，办好人民满意的教育。在新时代，深入贯彻落实党的教育方针，对建设社会主义教育强国、全面提升公民综合素质具有重要意义。全面提升公民综合素质，首先就要从每一位公民的"德育"抓起，我国在中小学的德育要求中明确提出，要让学生初步了解中国特色社会主义政策，热爱中国共产党，热爱社会主义祖国等内容。[①]

同时，爱国主义教育也是实现小学生全面发展不可或缺的教育内容。爱国主义

---

①李茂芳.家校协同开展小学生爱国主义教育的策略研究——以东营市S小学为例[D].大理：大理大学，2021.

教育不仅在思想政治教育中占有重要地位，而且是学校德育工作的首要切入点。我校在培养"中华小当家"文化素养的过程中，将"立德树人"根本任务融入教书育人的全过程，培养学生的爱国之情，增强学生对国家和民族的认同感和责任感。

一、知识性和文化性相结合原则

（一）熟知爱国主义教育内容

《中华人民共和国爱国主义教育法》中规定爱国主义教育的主要内容涵盖九大方面：①马克思列宁主义、毛泽东思想、邓小平理论、"三个代表"重要思想、科学发展观、习近平新时代中国特色社会主义思想；②中国共产党史、新中国史、改革开放史、社会主义发展史、中华民族发展史；③中国特色社会主义制度，中国共产党带领人民团结奋斗的重大成就、历史经验和生动实践；④中华优秀传统文化、革命文化、社会主义先进文化；⑤国旗、国歌、国徽等国家象征和标志；⑥祖国的壮美河山和历史文化遗产；⑦宪法和法律，国家统一和民族团结、国家安全和国防等方面的意识和观念；⑧英雄烈士和先进模范人物的事迹及体现的民族精神、时代精神；⑨其他富有爱国主义精神的内容。这部法律不仅规定了爱国主义教育的主要内容，同时也突出强调了学校和家庭需对青少年和儿童进行爱国主义教育。[①]了解祖国悠久历史、灿烂文化是培养爱国主义情感的重要前提，因此，在培养"中华小当家"的爱国情怀时，必须坚持了解和传承中华优秀传统文化。

在学校，教师们通过学科课堂或班会课、思政课等平台，通过阅读课本或观看图片、视频资料，巧妙设计环节，引导学生了解祖国大好河山和灿烂文化，沿着历史的轨迹，知晓祖国的发展历程，让学生先做到"知国"。在这个过程中，学生了解国情，从历史中不断汲取营养和智慧，赓续文化基因，增强了民族自豪感和自信心，有效落实了爱国主义教育内容的学习。

创设爱国主义教育实践活动，激发学生的爱国热情。我校积极将爱国主义教育内容融入校园文化建设和学校各类主题活动。课堂上，开展爱国诗词诵读、爱国知识竞答、板报设计等活动；行走在校园中，在走廊的墙壁上，随处可见一些为国家进步和强大做出巨大贡献的伟人画像和故事，通过这种润物无声的教育方式，在每个孩子的内心种下一颗爱国的种子。此外，我校还会根据学生的年龄特点，开展分

①安昱.以法治方式推动和保障新时代爱国主义教育[N].团结报,2023-10-26（004）.

学段的研学活动，例如亲近大自然、攀爬祖国名山大川、走进军营等一系列的爱国主义教育活动。在亲眼见、亲耳听、亲身体验的过程中，让学生学到的爱国知识不再只是教材中冷冰冰的文字，让爱国在学生心中有温度，让爱国情感在学生心中生根发芽。

学校还十分重视爱国教育与家庭教育的紧密联系，积极引导未成年人的父母或其他家庭成员把热爱祖国融入家庭教育。有些班级还与家长取得联系，组织学生参加爱国主义教育活动，在活动中进一步加深学生对中华优秀传统文化的了解和认识。

（二）弘扬中华优秀文化

文化是一个民族的灵魂。南怀瑾先生曾说："一个没有文化根基的民族，是没有希望的。"而中华民族之所以能够千百年来屹立于世界东方，依赖的就是源远流长的中华文化。中华文化丰富多彩，其中优秀的传统文化更是凝聚着古代先贤的智慧结晶。学生从传统文化中汲取精神力量，对故乡、祖国的情感则会更为深厚，可以有效提升民族自豪感，增强民族自信，强化爱国主义思想。

课堂是弘扬中华先进文化的主阵地。我国历史上有极其丰富的经典故事和名人轶事，如"程门立雪""司马光砸缸""凿壁借光"等，教师通过在教学中通俗易懂地讲解这些故事，让学生了解其中蕴含的人生哲理。这样的故事教学的方式往往给学生留下深刻的印象。此外，我校每天早晨的诵读课，是向学生进行传统文化教学的固定时间。一篇篇经典诵读，让学生明历史、知廉耻、晓礼仪，真正在日日诵、口口诵中感受中华上下五千年文化的博大精深，有利于提高学生的文化认同感与民族自豪感。

在小学传统文化教育中，德育是重要的一环。我校在培养"中华小当家"爱国情怀中，更是积极挖掘本地传统文化资源，使学生了解本地特色文化。如我校一校三区，沿江而建，全校三千多名学生都是长江边长大的孩子。在校学子都有责任去了解江城的文化历史、风土人情。为了让学生从小了解家乡、熟悉家乡、热爱家乡，我校陆续开展了"我家就在长江边"英语国际嘉年华、"武昌建城1800年"、"走一带一路 做文明使者"游园闯关等活动，旨在培养学生站在国际视角讲好中国故事的能力，让学生从小了解家乡，热爱家乡，热爱祖国。

二、思想性和情感性相结合原则

人类社会是不断发展、更迭、变化的，爱国主义是一个民族、一个国家在长期发展过程中逐步形成的一种基本精神。随着国家的发展，爱国主义的内涵也会因此改变。爱国主义教育作为一种社会实践活动，受社会发展变化、人民思想状况乃至科技发展、文化建设等方面的影响。在这种动态实践中，应该把握住其思想本质，与时俱进地丰富爱国主义教育的内容、资源、载体、方法等。[①]在新时代爱国主义教育中，我们必须坚持思想性和情感性相结合的原则。

（一）思想建设，筑牢思政课程主阵地

在指导思想上，新时代爱国主义教育要"坚持以马克思列宁主义、毛泽东思想、邓小平理论、'三个代表'重要思想、科学发展观、习近平新时代中国特色社会主义思想为指导"，这是新时代爱国主义教育最为本质的要求。

在主题上，实现中华民族的伟大复兴是新时代爱国主义的鲜明主题，所以新时代爱国主义教育要始终围绕这一主题展开，将"爱国精神"与"中国梦"紧密相连，使教育对象在接受爱国主义教育的同时能够自觉将"爱国之情"转化为"报国之行"，知行合一，把国家富强、民族振兴、人民幸福作为坚持不懈的追求。

在内容上，新时代爱国主义教育要"坚持爱党爱国爱社会主义相统一"，"坚持以维护祖国统一和民族团结为着力点"。自中国共产党成立以来，我们经历了一系列伟大变革，实现了从站起来到富起来到强起来的伟大飞跃。在这个历史进程中，党、国家和社会主义是紧密结合的，三者的命运是密不可分的。只有在爱国主义教育中贯彻这一内容，才能使其更真实、更鲜活。所以，新时代弘扬爱国主义精神，必须把维护祖国统一和民族团结作为重要着力点和落脚点。[②]

在方法上，在爱国主义教育的进程中，面对小学生群体，我们要注重启发，不能生硬灌输，要从日常细节着手，潜移默化地加以影响。当今世界是一个开放的世界，国家间联系紧密，我们既要强化民族情感、增强文化自信、正视文化传统，也要尊重各国的历史、文化，尊重各国人民的选择，从不同文明中汲取营养。

习近平总书记指出："培养社会主义建设者和接班人，首先要培养学生的爱国

---

①刘姣伶.新时代爱国主义教育的基本原则[J].中国德育,2020（08）：7-10.

②刘姣伶.新时代爱国主义教育的基本原则[J].中国德育,2020（08）：7-10.

情怀。"①爱国主义情感教育离不开日常的点滴渗透。这就要求学校在日常教学中，围绕学校校园文化，构建爱国主义教育学科课程体系，特别是落实思政课教学工作，使学生在思想上坚守爱国主义信念，厚植爱国情怀。思政课是开展爱国主义教育的主阵地，是新时代爱国主义教育阵地建设的重中之重。筑牢思政课程主阵地，必须坚持用习近平新时代中国特色社会主义思想定向领航、铸魂育人，突出实现中华民族伟大复兴这一鲜明主题，系统讲授爱国主义基本理论，准确阐释新时代爱国主义的内涵和要求，拓展爱国主义教育的思想理论深度，引导学生树立家国意识、厚植爱国情怀、筑牢思想根基。充分发挥课堂教学的主渠道作用，推动思政课程改革创新，紧扣当代中国的理论创新和实践发展，完善教学内容、拓展教学载体、丰富教学手段，采取互动式、启发式、交流式教学，讲好新时代爱国主义故事，增强思想性、理论性、针对性和亲和力，引导小学生把爱国作为立身之本、成才之基。在课程体系建设上下功夫，促进思政课程与课程思政、课内教育与课外教育衔接，形成爱国主义教育的强大合力。

（二）情感建设，坚守爱国主义信念

小学生作为广大青少年中的一部分，接受爱国主义教育的重要性和必要性不言而喻。

爱国主义情感的培养并非一日之功，它渗透在学校教育教学工作的点点滴滴中。除了每一天风雨无阻的升旗仪式外，还有学科渗透、环境建设等形式，浸透传统文化教育、审美鉴赏、情感熏陶，于无声处唤醒"中华小当家"们的爱国之心。

1. 课程渗透，传承优秀文化

以小学语文课程教学为例，对低年级学生进行爱国主义教育时，侧重引导学生关注中华优秀传统文化在日常生活中的表现，初步感受中华优秀传统文化的重要价值；初步懂得今天的幸福生活是革命先辈浴血奋战、艰苦奋斗换来的，激发学生对革命先烈、英雄人物的崇敬之情。对中年级学生则提出更进一步要求，要引导学生初步认识中华优秀传统文化蕴含的思想和智慧；感悟革命英雄、模范人物的爱国主义情怀和高尚品质，激发向英雄模范学习的意愿和行动，培养对中国共产党和中华人民共和国的朴素情感，增强民族自豪感。对高年级学生，则注重引导他们了解中华优秀传统文化的源远流长、丰富多彩，提升自身中华优秀传统文化修养；引导他

---

①习近平.论党的青年工作[M].北京：中央文献出版社，2022.

们感受先贤志士的人格魅力，感悟老一辈无产阶级革命家的英雄气概、优良作风和高尚品质，体会捍卫民族尊严、维护国家利益和世界和平的伟大精神。[①]

2.环境建设，铭记峥嵘岁月

学校和班级重视对爱国主义教育的环境建设，学生能时时处处受到爱国主义思想和精神的感染、熏陶。与此同时，让校园里的"每一面墙都会说话"，在墙上挂上学生的书法作品，贴上他们的绘画作品；让"每层楼都有育人主题"：一楼展示"壮丽的山河"、二楼展示"灿烂的文化"、三楼展示"伟大的人民"、四楼展示"美好的未来"。校园里既有诗词名言，也有屠呦呦、袁隆平等为国家进步和强大做出巨大贡献的伟人画像和故事，通过校园环境的建设，以隐性教育的形式让学生感受民族文化之美，浸润民族精神，进而于潜移默化中根植爱国情感。

三、理论性和实践性相结合原则

新时代爱国主义教育还需紧密结合具体实际，"因事而化、因时而进、因势而新"[②]，应坚持理论与实践相结合，注重历史与现实相呼应，把爱国主义教育融入社会实践，在实践中深化拓展并检验成效。

（一）结合实际，筑牢社会实践大阵地

在学校里进行爱国主义教育，要大力建设爱国主义教育社会实践阵地，围绕着课堂教学、传统文化、校园文化等开展相关的实践活动。把爱国主义内容融入少先队节日、主题班会以及各类主题教育活动中，拓展爱国主义教育校外实践领域，组织开展丰富多彩的校园文化活动，引导学生更好地了解国情、民情，强化责任担当，进而激发学生对爱国主义的真实感触和真切情怀，引导他们树立报效祖国、服务人民的崇高志向。

爱国主义教育的创新发展应该是一个继承传统、面向未来及着眼理论、观照现实的开放性过程，能够使"中华小当家"爱国主义教育"活"起来。因此，在践行"中华小当家"爱国强国教育过程中，我校不断努力创新教育形式，丰富教育内容，搭建学校的爱国主义教育课程框架，形成有特色的校本课程。

当下，我们正处于无缝学习、普适学习、无处不在的泛在学习时空中，学习已

---

①温珊珊.在指向语言学习的思辨性阅读中培根铸魂——以四下《小英雄雨来(节选)》第二课时为例[J].成才，2023（14）：50-52.

②刘姣伶.新时代爱国主义教育的基本原则[J].中国德育,2020（08）：7-10.

经走向开放性和终身性。[①]基于此，我校以求实干事文化为党建工作特色，坚持落实"党润童心"项目，并于2021年开始提档升级为每个星期一次，一个学年一个主题，制作系统微党课，三年来，已形成百节微党课资源库。积极拓展多样性的爱国主义课程资源，进而构建爱国主义校本课程资源库，为小学生的课堂学习、课外学习以及实践活动提供丰富的校本课程资源。这样的爱国主义课程资源涵盖爱党、爱国、爱人民等，同时还包括中华民族文化、各地风土民情等内容。在开发爱国主义校本课程时，根据年段特点和学情，有选择性地将爱国主义课程内容进行加工与整合，以便形成思想性与趣味性相结合的课程资源。在此基础上，形成线下和线上的爱国主义校本课程资源库。其中，线下校本课程资源库主要是通过学科课程教学、班队会、少年军校、社会实践形成爱国主义校园文化；而线上校本课程资源库则通过建设"党润童心"线上微党课课程资源平台，并设置形式多样的线上学习和活动，客观上激发学生学习的主动性。

（二）形成合力，"家、校、社"协同育人

著名教育家苏霍姆林斯基曾说："教育的效果取决于学校和家庭影响的一致性，如果没有这种一致性，那么学校的教学和教育过程就会像纸做的房子一样倒塌下来。"[②]因此，为了小学生的全面健康发展，家庭和学校应该携手共进，积极引导，为小学生爱国主义教育的实施创造一个最优的社会环境。

20世纪90年代，约翰·爱普斯坦等人提出了重叠影响阈理论（overlapping spheres of influence），该理论认为，影响学生发展的因素主要来自家庭、学校、社区。这三者在对学生施加作用力的同时会产生一定的重叠区域，因为重叠区域的产生，其主体间可以共同交流与互动，进而使学生可以接收三方共同的作用力。该理论的提出，告诉我们在对学生进行爱国主义教育时，既要重视家、校、社协同一致形成的合力，又要关注三者各自的独特影响力。

党的十八大以来，大力弘扬少年儿童爱国主义精神、开展少年儿童爱国主义教育成为新时代的重要课题。2019年印发的《新时代爱国主义教育实施纲要》指出，少先队要加强实践活动，在各种主题的少先队活动中融入爱国主义内容，在少先队教育中高扬爱国主义旗帜，激发少年儿童的爱国热情，提高爱国自觉性，培养爱国

---

①宁永红.小学爱国主义教育"五育融合"校本课程构建[J].亚太教育，2023（02）：71-74.
②李茂芳.家校协同开展小学生爱国主义教育的策略研究——以东营市S小学为例[D].大理：大理大学，2021.

之情，实践爱国之行。2019年的《少先队2019年工作要点》指出，要以少先队的实践育人促进少年儿童爱国主义教育。2021年发布的《中共中央关于全面加强新时代少先队工作的意见》强调培育少年儿童的爱国情怀，扩展校外实践，促进少年儿童政治社会化。2021年7月，在庆祝中国共产党成立100周年大会上，更有中国少先队员和共青团员们以一首《请党放心，强国有我》的献词对党作出庄严的承诺。少先队作为培养少年儿童成为社会主义接班人的"大学校"，理应承担起培养少年儿童树立爱国主义认知、厚植爱国主义情感、砥砺爱国主义志向和实践爱国主义行动的时代责任。①

2021年颁布的《中华人民共和国家庭教育促进法》规定："家庭教育、学校教育、社会教育紧密结合、协调一致。"这为家校社协同育人政策的制定与实施提供了可靠的法律依据。2022年，教育部等十三部门联合发布的《关于健全学校家庭社会协同育人机制的意见》指出："健全学校家庭社会协同育人机制是党中央、国务院作出的重要决策部署，事关学生全面发展健康成长，事关国家发展和民族未来。"家校社协同育人的目的是保障与促进青少年儿童的身心能够获得全面健康的发展，健全学校家庭社会协同育人机制事关国家发展和民族未来。②

同时，"双减"政策是家校社协同推进少年儿童爱国主义教育的切入点。"双减"旨在有效减轻基础教育阶段学生过重的作业负担和校外培训，同时加强利用学校课后服务时间和强化学生的课外实践教育。"双减"为父母节省了大量课后辅导家庭作业的时间，为少年儿童的爱国主义教育的课外实践腾挪出了时间和空间。2021年发布的《关于构建新时代少先队社会化工作体系的实施意见》着重指出，要推动少先队社会化工作，广泛动员社会资源，与社会形成联建共育机制。政策的支持快速推动了少先队与校外的合作，同时需要联合家庭、社会各方力量，积极促进校外爱国主义实践教育基地建设，创新红色公益活动的内容与形式等少先队社会化工作，拓展少年儿童爱国主义教育的路径。③

由此可知，运用家校社协同的方式开展爱国主义教育，可以搭建理论和实践的桥梁，将学校教育中"爱国主义的思想理论"转化为真实的爱国主义行为，让学生既可以在学校中有充分的时间学习理论知识，还可以将理论在家庭中、社会中付诸

---

①孔苗.家校社协同推进少年儿童爱国主义教育的路径[J].教育科学论坛，2022（23）：9-13.

②苏君阳.家校社协同育人事关国家发展和民族未来[J].中国民族教育，2023（05）：8.

③孔苗.家校社协同推进少年儿童爱国主义教育的路径[J].教育科学论坛，2022（23）：9-13.

实践。学生的爱国主义学习与实践场所得到进一步扩展。

在培养"中华小当家"爱国情怀的过程中，我们要将以上三项原则与我们教育的对象、内容、方法等要素和环节紧密结合，落到实处。只有这样才能使新时代爱国主义教育真正成为"固本培元、凝心铸魂"的伟大工程。

第三节 培养"中华小当家"爱国情怀的实践路径

武昌区中华路小学全面贯彻落实中共中央、教育部《新时代爱国主义教育实施纲要》文件精神，落实立德树人根本任务，坚持爱国、爱党、爱社会主义的高度统一，深入挖掘学校内外红色文化教育资源，努力培育堪当民族复兴大任的时代新人。

一、传承优秀文化，培养具有爱国强国精神的"中华小当家"

武昌区中华路小学坐落在风景秀丽的长江之滨、黄鹤楼下，是一所有着七十余载光荣历史的红色学校。一直以来，我校与红巷保持着密切联系，积极开发红色资源，在继承优良传统的基础上，不断创新红色育人模式，传承和发扬爱国强国精神。

（一）挖掘周边资源，溯源红色基因

武昌区中华路小学始建于1947年，前身为武昌首义区第一国民学校，1956年以"中华路"命名，正式改名为中华路小学，2004年8月至2007年3月间，中华路小学在武昌区都府堤20号（原陈潭秋纪念馆、武昌区潭秋中学）即今天的中共五大会址纪念馆设立潭秋分校。全体教师利用周末动手整理，细致清洁，终于把荒芜已久的地方整理成了整洁的校园。当时行政楼二楼有一处宝贵的红色资源，那就是陈潭秋烈士纪念馆，而这里也成为我校得天独厚的革命教育课堂。

学校充分利用教育基地所蕴藏的爱国主义教育资源，对青少年进行爱国主义教育，组织校园里的少先队员成立了红色小导游团队，为前来参观的人们介绍这里的红色故事。这里是陈潭秋同志生活和工作过的地方，是中共五大的会址，也是中华路小学潭秋校区的原址。这是所有中华路小学师生都值得骄傲的事情，我们有责任和义务把这种红色基因传承下去。2006年"六一"儿童节，学校还请来了陈潭秋烈士的夫人，在这里和少先队员们一起缅怀先烈，传承遗志。虽然后来学校搬离了这

里，但是在这将近三年的时间里，这座红色教育基地为中华路小学的红色基因注入了源源不断的力量。如今，每当在校史馆看到曾经的照片，在这些红色旧址参观时，想到这里曾经是武昌区中华路小学的所在地，教师和曾经的学子就倍感亲切和自豪。

同时，我校本部校区毗邻"中国第一红街"——红巷，这条不长的巷子里坐落着武汉市革命博物馆群：中国共产党纪律建设历史陈列馆、毛泽东旧居纪念馆、武昌中央农民运动讲习所旧址等革命教育基地。2021年4月，在"学党史 感党恩 跟党走"系列活动中，我校退休党员教师、在职教师来到红巷，走进中共五大会址纪念馆，实地学党史，在建党百年之际，重走来时路，感受初心的力量。同年，武昌中华路街道都府堤社区和我校党总支联合开展"红巷爷爷讲党史"活动，退休老党员通过介绍我校本部附近红巷中这些红色纪念馆的由来和革命英雄的伟绩，潜移默化地加深了学生对革命历史的认识，并使学生深刻明白了当下和平生活的来之不易。2022年，我校主动牵手位于嘉兴南湖畔的嘉兴市实验小学，以红色文化为纽带，开展了多彩的党、团、队活动，并建立文化联盟共同体。

（二）传承文化底蕴，赓续红色血脉

我校作为一所有着深厚文化底蕴的红色学校，牢记育人使命，积极践行社会主义核心价值观，充分发挥着学校教育主阵地作用。2021年8月，罗宏文校长担任我校第十任校长后，进一步梳理学校文化内涵，提出"站在'小中华'，心系大中华，全面发展强中华"的学校精神。这是对20世纪90年代学校"站在'小中华'，心系大中华"文化的传承与发扬，基于学校校名中的"中华"二字，将学校发展同国家需要相关联，引领学校教师带着历史使命感和家国情怀，赓续红色血脉，创新红色育人模式，努力培育堪当民族复兴大任的时代新人。

为传递"红色力量"，培养"红色信仰"，夯实"红色根基"，我校坚持落实"党润童心"项目，以突出党建带团建、队建的红色传承。从2017年开始，每月第一个星期的星期一的升旗仪式上，我校都会组织安排党员进行国旗下爱国主义教育主题演讲。

2021年是建党百年，又逢党史学习主题教育，我校为更好地深入开展红色教育，将"党润童心"课由每月一次升级为每个星期一次，一个学年一个主题，制作系列微党课。《红船起航 乘风破浪》《红星报》《狱中绣红旗》《两个"一百年"》等红色故事向全体师生展示了中国共产党艰苦卓绝的奋斗历史和新中国从一张白纸到

锦绣华章的惊天巨变。

2022年底，我校"党润童心"项目再次提档，成立了"党润童心"中心备课组，提前规划了"清风拂校园"的单元结构，并设计了"英雄正气长存""清正美德我颂""清廉家风我传""清新校园我爱""清风故事暖心"等若干个单元主题的课程内容。参与人员也由之前的党员教师扩展到入党申请人、优秀团员、优秀教师等，越来越多教师的加入为"党润童心"这一红色项目增添了更多的活力。2023—2024学年，学校还将"党润童心"主题命名为"校史故事会"，从76年的建校历史中寻找生动丰富的红色教育资源，从而让红色基因像种子一样播撒进每一个学生的心田。

学校为更好地继承发扬爱国主义精神，增强学生的国防意识，磨炼学生的坚韧意志，根据《中华人民共和国国防法》的相关规定，经武昌区人民武装部、武昌区教育局批准，于2018年正式成立了"武昌区中华路小学少年军校"，并且成立了武昌区首支校园国旗护卫队。在2023年7月举行的第六届国旗护卫队成立暨授枪仪式，进一步明确了国旗护卫队的发展目标与方向，增强了新老队员的荣誉感与使命感。如今，国旗护卫队已经步入第六个年头。

七十余载的峥嵘岁月，从一个校区发展到三个校区，从最初的武昌首义区第一国民学校到如今的中华路小学，无论时光如何流转，校址如何变迁，"站在'小中华'，心系大中华，全面发展强中华"的爱国之心，"为党育人、为国育才"的教育初心历久弥新。溯源红色基因，赓续红色血脉，继承和发扬优良传统，在历史坐标中寻找奋勇前行的力量，在岁月积淀中获得面向未来的底气，这是我们培养"中华小当家"的责任与使命。

二、依托课堂教学，培养具有爱国强国本领的"中华小当家"

教育是国之大计、党之大计，承担着立德树人的根本任务。《新时代爱国主义教育实施纲要》指出："新时代爱国主义教育要面向全体人民，聚焦青少年。充分发挥课堂教学的主渠道作用。"[1]学校培养社会主义建设者和接班人，首先要培养学生的爱国情怀，要把青少年爱国主义教育工作作为重点，将爱国主义精神贯穿学校教育全过程，推动爱国主义教育进课堂、进教材、进头脑。小学生作为祖国的花朵，是国家的未来和民族的希望，要注重从小培养他们的爱国主义情感，因而要通

---

①新时代爱国主义教育实施纲要[M].北京：中国法制出版社，2019.

过各种有效途径使学生了解祖国，将爱国主义教育融入小学教育教学的全过程，以此来激发学生的爱国强国之志。

（一）落实思政课程，创新教育方式

思政课程既是知识体系又是观念体系，既具有文化属性又具有意识形态属性，是融思想性、政治性、科学性、理论性、实践性于一体的课程，也是培养学生爱国情怀和强国意识的重要载体。在思政课程中重视爱国主义教育，充分利用学科课程促进学生对国家悠久历史的了解和对优秀文化的传承，是培养学生爱国主义情感的重要基石。因而，学校要不断丰富和优化课程资源，创新爱国主义教育形式，通过思政课程，让学生更好地了解和认识我们的国家，培养爱国情怀，引导和加强学生的爱国强国思想。

"道德与法治"课是德育教育的核心课程，承担小学生的爱国主义教育的重要任务，被誉为"启蒙教学的第一课堂"，是"红色文化资源"扎根的土壤。小学生所掌握的爱国理论知识在很大程度上来自"道德与法治"课程与"红色文化资源"内容的结合，所以要强化《道德与法治》教材中红色文化资源的运用，在教学内容上强化其历史与时代精神的有机统一。

《道德与法治》统编教材二年级上册《欢欢喜喜庆国庆》这一课中，"新中国的生日"重点就是引导学生理解国庆节的由来，从而明白新中国的来之不易，感恩并铭记先烈的付出，珍惜和热爱当下的生活，培养学生的国家意识和爱国情感。五年级上册第三单元围绕"我们的国土 我们的家园"这一主题介绍了我国的辽阔国土和好山好水好风光，在教学过程中教师可以通过问题引导和材料展示，让学生鲜活地感受到我国的地大物博，自然而然产生民族自豪感，从而让学生在主动学习中体悟、升华爱国情感，也让爱国主义教育更有吸引力。数学、科学、信息技术等学科则可以通过知识拓展，给学生介绍圆周率、北斗卫星导航系统、航空航天工程等由我国杰出的数学家、科学家取得的重大研究成果和科技突破，让学生充分认识到国家在科技方面的伟大成就。

（二）重视课程思政，充实教育内容

课程思政是以立德树人为教育目的，要充分挖掘各类课程中的思政元素，发挥专业教师、专业课程和专业教育的育人功能，形成全员、全方位、全课程育人的教学体系，即每一门课程都要讲出思政意味，具有思政内容，承担思政使命。教师在教学过程中要有意、有机、有效地对学生进行思想政治教育。体现在教学的设计上就是要把爱国主义作为课程教学的目标放在首位，并与专业发展教育相结合。

在我校"跟着课本学党史"的系列教研活动中，教师注重挖掘教材文本中的爱国主义教育因素，结合知识点的背景资料，让学生融入历史情境，感受革命先辈深厚的爱国情怀，进而充分理解和尊重这些典范人物，激发内心强烈的爱国情感。如语文课本中《我的战友邱少云》这一课，让学生认识了英勇战斗、不怕牺牲，在"烈火中永生"的抗美援朝英雄——邱少云。纪律重于生命，信念坚如磐石。为掩护潜伏战友、保证战斗胜利，邱少云硬是凭着坚强的革命意志，烈火焚身而纹丝不动，直至壮烈牺牲。《丰碑》中把自己的棉衣让给战友，自己却在寒冷的冬天被冻死的军需处长用生命书写了什么是舍己为人。正是因为有了这样舍己为人的战士，红军万里长征才得以取得胜利。这些红色题材的经典课文，因反映的生活和学生所处的时代距离较远，要让学生真正理解人物的内心和行为动机，教师在教学过程中要拓展背景资料，补充相应的历史知识和人物生平以帮助学生理解，并且要紧扣情感主线，增强思想意识教育，在做好基础知识学习的同时升华情感，让语文学习有根、有魂、有情、有味，从而在孩子们的心中埋下坚实的红色基因之根。

在阅读课上，教师可以借助学校图书馆和班级图书角的资源，鼓励学生阅读红色书籍，并且以阅读小报或者读后感的方式在班内进行好书推荐或者红色经典故事分享。中华优秀传统文化中天下兴亡、匹夫有责的担当意识，精忠报国、为中华之崛起而读书的民族情怀，革命历史中一系列英雄先烈可歌可泣的红色故事，当代社会钱学森、袁隆平等杰出人物的追梦故事等，都是爱国主义的集中体现。阅读课堂要将这些鲜活的素材、资源与教学内容有机融合起来，创新教学模式，深入推动学生把爱国之情转化为实际行动，引导学生在学习过程中感悟中国文化所蕴含的爱国主义思想，坚定文化自信，增强民族自豪感。

"少年兴则国兴，少年强则国强。"学校要着力挖掘课程中蕴含的爱国主义教育元素和承载的丰厚文化资源，传承红色文脉，在学校教育中厚植师生家国情怀，让中华文化基因、爱国强国观念植根于师生的思想意识和道德观念之中。

三、强化文化育人，培养具有爱国强国情感的"中华小当家"

（一）注重日常标识，建设校园文化

充分发挥时政宣传栏、"三风一训"标语牌、画廊、班级黑板报、名人名言挂贴等的作用，引导小学生关心、关注国家大事，突出爱国强国主义教育内容，在日

常的学习生活中，帮助学生将爱国强国思想内化于心，外化于行。

走廊处"心灵之约"列举了学生耳熟能详的名人名言，如周恩来总理的"为中华之崛起而读书"，中国铁路工程专家詹天佑的"各出所学，各尽所知，使国家富强不受外侮，足以自立于地球之上"，中国近代著名作曲家冼星海的"我有我的人格、良心，不是钱买来的，我的音乐，要献给祖国，献给劳动人民大众，为挽救民族危机服务"，等等。

还有校园"三字歌"："升国旗，唱国歌。保疆土，绣山河。团结紧，民族和。立大志，树品德。诚实干，讲科学。除旧制，兴改革。倡民主，自由歌。平等路，道宽阔……"

也有爱国故事：独臂英雄丁晓兵、保卫新疆的左宗棠、历尽艰难归国的钱学森、革命先烈李硕勋等。

同学们每每行走在校园里，看到以上的文字，无不深受触动。

（二）夯实礼仪教育，增强爱国情感

学校积极组织开展升国旗、唱国歌、国旗下讲话、晨会讲话等教育活动，通过重温誓词、齐唱队歌等形式强化小学生的少先队员意识。同时，规范少先队入队仪式，帮助和引导少先队员树立光荣感、归属感和使命感。

教师依托网络平台，收集和整理爱国主义教育资源，组织学生观看如开国大典、国庆阅兵仪式、军队演练视频等。一方面，帮助学生树立正确的世界观、人生观和价值观；另一方面，使学生受到爱国主义的熏陶，从而坚定理想信念，培养爱国情操，加强爱国主义在小学教育中的渗透。教师也应充分运用家长资源。学生家长因所处年代原因，往往对红色文化具有更加深刻的认识，教师可以邀请家长在特殊节日参加座谈会，让家长向学生宣传爱国主义文化，并鼓励家长带领孩子到革命遗址以及革命博物馆等地进行参观，向孩子讲述自己的参观感受，为孩子营造良好的爱国主义教育氛围。[①]

同时，武昌区中华路小学在一年级新生入学时为每位学生送上《Do Re Me 成长手册》，通过"开学第一课""阶梯式成长课程"等形式引导一年级学生争做"中华好少年"。《Do Re Me 成长手册》包含爱国爱党、校园文明礼仪、日常行为习惯等方面的内容，在创新爱国主义教育形式、升华爱国主义教育方面发挥了重要作用。

---

①张浩生.新时代小学生爱国主义教育路径的创新[J].智力,2023(07):37-40.

（三）深化传统教育，挖掘节日内涵

学校积极发挥节日文化的教育功能，大力落实中国传统节日振兴工程，深挖中华民族传统节日的文化内涵，开展丰富的民俗文化活动，突出爱国主题，创新内容形式，以"五育并举"为理念，有针对性地组织开展教育活动。例如，在七一建党节、八一建军节等特殊的日子里，带领同学们到相关基地开展活动，丰富拓展校园文化内涵的同时，进一步激发学生的爱国情感。

将过"洋节"的好奇心转化为过传统节的热情，用趣味游戏节、冬至故事节、新春游艺节等吸引孩子们。

四、把握时代脉搏，培养具有爱国强国意识的"中华小当家"

（一）依托基地教育，拓展实践平台

我校处在武昌区著名的红巷圈内，此处含有丰富的红色教育资源，如毛泽东旧居纪念馆、中共五大会址纪念馆、武昌中央农民运动讲习所旧址等，依托这样的有利地理条件，我校与这些场馆合作，"引进来，走出去"，红色场馆入校讲解过去精彩的革命故事，帮助同学们了解革命先烈们一路走来的艰辛与不易。同时，经过培训，同学们也可作为"红色讲解员""红色小导游"等进驻场馆，利用休息时间，为来访此地的游客们讲解革命故事，进一步进行爱国主义教育，在学习知识与输出知识的过程中，进一步培养爱国强国精神。

除此之外，我校大力建设"国旗护卫队"，与武昌区人民武装部、守桥部队、街消防中队等合作共建，聘任专业成熟的教官对学生进行训练，每年定期进行展演比武，学生也可以到共建单位访问，沉浸式体验人民子弟兵、消防员日常训练，为保护国家、人民安全积蓄未来的力量。

（二）抓住事件契机，发挥教育意义

重大社会事件与传统节日不仅是进行爱国主义教育的重要契机，也能在短时间内给学生带来深刻的"具体体验"，甚至是强烈的心灵震撼。例如，全国人民团结一致防控疫情、奥运健将为国争光、科技赛事选手奋勇拼搏等重大社会事件与爱国活动，不仅体现了党的领导与国家制度的优越性，对小学生们了解爱国的真实意蕴也具有深远的教育意义。

同时，我国历来都重视传统节日，无论是家长、教师，还是学生，从小都感受

到传统节日带来的归属感与民族自豪感。因此，利用传统节日进行爱国主义教育，一方面可以让参与主体在其中感受到自身的价值感，另一方面也让家长与学生感受到爱国主义教育并不是空中楼阁，其实它就在我们身边，就在我们平常生活的点滴之中。此外，以活动为载体，从学生兴趣出发，选取符合爱国主义教育的节日开展主题活动，能够让学生喜欢上这种方式，在学生与家长、教师动手做的过程中拉近彼此的距离，促进爱国主义情感的升华。①

通过开展"牢记纪念日、激发爱国情"的主题班会、"我爱你中国"的演讲比赛、校歌比赛，加强爱国主义教育，引导并培育学生爱校、爱国的高尚情操，激起学生的爱国主义情愫，增强学生的家国情怀。以国家重大纪念日、民族传统节日等为契机，在每个星期的升旗仪式上开展主题宣讲，加深学生对国家的认识，使学生关注国家政治与社会时事，让学生与祖国同呼吸、共命运，培育学生的家国情怀。②

爱国不仅仅是一种情感，更是一种行为方式。这意味着爱国主义教育绝不仅仅是对小学生的认知建构，更重要的是关注学生的生活世界。克利福德曾说："仪式，不仅可以激发人们的情感和动力，还可以在人们心中勾勒一种既存秩序的基本概念，两者相得益彰，从而使真实的世界和想象的世界借助一套本土的仪式糅合在一起。"日常的升国旗、唱国歌等仪式活动就能使小学生们在"具身体验"的过程中对国家产生敬畏感、归属感、荣誉感与责任感。③

（三）基于宣传平台，整合各类资源

互联网技术飞速发展，为开展新时代爱国主义教育带来了更多的优质教育资源与便利。因此，学校要充分利用信息化教学的优势开展爱国主义教育。一方面，学校可以通过创建学校公众号、校园广播等平台，定期为学生推送爱国主义教育相关文章与视频；另一方面，教师可以通过结合学习强国、班级微信群等新时代信息化教学资源，以学生乐于接受的方式提升爱国主义教育的质量。

学校多形式、多方式地组织和开展一系列具有时代气息、小学生喜闻乐见的教育活动，创新、具体、生动地开展爱国主义教育。通过每个星期的"玉兰电台"节目，介绍中华人民共和国成长、强盛的伟大事迹，增强学生对国家的认知和了解，

①李茂芳.家校协同开展小学生爱国主义教育的策略研究[D].大理：大理大学,2021.
②童丽丽.依托校园文化，培育家国情怀[J].安徽教育科研,2019(18):13-14＋8.
③向晶,占玉婷.新时代小学爱国主义教育实践路径研究[J].基础教育参考,2022(11):67-71.

让学生感受国家富强带来的民族自豪感。通过"玉兰宣传"专栏，提高学生对爱国强国教育的关注度及参与度，以点带面，学生个人带动班级风气，班级先行带动整个校园，使学生真正参与爱国强国教育活动，多渠道地进行爱国强国情怀培育。

随着信息技术深入各个行业，其在教育行业中也得到了大量运用。现代新兴技术的出现使得教育手段突破了时空的界限，实现学生、家长、教师之间的实时互动、同频共振。现阶段，很多学校利用微信平台搭建了属于本校的公众号，让家长、教师、学生之间互相学习，共同促进，使小学生接受更好的新时代爱国主义教育，让小学生的成长与国家的发展紧密相连，协同共进。家长们来自不同行业，他们的充分融入也能开拓学生的视野。"职业初体验""跟着爸爸妈妈重温童年游戏"等活动常常让校园里洋溢着温情与感动。

第四节　培养"中华小当家"爱国情怀的典型案例

"厚植爱国心，砥砺强国梦。"我校师生在校园里共同生活、学习，一个个"中华小当家"在活动中得以历练、成长。

【案例一】

"党润童心"，爱我中华强我中华的思政大课

近年来，武汉市武昌区中华路小学坚持党建引领，充分发挥党建在未成年人思想道德建设中的引领作用，借助"党润童心"载体，突出党建带团建、队建的红色传承，强化组织保障和人才支撑，形成"好党员带动好教师，好支部带活好团队，好作风带出好氛围"的教育生态。

一、让"党润童心"响彻校园

"爱一个国家，首先要从爱自己的家，爱自己的学校开始。今年的'党润童心'，让我们一起走进学校的校史，一起去了解这所有着悠久历史和丰厚底蕴的学校。"2023年9月1日，在中华路小学开学典礼上，本部校区、金都校区、橡树湾校区3200余名师生共同观看了罗宏文校长主讲的"开学第一课"——"不忘来时路"。

讲课过程中，罗宏文校长与全校师生分享了他的一本旧相册——他刚到中华路小学时，与他带的那个班的学生一起开展活动的场景。罗宏文校

长从一张张泛黄的照片开始，讲述了中华路小学从1947年建校至今的发展历史，并向全校师生提出了"站在'小中华'，心系大中华，全面发展强中华"的精神理念。

在学习了武昌千年史，了解了中华路小学建校史后，全校师生内心的自豪感和使命感被激发出来。"不忘初心，才能开辟未来。作为新一代中华路人，我们应当心怀家国情怀，以崇高的理想和坚定的信念，为培养担当民族复兴大任的未来人才贡献自己的力量。"中华路小学教师王露说。

六（10）班的刘子沐同学聆听完罗校长的"开学第一课"后，也表达了自己心中的想法："我们在这个幸福的时代里，应该学于勤、成于智、立于德，我要在中华路小学好好学习、奋发图强，为中华路小学增光添彩！"

从每月一次的规定活动，到每个星期一次的"大思政课"，再到今天形成的百节微党课资源库，中华路小学以"党润童心"为主题，让每个星期一的升旗仪式成为全校师生理想教育的红色大课堂。

"狱中绣红旗"为大家介绍了五星红旗的来历，在学校国旗护卫队队员和全体少先队员心中深深刻下了爱国旗、爱祖国的烙印；"两个'一百年'"向全体师生展示了中国共产党百年的不懈努力与拼搏奋斗；聆听"理想照亮未来"，全校少先队员共同向党宣誓"请党放心，强国有我"；"厉害了我的国"从吃、穿、住、行，带领同学们一睹祖国从站起来到富起来、强起来的百年伟业……三年来，一个个生动的党史故事、党员故事、党的光辉成就故事，通过"党润童心"的舞台，走进了中华路校园，走进了中华路学子的心田。

二、让"党润童心"成为党建品牌

2017年9月，在武昌区教育局党委的指导下，中华路小学迎来了一个规定动作：每月第一个星期的星期一的升旗仪式上需要上一节微党课。"当时我们没有过多的思考，只是结合当下的重要时间节点、时事要事进行全校宣讲。那时的微党课就像是每月一次任务，党员完成了演讲，德育部门上报了简报，就算完成。学生们听到了什么，记住了什么，思考了什么，我们不确定，但从大家茫然的眼神、稀拉的掌声中，我得到了答案。"中华路小学党总支书记夏惠说。她不希望这么好的契机和时光，毫无意义地流逝。

2021年，以全党开展党史学习教育为契机，夏惠提议将微党课提档升级为"党润童心"党课品牌，由每月一次变为每个星期一次，围绕"党史大课堂"主题，讲党史故事、党员故事、党的光辉成就，传递"红色力量"，培养"红色信仰"，夯实"红色根基"。

书记校长带头讲，全校师生齐上阵。为了将"党润童心"党课做得更好，中华路小学党总支发动党员教师、少先队员、学生家长甚至是校外各行各业的优秀党员都参与到讲党课的行列中来，大家不再是以聆听者的身份听故事，更多的是在思考主题、查阅资料、现身讲课的过程中接受党史的洗礼。

从2021年的"党史大课堂"，到2022年的"清风拂校园"，再到2023年的"校史故事会"，中华路小学每年确定一个大主题，党员教师和少先队员们自定主题、自选素材撰写文稿，形成一个个温暖生动的故事和一节节浸润红色基因的微党课，为孩子们形成正确的人生观打好红色根基，让星期一晨会成为中华路学子们成长路上永不褪色的那抹红色记忆。

"2024年，我们的'党润童心'将以'向着光成长'为主题，讲述校园里优秀党员教师、团员教师和少先队员的正能量故事，帮助中华路学子们成为更加优秀的自己。"夏惠表示，中华路小学党总支将为党育人、为国育才的目标与当下教育实际紧密结合，寻找到最小的切入点，设计主题与话题，让题眼有吸引力、内容有生动性、目标有教育性，让"党润童心"真正"润"到每一位学子的心中。

三、让"党润童心"浸润更多心灵

"叔叔阿姨们，请大家跟随我的脚步，来到毛主席在武汉曾经生活工作过的地方。"武汉革命博物馆内，11岁的张玉烁细致周到地带领游客参观。当讲起毛泽东在武汉创办中央农民运动讲习所时，张玉烁热情激昂，令人动容。

张玉烁是中华路小学六（3）班的一位学生，她在上二年级时就加入了武汉革命博物馆"红巷苗苗"志愿讲解团队，成为一名宣讲红色党史的"小小讲解员"。她曾为湖北省第七次少代会少先队员代表讲解中共五大会址纪念馆和毛泽东旧居纪念馆，和"红巷爷爷"一起走进中华路小学课堂讲党史故事，代表武昌区少先队员接待中央文明委领导团，接待湖北省关工委领导团游览红色教育基地。

"学校每个星期一的'党润童心'激发了我对红色党史的向往，让我下定决心做好红色精神的传承人。"为了当好"红巷苗苗"志愿者，张玉烁每到周末和节假日都会自觉早起，穿好红马甲，背起小喇叭，准时来到红巷，以饱满的热情接待每一批参观的市民与游客。

"党润童心"不仅浸润着"童心"，更浸润着学校党员教师的心灵。"屈兵老师讲述的'燃灯校长'张桂梅的事迹，点燃了我内心的那份悸动。她坚守初心，甘于清贫，创造了贫困山区教育史上一个又一个奇迹，诠释了一名教育工作者的责任与担当，用崇高的品格为山区孩子们撑起了一片蓝天。"青年教师黄子梦立志以张桂梅为榜样，加入中华路小学"青春中华加油站"，并积极参与下乡送教活动。2023年11月7日，她前往潜江曹禺小学，为那里的孩子送上了一堂别开生面的英语体验课，帮助师资力量薄弱的农村地区的孩子们发散思维、开阔视野。

还有更多的党团员教师和少先队员们从这样的党课中汲取了成长的力量和营养。

党员许许多多：

"党润童心"在我们学校一直以来都是深受全校师生喜欢的思政公开课，从"讲党史"到"述清廉"，从"革命精神"到"家风故事"，从"国家大事"到"身边小事"，一个个动人的故事，一次次深情的讲述，为孩子们树立了正确的人生观，让孩子们传承红色基因，筑牢爱国之魂。与此同时，也给党员教师们提供了学习的机会与展示的平台，更加坚定听党话、感党恩、跟党走的决心。

党员钟佳颐：

作为"党润童心"课程开发团队的一员，在选题初期我就琢磨着，既要让孩子感受到向上向善的力量，又要指导他们在现实生活中成长历练，因此我选择了第三单元"清廉之管理制度解读"，向孩子们介绍"中华之声"校园主播的诞生。每一位上岗的小主播不一定都是班上最优秀、最擅长学习的同学，但是他们凭借热爱和努力，获得了在全校同学面前展示自己的思考与见解的机会。我想告诉孩子们，任何人都有追梦的权利，生活再平凡、再普通，也可以不断积淀成长，拥有自己的"高光时刻"。

本部"思齐"中队少先队员谭骏驰：

曾经，我也是"铺张浪费"的孩子。每当我看到同学有新玩具，我总是会心里痒痒的，对着妈妈哭闹；每当饭碗里有不喜欢的饭菜，我总是想趁父母不注意，偷偷扔掉……听卞老师在"党润童心"课上讲的"司马光的家风故事"后，我知道以前那些行为都是不对的，在家吃饭我开始坚持"光盘行动"，总是不剩一粒米；外出就餐，也会提醒家人要光盘、吃不完的要打包。"一粥一饭，当思来处不易；半丝半缕，恒念物力维艰。"

金都校区"向阳"中队少先队员郗谦宇：

对我触动最深的是红船的故事。"红船精神"是中国革命精神之源，是开天辟地、敢为人先的首创精神，坚定理想、百折不挠的奋斗精神，立党为公、忠诚为民的奉献精神。"红船精神"也告诉我们，在知识、信息大爆炸的时代，我们应该把握时代课题，树立时代理想，刻苦学习，大胆探索创新，为了祖国的强大、为了我们的美好生活，努力奋斗，燃烧青春！

党员刘卉老师：

我一到学校就聆听了"党润童心"校史故事会，穿越七十余年的峥嵘岁月，中华路小学从风雨中走来，几经变迁，走过七十年华诞，翻开了新的篇章。通过聆听校史故事会，我跟随罗校长一起追寻学校发展轨迹，重温校史，走进时光里的中华路小学，看到了莘莘学子逐梦远航的身影，看到了各位教师躬耕教坛的坚守，也看到了中华路小学砥砺奋进的步伐。作为一名新进教师，我为能加入这所武昌名校而感到自豪。

团员刘群艳老师：

在一代又一代师生的共同努力下，武昌区中华路小学的历史变得深厚、丰富，成为学校可持续发展的"文化之源"。星光不负赶路人，我们在奋力向前冲刺时，也要记得回头看看来时的路。"看得懂过去，才读得懂未来"，作为学校的青年教师，我们应该"站在'小中华'，心系大中华，全面发展强中华"，不忘来时路，踏进新征程。

中华路小学党总支书记夏惠：

我希望我们的"党润童心"课能浸润更多的人，成为传承红色血脉，培育爱国情感、强国志向、报国本领的实践课程，为党育人，为国育才！

【案例二】

班队会课，培育"中华小当家"的爱国情怀

爱国主义源于每一位中国人心中的红色基因。红色基因，是中国共产党领导全国各族人民，在中国历史上展开一场又一场不屈不挠的斗争，为实现理想进行不懈追求而形成的中国共产党人特有的精神信念，是一种革命精神。我校利用班队会课这个主要阵地，教育学生用实际行动把红色基因传承下去，做对国家、对社会、对人民有用的人。

一、案例背景

2017年，教育部《中小学德育工作指南》中提出，德育工作开展要做到目标清晰、联系实际，充分发挥思想品德教育作用，利用现代教育技术、时政资源充实德育课堂。创新教学模式、优化课程内容，注重开展形式多样的道德实践活动，促进学生道德素质发展。小学班队会课属于具有独立主题的课程，它可面向班级中全体学生开展思想品德教育，在教学过程中追求乐学、联想和出奇。同时，班队会课作为小学德育的主阵地，同时也兼有培育学生的爱国情怀的使命。

二、案例画面

2023年2月，我校青年教师祁梦园代表武昌区参加武汉市班会课比赛，执教班会课"我心中的那抹中国红"荣获市级一等奖。课堂上，她从"认识五星红旗"开始，引导学生了解五星红旗的规范，能正确摆出五星红旗，并自觉做到尊重国旗；随后"了解红领巾的由来"，告诫学生要爱护红领巾，能自觉做到用实际行动为红领巾添彩；最后"了解革命故事"，让学生能够感悟革命胜利的不易，树立爱国主义情怀，并践行到实际行动中去。整节课环环相扣，引人深思，效果良好。

而此前，时任我校德育主任的柳丽老师也上过一节班会课，题为"我心中的中国共产党"。她在课堂上带领学生寻访红色革命遗存，感受革命时期共产党人信念坚定、不畏牺牲、舍小家顾大家的崇高品质，培养学生"从小学党史"的意识；通过对比三代人的生活，感受改革开放以来，中国共产党全心全意为人民谋幸福的初心，激发学生对党的热爱之情；通过分享抗疫小故事，领悟抗疫精神，初步树立"从小听党话，跟党走"的信

念。课堂效果同样广受好评。

三、案例分析

这两节课都旨在重点培养学生的爱国情怀，包括让学生利用周末假期寻访红巷周边的红色革命遗存，收集家中反映生活变化的老照片或老物件，了解身边人的小故事，依教学内容准备相关视频、课件等。从爱国情怀培养的时代性、独特性、歌颂性进行教学设计，循序渐进开展教学。

（一）爱国情怀的时代性，看我中华

习近平总书记说过，历史是最好的教科书。红色故事、革命文物是最生动的教材。我们中华路小学本部和金都校区都在"红色第一街"红巷附近，学生也经常开展红色寻访活动。我们把红色故事带入课堂，引导学生向历史学习。

情景剧《狱中绣红旗》、视频《五星红旗知多少》《那"一抹红"在胸前闪耀》《魏奶奶的红领巾》，都取材于泱泱中华大地，选自时代脉络中的关键节点，而这些也串起了课堂的主线：中国人常常会使用这种颜色作为我们的代表，所以它还有个好听的名字——"中国红"。在中华大地上，五星红旗每天都会冉冉升起，迎风飘扬。那一抹耀眼的中国红是多少革命志士活下去的希望，是每一个中国人为之奋斗的信仰，更应该在我们的心中高高飘扬。一条红领巾，象征着在艰苦环境中经受血与火的考验，也象征着对未来的无限期许与希望，所以那一抹红色在胸前格外闪耀。这就是爱国情怀的时代性。

（二）爱国情怀的独特性，赞我中华

1978年，在党的领导下，我国走上了改革开放谋发展的新征程。为了让学生感受国家经济发展带来的变化，我们开展了"生活变形记"的调查活动。学生在家里翻看老物件、老照片，听家人讲以前的生活故事，搜集到丰富的素材。课堂上，学生通过生动的讲述、直观的比较，很容易看到衣食住行等方面发生了翻天覆地的变化。这也让我们感受到开发课程资源还是要依托学生生活实际，更容易引发共鸣。

不论是"我心中的那抹中国红"，还是"我心中的中国共产党"，我们始终牢记"扎根中华大地办教育"，从站起来到富起来，从革命时期到改革开放，我们看到了中国共产党强大的领导力。没有共产党就没有新中国，现在要说，有了共产党才会让国家更富强。那一抹中国红代表的就是属于每一位中华儿女的中国。中国红最美的身影，永远存在于我们每个人的心中。这就是爱国情怀的独特性。

（三）爱国情怀的传承性，耀我中华

班会课的灵魂在于触动，最好的资源在于学生。对于每一个武汉人来说，抗疫这段经历记忆太深刻了。正是因为有党的领导，中国才能有效控制疫情。在"我心中的中国共产党"这节课上，真挚的情感始终在师生心头起伏跌宕，它扣人心弦，启人奋发。没有共产党就没有新中国，没有共产党就没有中国经济的腾飞，没有共产党就没有疫情的有效控制。当学生在结课时说出那么多自己对中国共产党的理解时，就代表同学们读懂了、学深了，这样的爱国主义学习不再是贴标签式地灌输，而是水到渠成地升华。通过师生一代代将故事传颂，爱国情怀也将深深沁入学生心田。这就是爱国情怀的传承性。

四、案例成效总结

百年沧桑，历久弥新，在课堂的感染下，学生的爱国情感也被充分点燃，从对革命先烈的崇敬到感受生活变化的欣喜，从聆听革命故事的感动到发自内心地热爱国家、热爱中国共产党，入情入境地带领孩子讲好中国故事，就是培养爱国情怀的最好方式。

在呈现方式上，教师以微短剧的方式进行演绎，精选最容易打动人的细节故事。杨开慧牺牲的时候只有29岁，她还有3个年幼的孩子，在她下葬的时候，3岁的毛岸龙爬向她的棺材，喊着要和妈妈一起睡，这是多么让人揪心啊！向警予烈士被捕后给孩子留下了温柔的儿歌，但是牺牲时又那么坚决地高呼"我是中国共产党员"，这是多么鲜明的对比啊！夏明翰慷慨激昂的《就义诗》，是多么的振聋发聩啊！这些红色故事深深震撼着听课的孩子们，学生们的眼睛湿润了，我们看到了革命先烈舍小家为大家、视死如归的英雄气概。

正如湖北省委书记王忠林所说："武汉是一座拥有丰富爱国情怀资源和光荣革命传统的英雄城市，是马克思主义在中国最早传播的主阵地、中国共产党的重要发祥地、中国第一次工人运动高潮的发生地、中国大革命的中心地、人民军队建军的策源地，在中国共产党百年历史中拥有许多高光时刻和高光表现。"开展红色革命遗存寻访活动是爱国情怀培养的重要载体，课堂上动情，课后自觉寻访，学生将继续在丰富的革命文物、感人的革命故事中成长，更加懂得中国共产党建立新中国的伟大，坚定永远跟党走的信念。

在用国家GDP变化红线引导学生感受中国经济实力变化的时候，全场都激动了。我国经济的加速发展，是人民生活水平发生改变的重要原因。教研室华林飞主任在研课时特别谈到了如何给孩子们谈GDP，但又不唯GDP，给我们很大的启发。现在的中国绝不仅仅是唯GDP论，我们现在更注重高质量的发展，五位一体的发展，作为班会课教师，我们的站位要更高。所以在这个环节中，我们要引导学生感受脱贫攻坚的伟大，感受健康中国、美丽中国的美好，从而明白人民的生活还将越来越幸福。对未来有期待，向未来的建设者绘制宏伟蓝图，不就是在为培养未来的建设者和接班人做最好的奠基吗？

爱国情怀培养对于小学生而言，因年龄特点，它应该更有特色、更生动形象。作为教育者，要继续努力，立足思政课堂，尝试更多的教育途径，和孩子们一起入情入境学爱国情怀，培养一批爱党、敬党、念党恩的时代新人，让他们坚定信念，永远跟党走。

【案例三】

少年军校，国旗班到国旗护卫队的故事

国旗是国家的象征，带给国人的不仅是荣耀，更多的是爱国情结。同学们，你们知道吗？从武昌区中华路小学第一届国旗护卫队成立至今，已有六届国旗护卫队了，从严寒到酷暑，中华路小学一届又一届国旗护卫队队员们风雨无阻，用梦想守护心中那一抹红，用青春的底色为国旗增光添彩！让我们一起走进他们的故事吧。

为了更好地继承发扬爱国主义精神，增强国防意识，磨炼坚韧意志，养成吃苦耐劳品质，根据《中华人民共和国国防法》的相关规定，2018年11月5日，经武昌区人民武装部、武昌区教育局批准，"武昌区中华路小学少年军校"正式挂牌，并且成立了武昌区首支校园国旗护卫队。

一、光荣与梦想在这里萌芽

冬季的武汉，寒气逼人。在中华路小学的操场上，一群身着迷彩服的同学正神情专注地投入到训练中，刺骨的寒风把他们的小脸冻得通红，但

大家热情高涨、精神抖擞、口号震天。这群可爱的孩子平均年龄不到12岁，是学校经过层层选拔后产生的首届国旗护卫队预备队员。

为打造一支高素质的国旗护卫队，教官们参照《中国人民解放军队列条令》制订了科学规范的训练计划，热身跑、练队列、走正步、站军姿等是每天必训的项目。为了塑造国旗护卫队的良好形象，"冬不穿棉，夏不穿单"成为训练的基本要求；为训练挺拔的军姿，队员们用双腿、双手夹紧扑克牌，背着木制的"十字"形架子，收腹、挺胸、抬头训练站姿；踢正步训练时，教官们拉红线定好离地面约25厘米的高度，队员们收腹提臀、上体正直、微向前倾，踢腿高度与红线齐高，而且要保持重心稳定，不能晃动。

随着训练的深入开展，有的队员扛不住了，在训练中出现呕吐、晕倒等情况，但在教官和队员们的鼓励下，他们凭着顽强的意志坚持下来。平日，队员们都要手持重6.5斤的礼宾枪，进行连成人都难以坚持的高标准、高强度的训练。站军姿、压脚尖，没人叫苦，走队列、练体能，没人喊累，因为，大家都想成为一名光荣的国旗护卫队队员，他们的心中装着国旗、装着祖国。

阳春三月、万物复苏，经过严格训练考校的预备队员成为正式队员，学校为他们量身定做了崭新的礼服。2019年3月11日，这是中华路小学师生们终生难忘的日子，首届国旗护卫队精彩亮相了。"立——定，向国旗敬礼"庄严的国歌声响起，擎旗手振臂一挥，五星红旗在空中划出了一道美丽的弧线，冉冉升起，高高飘扬。全体师生眼前一亮，感到精神振奋：这每一个行云流水的动作背后，都有多少心血和汗水的付出呀！在那一刻，光荣和梦想在师生们的心底萌芽！

此后，每个星期的升旗仪式逐渐成为中华路小学爱国主义教育的平台，为了展示好这个平台，队员们花大气力、下苦功夫投入到日常训练中，只为每一次正式展示时能完美呈现。

二、生命的辉煌在这里绽放

铁的纪律铸就了铁的队伍，升旗是任务，训练是常态，日复一日的训练让护卫队队员们对国旗日益敬畏，为国旗奉献的信念愈发坚定，并逐渐升华为浓厚的爱国情怀，这份爱指引他们不断地蜕变、成长，走向远方。

这支训练有素的队伍一经亮相，便迅速得到家长、学校、社会各界的广泛关注和充分肯定，不仅承担了校内日常的升降旗任务，还受邀承担了校外的光荣任务。承担首届"中华杯"校园足球联赛开幕式、美国教育考察团来访时的展示任务，胜利告捷！参加武昌区青少年趣味"军运会"开幕式，惊艳亮相！出席江汉区"腾飞吧，少年！"主题活动，震撼全场！参与"中华少年与军运同行"校园文化活动和新中国成立70周年庆典活动，被中央宣传部"学习强国"平台两次报道。自本部率先成立国旗护卫队后，三个校区联合组建"海、陆、空三军仪仗队"，中华路小学国旗护卫队在传承、发展中不断成长、壮大！在"同升一面旗 共爱一个家"中华路小学庆祝新中国成立70周年活动现场，国旗招展、国歌嘹亮、军威雄壮。

全体师生整齐嘹亮、高唱国歌，表达"爱我中华 护我国旗"的铮铮誓言，那一刻，中华儿女对祖国的拳拳之爱，赤诚如歌，生命的辉煌在这里绽放。每年国旗护卫队都会面向三到六年级的全体同学招新，在历届国旗护卫队选拔中，三个校区的同学报名都非常踊跃，经过"思想关、素质关"的双重考核，一批又一批新队员加入护卫队的行列，这是使命担当，更是精神传承！

不仅如此，国旗护卫队还通过创设特定场景、采用特定的程序、举行特定的仪式深化队员们的思想政治教育，激发队员的爱国主义情感。2022年9月14日，为帮助一年级新生们尽快适应校园生活，我校组建团队设计"Do Re Mi"阶梯成长课程，国旗护卫队的队员们为一年级的同学展示队列、现场升旗，并与一年级的同学一起观看国旗护卫队的纪录片，对一年级的同学开展爱国教育第一课，让国旗护卫队精神影响到新同学。

2023年7月4日下午，国旗护卫队全体队员、家长及教官在金都校区阶梯教室举行第六届国旗护卫队成立暨授枪仪式，进一步明确国旗护卫队的发展目标与方向，增强新老队员的荣誉感与使命感。2023年7月31日，在八一建军节到来之际，国旗护卫队来到武汉长江大桥守桥中队参观军营，通过参观部队内务、军事化管理、队列表演等军事训练，激发队员爱军尚武的热情。

"长江之滨，黄鹤楼下，一群意气风发的少年，把对中华深沉的爱融进升旗仪式，融进中华少年的生命里。"这首深情赞颂中华路小学浓浓育人情的诗歌，是党总支书记夏惠和刘庆老师共同创作的。"莘莘学子情、拳拳报国心"，青少年阶段是人生的"拔节孕穗期"，最需要精心引导和栽培，相信这风风雨雨、点点滴滴的成长经历会让中华路学子在潜移默化中磨炼意志、坚定信仰，中华情怀日益深厚！

四（10）中队李沐可：

自从听了大队辅导员王老师讲的"党润童心"课——"铁打的替补小胖子"以后，我深受震撼，两次申请加入国旗护卫队，但遗憾的是都落选了，因为老师说我的行为习惯还需要再培养，成绩也还要再稳定一些。但是我是不会放弃的，因为我知道，坚持就一定会有回报。果然，今年开学我第三次申请就通过了审核，成为橡树湾校区国旗护卫队二队口令兵。我一定会珍惜这来之不易的机会，好好训练，升好每一次旗！在行为规范和学习上，我都要做到努力向上，争取成为一名优秀的国旗手！

六（11）中队王祁喆：

黄主任曾在星期一升旗仪式上讲过一期"党润童心"课——国旗护卫队的故事，第一届国旗护卫队队员训练的艰苦与最终的收获震撼了我，让我十分向往！后来经过不懈努力，我也成了一名国旗护卫队队员。2022年，因为疫情我们很长时间都是在线上学习，国旗护卫队的教官要求我们坚持在家自主训练，我们就在家里自己打卡训练，客厅、与邻居家公用的走廊、楼栋顶层的露台都成为我的训练场！我们队有一位同学因为家里施展不开，还每天跑到小区的地下停车场去训练呢。我们相互鼓劲，坚持做一件事情就得做到底！

【案例四】

红船红巷，牵手共同成长的伙伴

湖北武汉的武昌江畔都府堤路，短短417米的小巷集中了武昌中央农民运动讲习所旧址、毛泽东旧居纪念馆、中共五大会址纪念馆、中国共产党纪律建设历史陈列馆等4个革命旧址和红色场馆，故称红巷。我校本部校区就紧邻红巷，建校70多年来，历届师生都深受这条红色血脉的滋养。

1921年7月30日晚，中共一大最后一天的会议从上海石库门转移到嘉兴南湖的一条游船上，游船见证了中国共产党的诞生，故称"红船"。嘉兴市实验小学坐落于南湖之畔，这所百年老校也一直在红船精神的熏陶下发展、成长。

在中国共产党建党百年之际，我校党总支扎实推进党史学习教育实事小项目，实现与嘉兴市实验小学跨地域牵手。以本部六（3）中队与嘉兴市实验小学六（7）中队为代表，让队员手拉手做笔友，互相讲述红色故事。

学期伊始，嘉兴市实验小学六（7）中队的同学寄来了明信片。明信片的正面是同学们手绘的航天主题图画，背面是同学们亲手写下的祝福。收到明信片的六（3）中队队员们都十分兴奋，迫不及待地给笔友们写下回信。

吴肖熠同学在给吕长治同学的回信中说：

武汉经历了新冠疫情，是一座英雄的城市，其实武汉更是一座美食之城。武汉最出名的是热干面，我们一般在吃早餐时享用，吃早餐在武汉叫作"过早"。如果你能来武汉旅游，一定记得尝尝武汉的特色美食。

彭昊星同学在给王书阳同学的回信中说：

很高兴收到你的来信，你们设计的明信片我很喜欢，各种元素搭配得十分协调，又新颖又别致，确实值得好好收藏。投桃报李，我想为你介绍武汉最著名的景点——黄鹤楼。黄鹤楼是江南三大名楼之一，位于蛇山之巅，立于黄鹤楼上，能把两江美景尽收眼底。我们学校就在黄鹤楼脚下，站在走廊上远远就能望见黄鹤楼。真希望你能来武汉做客，到时我一定给你当"地陪"。

百年党史红线牵，红巷红船心相连。党史教育与中队活动相结合，让厚重的党史在当代少先队员们心中被重新激活，焕发新的生机。两地的孩子通过书信交友，在交往中传递红色文化。在"红巷苗苗讲党史""红船菱娃宣讲团"互动活动中，吴肖熠同学作为红巷小小讲解员，录制了介绍红巷革命旧址的视频，发送给嘉实小六（7）中队。

2022年，两校红色经典共读活动"红巷红船童心向党 读书立志强我中华"启动，我校三（1）中队与嘉兴市实验小学三（5）中队签订了延续四年的合作活动方案。2022年秋季居家学习期间，两地两支中队手拉手，共读红色书籍，了解革命英雄事迹，让红色故事深入童心、浸润童心，让红色基因、革命薪火代代相传。一篇篇漂流的红色日记，诉说了队员们心中的真情实感。两个中队相约2023年春暖花开时，各自在校园里共同种下"少先队员爱心树"：挖个坑，挖出绿色的希望；放个苗，放上美丽的梦想；培培土，培出未来的苗壮。

（本章编写人员：夏惠、樊琳丽、谢辉、严雪锋、罗青、王聪、周婷、郭婉怡）

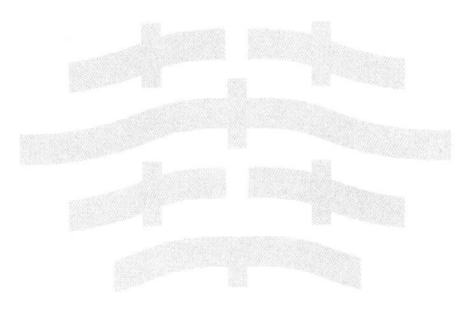

第四章

养成文明礼仪：培养"中华小当家"社交素养的育人方式

第一节　培养"中华小当家"文明礼仪的内涵

文明礼仪是人类为了维系正常的生活、工作共同遵守的基本道德规范。习近平总书记提出，"要认真汲取中华优秀传统文化的思想精华和道德精髓"，"使中华优秀传统文化成为涵养社会主义核心价值观的重要源泉"。我国是有着悠久历史的文明古国，具有礼仪之邦的美称，文明礼仪是中华传统文化的重要组成部分。

文明礼仪不仅是个人素质和教养的体现，也是一所学校办学形象和校园文化的表现。学校是培养人的地方，应该用文明的规范培养学生的言行举止，使其形成文明礼仪的素养。文明礼仪教育对学生的终身发展有着重要意义。在学校加强文明礼仪教育，不仅是塑造学生健全人格、培养学生良好行为习惯、提高学生社交素养、奠定人生良好开端的有效举措，更是提高全民族素质、构建和谐社会的需要。培养"中华小当家"文明礼仪具有以下内涵：

一、培养品学兼优的礼仪好少年

文明礼仪不仅是行为之道，也是文化传承的体现，更是价值理念的彰显。中华路小学在礼仪教育中重在传承文明，根植品德，陶冶情操，培养品学兼优的礼仪好少年。

品学兼优是指一个人在品德和学业方面都表现出色，具备良好的道德品质和优秀的学习能力。具体来说，中华路小学的品学兼优礼仪好少年应当具备高尚的品德，能够在与同学、老师交往中和参与各项活动的过程中展现出正直、诚实和富有责任感的特质；应当有积极的价值观和人生观，有自己的理想，并能为之持续努力；应当有优异的学习成绩，能独立探究学问，并在实践中积极运用所学；还应当乐于助人，善于与人相处，在学习、生活上能帮助其他同学排忧解难，与同学团结一致，建立起良好的感情。

（一）在礼仪教育中陶冶情操

文明礼仪是衡量一个人受教育程度的尺子，是人的道德品质的外在表现，是精神文明的重要组成部分。文明礼仪养成教育既是一项以弘扬民族精神为根本，以弘扬社会主义精神文明为目的，以个人品德、素质、人格修养为基础的教育，也是一项以提高全民族道德品质为目的的教育。在礼仪教育中陶冶情操，是中华路小学培养品学兼优的礼仪好少年的重要渠道。

礼仪教育对小学生尤其重要。教师们在中华路小学最重要的工作之一就是让学生们在礼仪教育中陶冶情操。

（二）在礼仪规范中根植品德

品德是道德价值和道德规范在个体身上内化的产物。品德的培养不仅有助于学生形成健康的人际关系和行为规范，也是融入更广阔社会的必要条件。对于我们中华路小学的学生来说，就是要在礼仪规范中不断地培养和提高自己的品德水平，使自己今后更好地融入社会，能够更好地为社会、为人民服务。这一理念是非常重要的，是符合社会发展特点的。作为未来社会的人才，小学生在道德品质上要有精神追求，要有高度自律的心态，时刻警醒自己做一个"有理想、有道德、有文化、守纪律"的人，使自己将来能更好地适应纷繁复杂的社会环境。

文明礼仪是一种尊重和关爱他人的态度，是一种展现自己素质和修养的方式，更是一种文化传承和价值观念的体现。我校要求学生在日常生活中注重文明礼仪方面的表现，这样不仅能够提高个人素质和修养，更能够为社会和谐稳定做出自己的贡献。

（三）在礼仪修身中学知践悟

青少年儿童是祖国的未来、祖国的希望，加强小学生文明礼仪养成教育势在必行。在礼仪修身过程中，学知践悟是其中必不可少的环节。因此，中华路小学在文明礼仪教育中，重视培养学生形成良好的学习习惯：让学生们能够按时完成学习任务，不拖延、不偷懒；有强烈的学习动力和自我驱动力，对学习知识充满热情和好奇心；能在课堂上积极参与讨论，积极思考问题，并能提出自己的真知灼见；善于总结归纳，善于思考，能把学到的知识灵活运用到实际问题中去；具备良好的学习方法，能够高效地利用时间，将学习任务分解成小任务，有条不紊地完成每一个任务；具备良好的沟通能力和合作精神，能够与同学和老师建立良好的沟通关系，善于倾听他人的意见和建议，能够理解和尊重不同的观点，能够主动与他人交流，善于表达自己的想法和感受；能够合理安排时间，有效地进行学习和生活管理，很好地保持身体和精神的健康状态；对各种变化和挑战都能灵活应变，有能力解决问题，有创新的思考，对新的环境、新的任务能够积极适应，不断学习，不断完善自己。

著名教育思想家陶行知先生就提出，要重视让学生在做中学，并养成良好习惯。中华路小学培养学生们在日常生活中保持积极向上的精神面貌，不断提高自己的修养和素质。在校园中、社区里、社会上，学校开展形式多样的读书分享会活动、家校研修共同体活动、社会实践活动、公益活动等，鼓励学生积极参与其中。通过参与实践活动，学生学会社会交往，学会分享，充分认识自己，做到知行合一。学生们在学业上要虚心谦逊，不断挖掘自己的兴趣爱好，进行多层次的知识学习，掌握良好的学习方法，发挥自己的创新能力，提升自主学习能力。

培养品学兼优的礼仪好少年，不仅是文明礼仪教育目标的一部分，也是塑造一个良好社会公民的基础。通过切实的实践与行动，结合自我修养和学习能力发展，每一名学生都可以实现品学兼优的目标。中华路小学全体教师努力不懈，追求让每位学生都成为品学兼优、对社会有益的人才。

二、培养彬彬有礼的好少年

"播撒一念，则成行，积多行，则成习，则成材，品性决定命运，一念定乾坤。"[1]代表社会价值理念的中国礼仪文化博大精深，具有十分丰富的思想内涵。礼仪文化包含着仁慈和谐的价值观，从基本框架上讲是有序的。中华路小学重在培养彬彬有礼的好少年，懂得尊重和理解他人，学会建立良好的人际关系，提高自身的社会竞争力。

---

[1]武宏钧,赵学文.文明中国书典:礼仪中国[M].太原:山西教育出版社,2012.

（一）培养学生具有"向善"的价值追求

中华路小学的文明礼仪教育中，重视培养学生具有"向善"的价值追求，成为彬彬有礼的好少年。"中华小当家"文明礼仪是以突出教育重点，强化行为训练，落实检查评比，促使学生逐步养成良好的文明礼仪习惯为目的，在各阶段序列中全面贯彻文明礼仪应遵守的一些基本行为规范。

学校培养学生热爱自己的国家和民族，向往社会的发展和祖国的强盛，在言谈举止、礼仪行为、待人接物、着装规范、用餐习惯等诸多方面，培养学生"向善"的价值追求。在言谈举止方面，培养学生说话文明、表达清晰、避免粗俗、攻击性的语言。在礼仪行为方面，培养学生尊重传统、尊重规矩，不轻易违反礼仪规范。在待人接物方面，培养学生尊重别人，关心别人，不要伤害别人。在着装规范方面，培养学生根据场合和自身身份选择适当的着装。在用餐习惯方面，培养学生注意卫生、避免浪费，不随意挑食，遵守餐桌礼仪等。

（二）培养学生具有"为和"的价值追求

中华路小学的文明礼仪教育中，重视培养学生具有"为和"的价值追求，成为彬彬有礼的好少年。从社会的视角看，礼仪是一种"为和"的价值追求。儒家强调，"礼之用，和为贵"。彬彬有礼的中华好少年，他们的行为举止表现出对他人的尊重、考虑和关心，他们能够文雅、谦逊地对待他人，尊重他人的感受和权益，并表现出礼貌和友善的态度。他们要有报国成才的强烈愿望，时刻充满对国家的归属感、荣誉感和使命感，不沽名钓誉，不患得患失，苦练本领，时刻准备为国家贡献力量。

"中华小当家"文明礼仪的含义不仅在于在社会交往中表现出良好的行为举止，更在于在文化传承和社会进步中扮演重要的角色。文明礼仪可以增进人与人之间的互动和理解，缩小文化的差距，促进学校、家庭、社会的和谐与稳定，因此，中华路小学非常注重文明礼仪的教育和实践，使文明礼仪成为学生生活中必不可少的一部分。

（三）培养学生具有"有序"的价值追求

中华路小学文明礼仪教育的重点是培养学生具有"有序"的价值追求，做一个有礼有节的好少年。礼仪是一种"有序"的价值追求，这是从国家的角度出发的。孔子在封建社会秩序建立之前，就提出了一整套以礼为本的规范体系。这样的观念，两千多年来深入人心。今天的社会依然讲究有序，建立正常合理的秩序是人与人友好和谐相处的前提。遵守社会规范，体现对社会的尊重和责任意识，如排队等候、不随地吐痰、不乱扔垃圾等；会克制自己，控制自己的情绪，不让言语或行为过于激烈。礼仪是社会行为的规范，它对人的行为有很强的约束力。社会上讲礼仪的人多了，社会就和谐多了，稳定多了。中华路小学扎实加强文明礼仪教育，着力让中华路学子都成为彬彬有礼的好少年。

三、培养有团队精神的好少年

团队精神的核心是协同合作，团队合作的成功与否往往与团队成员的礼仪与态度好坏密切相关。教师要引导学生将合作能力内化为一种习惯，在团队合作中，懂得尊重与倾听是一种重要的礼仪与态度，它不仅能够促进团队成员之间的和谐关系，还能够培养学生的合作意识和团队精神。

（一）增强学生的社交能力

礼仪是人们在社交中遵循的一种行为规范，对人的修养、品质等各方面都有很好的促进作用，更能促进人与人之间的关系和谐。我们中华路小学重视培养学生在团队活动中与队友们相互配合，齐心协力的能力，培养学生的涵养能力和自制力。通过互动与合作，学生学会倾听他人的意见和想法，尊重他人的观点和感受，待人有礼，从而建立良好的人际关系，增强团队凝聚力，促进人际交往。

当今世界的文化交流是指不同民族、不同文化背景的人或群体之间相互交流、沟通的过程。学生通过与不同文化背景的人交往，学习跨文化交往的技巧和方法，在跨文化的环境中，提高学生的应变能力，提高学生的社交能力。学生们在交流合作过程中，举止文明，注重礼仪，表达尊重和友善，营造出温暖和友爱的学习、活动环境，与队友们共同携手完成任务。

（二）培养学生的协作能力

良好的沟通能力是社交礼仪中与他人协作的关键。通过团队活动，学生可以学会分工合作、协调沟通、互相帮助等团队协作精神。团队协作还能够培养学生的领导力和组织能力，为未来的工作和生活做好准备。跨文化交流已成为这个全球化时代国际视野拓展的重要途径。具备国际视野，了解不同文化的礼仪、善于合作是"中华小当家"的关键素养。

中华路小学培养的学生有团队精神，是指能够有效地与他人一起共享资源和信息，实现共同的目标。这种精神不仅限于学习环境中，也适用于日常生活中。有大局意识的孩子能够在团队中发挥积极作用，理解协作的重要性，并在不同的情境中展现出良好的沟通技巧和解决问题的能力。此外，有团队精神的学生通常能够从集体活动中获得乐趣，并通过与其他人的互动体验到成长和满足感。

第二节　培养"中华小当家"文明礼仪的原则

明礼是中华民族的传统美德，从古至今，源远流长。《论语》一书中就曾这样说过："不学礼，无以立。"两千多年前的孔夫子就是这样教书育人的。在当今社会，我们把立德树人作为教育的根本任务，将礼仪教育浸润到日常的教育教学中，从小培养学生养成良好的品德。

作为新时代的教育人，我们将挑起传承礼仪的使命，在培养"中华小当家"文明礼仪教育工作中遵循以下原则：

一、教师指导与学生自主相结合

（一）教师表率，润物无声

子曰："其身正，不令而行；其身不正，虽令不从。"作为教师，很多时候要以身作则，以自己的言行和人格魅力来感化学生，发挥表率作用。比如，当学生在学习上遇到困难时，教师不能一味地指责学生，而是要关注学生的情绪，主动地与他进行心与心的交流，让学生感受到教师的爱意。时间一久，学生自然就会感受到这位教师是真正地关心自己，亲其师才能信其教，教师的话对他就有影响力了。

教师就像学生的一面镜子，在教师这面镜子身上，学生可以看到示范，看到榜样，看到自己学习的对象。而要想当好这面人生之镜，教师就要切实做到身正为范、为人师表。教师的每一个举动、每一句话语，对孩子来说都是一种无形的教育。凡是要求学生做到的，教师更要做到。言必信、行必果，以实际行动引导学生，时时是模范，处处是榜样。2022年4月，习近平总书记在清华大学考察时强调："教师要成为大先生，做学生为学、为事、为人的示范，促进学生成长为全面发展的人。"因此，教师要不断地以高标准提升自己，以良好的师风师德给学生以榜样示范，帮助学生养成良好的文明礼仪习惯。

（二）尊重差异，因材施教

教育不是为了强行改变人，而是更好地发展人，只有尊重孩子之间的差异，才能让每一个生命都茁壮成长。孩子们的家庭环境不同，进入小学前的成长经历不同，行为习惯也千差万别，有的孩子见教师第一面就会主动打招呼、说"谢谢"，而有的孩子则呆呆地望着教师，不知如何言语。因此我校教师在培养学生的文明礼仪过程中，不断反思自己，提醒自己在教育过程中需要从哪些方面真正地关注每一个孩子，结合自己班级孩子的不同特点，制定了不同的规范要求。我校教师始终以鼓励为主，充分发掘孩子身上的闪光点，希冀真正实现因材施教。学生在学校、家庭中的每一点文明礼仪方面的进步都及时得到鼓励，这样更能帮助孩子树立信心，激励他们及时改正不好的行为习惯，朝着文明守礼的方向发展。良好的文明礼仪习惯是通过学校和家庭正确培养、学生亲身实践逐渐养成的，教师要包容学生在礼仪实践中的不当之处，对做得不够好的学生要有"静待花开"的心态，不可希望一蹴而就。

二、主题教育与日常活动相结合

在小学阶段，日常活动是开展文明礼仪养成教育的一个重要路径，也是一种关键的形式，契合小学生的身心发展特点与认知水平。立德树人，德的熏陶和人的塑造都要通过鲜活具体、生动可感的日常活动实现。

（一）以主题教育为载体，有序推进

礼仪活动是礼仪教育的主要途径，不同的礼仪活动的目标不同，主题就不同。礼仪活动设计不能就当时当下的活动而设定其目标，而是要树立"主题"理念，用"大主题"理念构建活动育人的"大棋局"，将教学活动、零散的课外活动、综合社会实践活动、主题班会活动等统筹整合考虑。

（二）以日常活动为依托，激发兴趣

文明礼仪教育倡导以小活动为载体来实现大德育的目的，其本质特征是"身心参与，自我建构，内生外化"。这就要求我们在设计和实施礼仪教育活动时，要力求学生都全身心地投入、参与进来，在身心愉悦的氛围中自发、自觉地进行品德的自我体验与感悟，自主完成道德的自我判断、价值选择和品德的自我建构与内化。只有这样，礼仪教育才能水到渠成。要想激发学生的主动参与性，德育活动必须做

到一个"真"字，即贴近学生的真实生活。生活中的各种场景、环境、事件等都是体验型德育可利用的资源。在主体参与的基础上，班主任要在活动过程中想办法强化学生的情感体验，充分挖掘学生在活动中的感悟。不同的学生对同一个活动可能看法不一，甚至会出现一些错误的价值观，班主任更要注重挖掘这些感悟中的教育因素，引发学生更深入的思考与讨论。此举有利于培养学生的思辨意识和独立判断的能力，有利于他们认知的升华。

三、显性教育与隐性教育相结合

为培养学生形成良好的文明礼仪，将德育教育任务落实下去，我校将"中华小当家"文明礼仪教育与课程教学有机融合，隐性教育与显性课堂相结合，从而对学生进行系统性德育教育，使其能够全面发展。

（一）创设文明礼仪教育氛围

营造良好的文明礼仪教育氛围能陶冶学生的情操，更好地实现文明礼仪养成教育的目标。从学校的角度来看，我校充分发挥校园环境的育人功能，以"中华小当家"为主题，营造良好的校园环境与文化氛围，为向学生浸润文明礼仪教育提供有利的条件。

另外，我校还充分发掘各个学科的文明礼仪教育资源，把课堂作为文明礼仪教育的主要阵地。这样课堂教学不仅完成了知识教学目标，还完成了文明礼仪教育目标，达到了知识与能力、情感态度与价值观的统一。每一门学科都有其各自的学科特点，在教学过程中教师要抓住教育契机，结合文明礼仪内容开展教学，实现文明礼仪教育的有机渗透，在润物无声中播撒文明礼仪的种子。

（二）丰富文明礼仪教育活动

文明礼仪教育活动的创设和开展是文明礼仪教育的主阵地。但礼仪活动主题的确定和内容的选择直接决定活动实施的效果，因此在活动内容的选择上，要做到"三个贴近"，即贴近学生兴趣、贴近班级生活、贴近社会动态。从小学生的年龄特点来看，丰富的文明礼仪教育活动更能够吸引他们的注意力，其教育效果要优于一味的说教。因此，学校应该不断丰富文明礼仪教育活动，使学生从不同方面受到思想上的熏陶，成长为讲文明、懂礼仪的优秀小学生。

四、校内教育与校外教育相结合

学校不是学生生活与学习的唯一场所，家庭与社会在学生文明礼仪养成教育中也发挥同样重要的作用。所以，学校应该整合家庭、社会的力量形成文明礼仪养成教育合力，共同为学生的文明礼仪教育工作提供支持。

（一）形成家校合力，营造文明礼仪教育环境

家长是学生模仿的对象，学生在家庭成员的潜移默化中逐渐形成自身的处事风格和行为习惯。因此，教师也要提醒家长重视家庭教育，让家长树立正确的观念，成为学生学习的榜样。比如，我校会定期组织家长会，向家长普及一些文明礼仪知识，让家长更了解学校的教育理念，并达成家校共育的教育模式。同时，我校教师也及时与家长取得联系，分享学生近期的表现，在家校共同努力之下，为学生营造一个文明的环境，促进学生良好行为习惯的养成。为了让家长和学生了解、掌握家庭常规礼仪，能够在家庭中正确运用礼仪规范，享受温馨的家庭生活，我校还定期开展线上"家庭礼仪"主题教育活动，让文明之花开遍家庭、校园和社会。

（二）拓展实践活动，提升文明礼仪教育体验

"纸上得来终觉浅，绝知此事要躬行。"文明礼仪教育要达到育人的目的，要具有深厚的基础和强大的生命力，就必须要植根于课外实践活动。为了让各种美德在学生幼小的心灵中扎下根，教师要带领学生走出校园，深入挖掘与整合社会多方面的资源，让学生参与社会实践活动，在实践中形成社会责任，发挥创新精神。课外综合实践活动是行走的课堂，将文明礼仪知识与实践体验相结合，鲜活而有温度，有助于学生提升文明礼仪素养。

第三节　培养"中华小当家"文明礼仪的实践路径

校园文化作为优渥的滋养土壤，是文明礼仪教育的前沿阵地。中华路小学努力让文明礼仪教育可视、可听、可闻、可感，通过探索可视化、课程化、协同化等路径，让文明礼仪在校园里生根、发芽。校园里已涌现出一个个知礼仪、懂礼仪、行礼仪的"中华小当家"。

一、建设校园礼仪文化的可视化路径

文明礼仪是一种道德规范，具有内隐性，看不见摸不着。要让学生学会爱与尊重，成长为知礼、守礼的"中华小当家"，教师必须充分利用校园精神和物质文化，探索可利用的有效路径。通过建设充满生机的校园文化，让"润物细无声"的礼仪熏陶学生；通过开展丰富多样的志愿服务活动，知行合一，让文明礼仪实践落地；通过落实日常"五好评价"，让中华路学子自觉规范在校的点滴生活。

（一）校园文化浸润礼仪

礼仪教育一定要有载体，因此学校必须优化环境，营造文明礼仪氛围。在整洁、清新、优雅的校园里，学校努力让每个角落都充满文明的气息，让学生受到潜移默化的熏陶和润物无声的价值引领。

知行合一，首先是知。为了把礼仪教育深入浅出地讲明白，学校持续开发《校园礼仪三字歌》，结合校园中具体的学习生活情景，以朗朗上口的儿歌形式呈现文明礼仪规范。自1995年至今不断修改完善，与时俱进地增加了"警校家"礼仪、劳动礼仪、自理礼仪、防疫礼仪等内容。学生用自己喜欢的方式唱响"三字歌"，校园内还处处可见礼仪标牌，声声入耳，字字入心。

学校国旗护卫队至今已有六届。从首次亮相到每日校内执勤，国旗护卫队的每位队员真切体验了责任、担当、梦想和坚持的内涵，并通过他们分享的成长故事，让好作风影响更多的中华路学子。

行走在校园各处，校门口"站在小'中华'，心系大中华，全面发展强中华"的学校精神、教学楼前"基础扎实、个性鲜明、人格向上"的育人目标、教室里"学于勤、成于智、立于德"的校训，无不给中华路学子"礼"的指引。雅行宝贝展示栏、校园"七彩玉兰星"评比栏，都是发挥礼仪榜样力量的阵地。

（二）志愿服务践行礼仪

除了各类提示性的标语，学校更是常态化地设置了校园礼仪引导服务岗、"警校家"志愿服务岗，让学生能看见身边的文明礼貌行为并仿效学习。学生有机会轮值担任"校园小红帽"，亲身参与礼仪实践，还能通过平日里对校园值日生和家长志愿者一言一行的观察，学会诸多文明礼仪，如：见到老师说您好，入校洗手再进班，在校不追逐打闹，走路慢步靠右行，过马路须左右看，绿灯行走红灯停，遇开门要说谢谢，等等。

在班级实践中，还可以成立专门的礼仪训练小组，将学生的课堂表现、个人生活、公共场所行为、校园集体活动参与状态等多种礼仪专项活动融入学生的日常行为中，进行系列化的实践和训练。通过这种方式，礼仪教育与日常生活行为规范能够得到有机结合，在教师的讲解、示范和训练下，学生在长期的学习及实践中反复强化文明礼仪知识和技能，习得实践能力。无论是个人还是集体，我们最终的目标都是使学生能够真正理解和表现符合礼仪规范的言谈举止，这才是校园礼仪教育的有效方式。

（三）"五好评比"规范礼仪

礼仪教育是校园行为文化的直接实践。行为文化是校园的"活文化"，是校园文化的折射。"五好行为规范"——好好劳动，好好走路，好好说话，好好吃饭，好好活动，则是每一个中华路学子的日常文明礼仪行为准则。每一天，孩子们踏入充满活力的校园，就要在这里将礼仪训练与日常行为规范要求相结合，塑造自己的行为习惯。在一次次行动中实践，在一次次的礼仪强化中巩固。这不仅是对他们日常行为的规范，更是对礼仪意识的强化。

进校和老师打招呼，升旗仪式时肃立敬礼，经典诵读时间人坐直、书斜立、大声朗读，课前预备铃响做好上课准备，课上向老师起立问好、认真听讲、端正坐姿、举手发言，课间活动不推攘打闹、不大声喧哗、上下楼梯靠右行不疯跑，大课间桌面清空认真锻炼，眼保健操积极完成，接水、如厕按秩序排队，午餐时不插队、不吵嚷、不剩饭，用餐结束归还餐具，午休铃响拿出枕头被子安静休息，午休结束后整理桌面、收纳用品，放学时收好书包、清洁桌面地面垃圾、路队安静有序，离校和老师挥手说再见。

在这样的环境中，他们的衣着打扮、神态情绪、言行举止、气质风度都将被赋予新的意义。每一次的微笑、每一次的礼让、每一次的尊重，都将传达出学生的文明修养，成为他们生活的一部分。在这个过程中，学生将更加了解礼仪的重要性，更加热爱这个美丽的校园，更加珍视这段美好的学习时光。这就是我们期待的校园，一个充满礼仪和文明的校园。

二、落实礼仪核心素养的课程化路径

在"中华小当家"文明礼仪培养的过程中，我们要建立明确的课程结构体系，在整体有序的课堂中学习礼仪，在丰富多彩的校园活动中落实礼仪，让文明礼仪在中华路小学的校园里落地生根。

（一）课堂学习认知礼仪

在初级阶段，学生们虽然已经通过多种形式的学习接触了一些礼仪知识，但这些知识相对零散、不规范、缺乏系统性，因此，我们将礼仪课作为一门专门的学科来对待。

首先，我们要重视课程的落实，做到礼仪进课表，规范礼仪课程。作为礼仪教育试点学校，学生人手一本《礼润武昌 德树人生》少儿礼仪教育教材。孩子们非常喜欢读这本教材，教材里有故事，有方法，有示范，有辨析，内容丰富，可操作性强。其次，为了提升教育质量，并为学校素质教育注入新的活力，三个校区学工处进行整体规划。教师们通力合作，结合礼仪教育读本，为不同年级的学生设定礼仪教学的重点内容。我们根据低、中、高这三个层次，分年段选定礼仪教学的内容。每个阶段，我们将根据礼仪教育的具体要求，自行编写校本类的礼仪教材。《武昌区中华路小学礼仪教育操作手册》中即包含了防疫礼仪、集会晨会礼仪、进餐光盘礼仪等一系列礼仪教育微视频，让学生系统地学习生活中方方面面的礼仪。

同时，在"礼润武昌 德树人生"的礼仪教育集体教研会中，学校礼仪教育团队还打造了"图书馆文明礼仪之约"的专题礼仪课程，就是通过创设情境，让学生了解图书馆文明礼仪。在沉浸式体验活动中学会安静阅读、静心阅读，然后再以小组合作的方式，让学生自行拟定《图书馆文明礼仪之约》并自觉遵守，培养学生懂礼仪、讲礼仪的好习惯。

（二）"五育融合"丰富礼仪

校园里发生的一切都可以成为教育资源。为了提高师生对校园礼仪的关注，我们不仅立足于课堂主阵地，落实礼仪课堂，还开展了丰富多彩的礼仪教育活动。

以课堂教学作为礼仪教育的主阵地，我们应充分发掘各个学科内在的文明礼仪教育资源。通过这种方式，课堂教学不仅能完成知识的教学目标，还能完成文明礼仪的教育目标。例如，在语文课堂上，学生们在学习《将相和》时，能够感受到深明大义、顾全大局的爱国精神；而在学习《挑山工》时，学生们能够了解到做事必须遵循规律，脚踏实地，持之以恒的重要道理；而在学习《赠汪伦》时，学生们又能体会到朋友之间的真挚深厚情谊。每门课程都有其独特的特点，在教学过程中，我们要抓住这些机会，结合文明礼仪教育开展教学工作，实现文明礼仪教育的有机渗透。

礼仪养成教育与学科教育的结合，要求各科教师深入挖掘教材内容，结合本学科的特点，将礼仪养成教育融入学科教育之中。这样，学生们在学习学科知识的同时，也能了解到文明礼仪的重要性。在校园内，教师可以引导学生遵守基本的礼仪规范，如尊重他人、保持整洁、礼貌待人等。此外，还可以加强文明礼仪宣传活动。学校通过开展文明礼仪手抄报比赛、文明礼仪倡议书、文明礼仪演讲比赛等活动，让学生在心理上重视文明礼仪，并在实际行动中践行它。同时，还可以利用国旗下讲话、电子屏、校园广播站和校园宣传橱窗栏等平台进行宣传，营造浓厚的文明礼仪氛围，让学生在潜移默化中接受教育和熏陶。

传统节日是历史文化的重要组成部分，为让文明礼仪在校园里落地生根，结合传统节日的特点，我们开展了丰富多彩的节日活动。新年午餐会，教师和学生们一起聊期待；新春游艺节，学生们穿上年味十足的汉服展示软笔书法的精彩；红色运动会，教师们把党史教育融入开幕式；安全演练，教师们随机模拟险情，帮助学生们提高自我保护能力；少先队建队节，学生们展现"强国有我"的风采；校园科技节，学生们游园感受科技之光；教师节，学生们在绘画作品中表达对师长的敬意和感激；端午节，学生们开展主题班会，手绘粽子龙舟，讲述屈原投江的故事；中秋团圆日，学生们遥望月亮，品尝月饼，猜灯谜，背诵花好月圆的诗词；冬至故事节，教师和学生们通力协作，共讲冬至由来。

一样的校园时序需要不一样的活动创意，根据学校特点，我们开展了一系列特色礼仪活动。如"与军运同行"校园文化节中千名学生一起表演军体拳；落实"双减"政策活动中我校师生参与礼仪引导和作品讲解；在学校各类活动中我校教师礼仪队展现礼仪风采。组织学生在汉剧社团中学习古代行礼方式，如作揖礼、万福礼、抱拳礼、鞠躬礼、跪拜礼；组织学生在朗诵社团中学习登台的形体礼仪；组织学生在足球、篮球、排球赛场上学习团结友爱的集体主义精神和勇于挑战、永不服输的体育精神；组织学生在科技展上学习求真务实、集智攻关、动手实践的科学精神。

文明礼仪学习活动是文明礼仪教育的基础，通过学习活动学生可以更了解文明礼仪规范。日常生活中处处需要文明礼仪，而文明礼仪教育不是短时间就能完成的工作，文明礼仪行为的养成也不是一蹴而就的。教师们需要将文明礼仪融入学生的日常生活和实践活动中，让学生在认知和实践中循环往复地学习和巩固，最终内化为自身的文明礼仪修养。

（三）多元评价巩固礼仪

评价是一种促进学生良好行为习惯养成的重要工具。学校通过一系列的评价机制，来促进学生文明习惯的养成。

1.建立文明礼仪督查制度

整个实施方案由校长室负责，具体由学工处监督执行，分为两大块内容。一块是文明礼仪教育的执行者，把学校的各个职能部门都充分利用起来，每个职能部门都有自己明确的责任，如学工处是文明礼仪方案的具体策划和监督者，年级组和教师是具体的执行者，教导处负责礼仪课程的安排和检查，大队部是实践活动的组织者。另一块是开展文明礼仪教育的有效载体。学校把文明礼仪的内容通过学科渗透，通过校本课、思政课进行传授，通过校内团队活动、校外社会活动加强实践训练。

一是建立正副班主任制度。班主任是学校开展德育工作的主力军。班主任队伍素质的高低直接影响到学校德育工作的成效。为了有效做好班主任工作的管理、监督和指导，学校选择有强烈的事业心和责任感、工作进取心强的教师担任班主任，各班配副班主任，明确班主任和副班主任的职责和任务。这样不但减轻了班主任的负担，也提高了副班主任的地位，增强了教师工作的积极性。

二是建立礼仪之星督查队。学校在各班挑选出一批品学兼优的学生，组成学校的礼仪之星督查队，形成学生自我管理和自我教育的制度体系。这批学生干部，由大队部统一负责培训，并经过考核合格后上岗，同时学校每天为这些学生配备一名教师负责指导工作，在教师的指导下，这些学生干部每天就学生的仪容仪表、礼仪学习、早读、早操、卫生、学习纪律、课间纪律、眼保健操、午餐午休等方面进行监督、管理、检查和评比，在学校的日常管理工作中发挥着重要的作用。这批学生干部分布在全校各班中，有着严密的组织纪律性，他们一方面很负责任地开展工作，另一方面又时刻严格要求自己，起到积极的模范带头作用。

三是礼仪教育勤反馈制度。我校将礼仪教育效果与评价反馈相结合，建构了礼仪教育实效性评价反馈体系。学生干部每天值勤，值日教师课间到岗，值周行政每日反馈，在相关的工作范畴里一旦发现好人好事好现象，或者发现不文明行为及其他问题，就能在最短的时间内，通报当事人及其所在班的班长、班主任，然后上报给年级主任、大队部和学工处，并做到每天公布反馈、每星期报表小结、每月考评。实时、动态展示"五好班级"文明礼仪养成情况，这种信息反馈，确保各方面的问题都能及时发现、及时补救、及时跟进，使管理教育的工作得到更快更大的实效。

四是全方位日常评价体系。为了提高学生的行为习惯教育和文明礼仪养成教育，我们对学生各个方面、每个时间段、每个空间的行为都提出了明确要求。我们不仅把这些表现纳入评比中，还通过集体教育的方式，让学生的言行举止与班级的利益紧密相连。通过坚持不懈的评比和监督，我们希望能够让学生在不知不觉中形成良好的道德品质、行为修养和高雅的礼仪习惯。

2. 建立文明礼仪帮扶制度

为了推动校园文明礼仪的建设，我们建立了一套文明礼仪帮扶制度。通过精细化的学生检查，我们可以评估学生在衣着、行为、语言等方面的表现，并及时向教师和家长公开，让他们了解孩子在文明礼仪上的表现。这样，我们能够及时发现并纠正孩子的不文明行为，同时将检查结果作为班级和孩子评选优秀的重要依据，使文明检查具有实际的约束力。对部分在文明礼仪方面表现不够规范、日常表现较差的孩子，我们可以鼓励表现良好的孩子主动去帮扶、指导他们，这种正向的激励将有助于促进后进的孩子更好地遵守行为规范。

3. 评价引领树立榜样育人

英国教育家洛克指出，通过树立榜样并吸引孩子去模仿，这种方法的效果远胜于任何说教。因此，为了激励孩子们坚持良好的行为习惯，并转变消极的思想，学校开展了名为"文明礼仪标兵"的评比活动。这项活动旨在鼓励孩子们树立正确的价值观，养成良好的行为习惯，并在学校生活中展现出文明、礼貌和尊重他人的品质。评比内容多样，包括认真倾听、坐姿端庄、书写规范、文明礼貌、节约资源等，由班级推荐候选人，评出"班级玉兰之星"，然后全校师生投票选出"校园玉兰之星"。获选的礼仪小标兵相关事迹材料及照片在校园宣传栏及学校网站上予以发布，以示表扬，让这些学生带动身边的同学，长此以往，使学生的文明礼仪意识由引导变为自觉。通过这种方式，我们希望能够为孩子们提供一个积极向上的校园环境，让他们在健康、和谐的环境中茁壮成长。

4. 构建三合一监督评价网

教育是一项多元而复杂的任务，学生的行为受多方面的影响，不能孤立地看待。为了营造全方位的育人环境，我们需要综合考虑各种因素，并积极与家长合作，共同塑造孩子的未来。

为了进一步促进家长参与礼仪教育活动，我们采用了多种形式。我们通过家长问卷和对子女礼仪的评价，全面了解家长对礼仪教育的看法和建议。通过这种方式，家长们能够更深入地了解和参与我们的教育活动，同时也能从中获得更多的教育知识和技巧。社会方面，我们邀请一些知名人士到校园作报告，以此来宣传文明礼仪，同时也成立社区工作委员会，共同做好学生的文明礼仪教育。

为了同时构建家校社育人网络，并引导家长参与评价，我们发起了一项名为"感恩父母，体验亲情"的良好习惯养成教育活动。这项活动在学生中开展得如火如荼，旨在通过一系列亲情作业，引导学生经常为父母做一些力所能及的小事。通过调查问卷、家长评语等方式让家长对学生进行激励与评价。

同时，加强与社会各界、学生家长联动。每天一小结，每周一小评，每月一登记，在礼仪教育强大合力的支持下，使学生的礼仪言行更加规范。

5. 多元化评价提升礼仪教育

多元化的评价主体是提升礼仪教育的重要手段，其中教师、学生、家长和社区都可以作为评价主体。教师评价孩子在校的礼仪，如值日情况、作业完成情况等，他们会根据孩子的行为规范和责任心进行评分。学生之间也可以互评。家长评价孩子在家中的交往礼仪，比如对待亲人的态度、家务的承担等，通过这些方面来观察孩子的独立性和责任感。社区作为另一个重要的评价主体，他们关注学生在社区的交通礼仪，如遵守交通规则等，他们的评价有助于孩子提高交通安全意识。

同时，我们也可以通过多元化的评价手段来衡量学生的礼仪修养。例如，通过调查问卷、访问、报告等形式来收集反馈信息。同时，我们也可以运用情景模拟、编导表演等方式对学生的礼仪进行打分。这些活动可以鼓励学生更深入地理解礼仪，同时也让评价更为客观和准确。

多元化的评价主体、手段和内容将有助于我们更全面、更深入地了解学生的礼仪修养水平，从而为他们提供更有针对性的指导和帮助。

三、搭建礼仪共育桥梁的协同化路径

在培养"中华小当家"文明礼仪素养的过程中，指导学生在家庭、学校、社会中不断学习实践，在实践中逐渐养成文明的思想观念和行为方式，提升自身道德素质和文化修养，从而构建家庭、学校、社会共同发力的礼仪教育体系，努力完善礼仪共育桥梁的协同化路径。

（一）学校＋家庭：同频共振，养成习惯

我校将学生的礼仪教育渗透到教学常规之中，引导学生养成注重礼仪的良好习惯。习惯并非一朝一夕养成，在这方面家长的配合是必不可少的。家庭是学生学习的第二课堂，同样担负着重要的教育职责，尤其是对于小学生而言，家长是他们的第一任教师。家长对学生的教育以及影响在很大程度上决定了学生的成长方向。家校同频，更有利于学生文明礼仪的培养。

1. 摒弃陈旧观念，提高家校合作意识

现阶段，大多数家长将教育孩子的重点放在了学业上，对孩子的道德教育、礼仪教育相对忽视。由于现在的小学生有很多都是独生子女，很多家长对孩子比较溺爱，道德礼仪教育中的很多行为规范在这些家长看来都不是一定要遵守的，在这种观念影响下，学校对学生进行的常规礼仪教育往往无法发挥作用，孩子们在学校是一种表现，在家是另一种表现。长此以往，对孩子们的性格发展有不良的影响。因此，学校通过开办"家长学校"，让家长明确小学生礼仪教育的重要性，督促家长摒弃陈旧、错误的教育理念，关注细节，从小事做起，从而提高家长的礼仪教育意识，借此保证学校礼仪教育与家庭教育步调一致，保证礼仪教育的有效性。

2. 创新联系方式，切实开展礼仪教育宣传

在对小学生进行礼仪教育的过程中，学校注意加强与家长之间的沟通和联系，过程中加大礼仪教育的宣传力度，使礼仪教育理念渗透到每位家长的思想当中，从而引导家长自觉督促孩子注重礼仪，养成讲究礼仪的良好习惯。随着新媒体的发展，学校有了更多和家长联系沟通的渠道，学校可结合新媒体平台创新家校合作的途径，加大宣传力度。

首先，学校加强网站建设，通过网站宣传本校的办学理念以及礼仪教育方针；其次，学校利用微信、QQ等软件密切联系家长，在家长群中发布学校礼仪教育的相关内容。例如，班主任在群里每天发布一个礼仪小故事，倡导家长与学生进行亲子共读，并将读故事的视频上传到群里；或者班主任将孩子每天在学校向老师问好、作为礼仪小标兵值班、课下与同学礼貌互动等行为拍下来上传到群里，使每位家长都看到自己的孩子在礼仪方面的进步，从而提高家长对家校合作共同进行礼仪教育的信心。学校的宣传方式可以是多种多样的，宣传过程应当是持续不间断的。长期坚持，礼仪教育就会在学校与家庭中蔚然成风。

3. 开展共育活动，增强礼仪教育的仪式感

礼仪教育本来就是一种充满仪式感的教育。学校在家校合作的实施过程中通过开展各种家校共育活动，使礼仪教育成为彰显学校特色的一种方式，加强礼仪教育的仪式感，从而提高家长对学生的礼仪教育的重视程度。首先，学校利用每学期的家长会设计礼仪展示环节，例如在家长会前请孩子为家长写信，在会上将信读给家长听，在读信之前，每个孩子都要对家长鞠躬行礼，读信之后，亲吻或者拥抱家长表示感谢，过程中孩子与家长有了更深的交流，家庭当中的感恩教育与礼仪教育也得以体现。其次，结合各种传统节日开展礼仪活动，比如妇女节组织学生向妈妈道一声"辛苦了"，为妈妈捶背洗脚，彰显孝道。最后，在新生游校园、第一周好习惯礼仪课程中，教师们帮助孩子们做好幼小衔接的自然过渡等。

家校合作背景下，学校通过各种途径加强与家长之间的联系，并通过不同的宣传手段使家长意识到礼仪教育对学生成长的重要性，在此基础上，通过各种学校活动增强家长和学生注重文明礼仪的意识，与家长合作养成小学生重礼仪、懂礼仪、学礼仪的良好习惯，争取培养更多兼具现代化学习能力与传统礼仪修养的优秀小学生。

（二）家长＋课堂：别样体验，促进成长

学校课堂作为教育的主要实施阵地，发挥着不可或缺的作用，家庭、社会同样扮演着重要的角色，三者紧密结合，形成三位一体的格局，才能形成教育工作的合力。我校一直致力于推动家长参与德育课堂，通过成立家长委员会，办好家长学校，让家长们深入了解学校行为规范的要求和内容。我们通过邀请家长进学校，走进课堂，向家长宣传行为规范的重要性，并邀请他们积极配合、耐心指导、正确评价学生的行为。这样的做法不仅有助于提高学校德育工作的效果，也促进了家庭和社会的参与，形成了一个更加完整的教育体系。

1. 办好家长学校，发挥多元全面教育功能

我们致力于打造优质的家长学校，充分发挥多元教育功能。通过多渠道优化育人环境，强化并完善德育管理，推动"家长讲堂活动"，邀请优秀学生、优秀家长分享教子经验，为更多的家长提供示范。引导家长们结合各自的职业特点，引进各类资源，带领孩子们学习传统文化，体验独特的礼仪教育。积极开展家庭教育知识普及活动，充分发挥优秀家长的示范作用，努力提高全体家长的认识。

我们定期召开分年级家长会和毕业生家长会，通过这些活动，引导家长关注学

生、帮助学生，以家长带动家长，提高家长的整体素质。对于积极参加家校合作的家长，我们将邀请他们参加学校各项重要活动，并在全体师生、家长中宣传他们的事迹，吸引更多家长的参与。

我们积极深入挖掘"家长义工活动"育人内涵，搭建起家长、学校、学生沟通的桥梁，让家长义工不仅为学校做出贡献，同时还成为对学生言传身教的"好老师"。在"义工精神"的引领下，学生将建立积极向上、贡献社会的价值观，并逐步形成良好的习惯。我们期待通过这样的方式，让"家长义工活动"成为推动家校合作的重要力量。

2. 家长开放日，促进家校沟通的良好渠道

我们每年召开一次"好习惯培养"专题家长开放日，让家长们走进学校，了解学校教育教学的进程，以及学生习惯培养的状况与存在的问题。我们倾听家长在教育孩子过程中遇到的问题及困惑，促进家校合作。

我们已经成功举办了"好习惯伴我成长"和"用心陪伴 温暖同行"两次专题家长开放日。通过教师及家长发言、"家校合作培养好习惯"主题班会、展示课题阶段成果等活动，我们表彰了优秀的学生、家长和家庭。这些家校合作活动有助于学生的幸福成长，家长之间也得以交流互动，分享教育孩子的经验体会，互相影响，共同进步。

（三）学校＋社区：知行合一，养德于礼

学生是社会的人，是发展中的人，学校应积极承担起教育引导的责任，同时也要联合家庭和社区的力量，共同构建三位一体的教育网络。学校应积极与社区合作，推动社区教育的发展，与社区教育相互融合，形成互补优势和教育合力，以确保学生能够在全方位的教育环境中得到充分发展，为学生的健康成长提供有力的保障。

1. 重视社区联系，定期召开联席会

依托社区，为学生提供社会实践基地，积极开展社会公益活动，以少先队"六小"活动、系列亲子活动引领学生走向社会，在实践中接受教育，培养良好品德和文明礼仪习惯。本部校区背靠著名的红巷，集中了武昌中央农民运动讲习所旧址、中共五大会址纪念馆、毛泽东旧居纪念馆等多个革命教育基地，在周边红色文化的滋养熏陶下，"红色小导游"社团应运而生。这群红领巾讲解员，利用课余时间进行志愿服务，向游人访客讲述英雄武汉的红色历史。

2. 双方主动配合，加强周边环境综合治理

我校积极配合社会各方面，致力于加强学校周边环境综合治理，并努力吸纳家长、社区参与学校的德育建设，共同打造一个有利于小学生健康成长的社会环境。在教育领域，学校、家庭和社会是小学生礼仪教育的主要场景。学校教育在其中扮演了主要角色，家庭教育则起到辅助作用，而社会教育则应发挥其支撑作用。我们要充分发挥学校和社会的优势，让礼仪教育成为常态，融入小学生的生活和学习中。通过形成学校组织、家庭监管和社会支持的格局，我们可以有序地展开周期性的礼仪教育活动，这对于礼仪教育的创新和发展具有显著作用。

（四）家庭＋社会：学用相长，向美而行

在学生文明行为的养成教育中，我们不能仅限于学校和家庭的范围，而应该在更广阔的社会背景下，积极引导学生参与社会，为社会服务，并在实践中检验自己所学的知识，以促进文明意识的内化。

我们在家庭、社区等场所积极开展丰富多彩、直观形象的礼仪教育主题活动。如组织礼仪知识竞赛、礼仪示范表演、小品表演、文明礼仪用语征集、演讲、征文等，引导学生积极主动地参与礼仪活动，并在活动中磨炼意志，发扬优点，改正缺点。学生们在社会实践的综合活动中，不仅提高了自我管理和自主自立能力，也增强了社会责任感。他们用自己的文明行为去影响家庭、感召他人、影响社会。

综上所述，在教育现代化的背景下，小学生的文明礼仪培养需要依靠多方教育主体的联合与推动。学校应发挥其主导作用，同时家庭和社会也应提供有力的支持。推进礼仪教育、构建礼仪教育系统，离不开全社会的参与和践行。礼仪教育的目的是让学生基于礼仪规范知识基础，尊礼、守礼、护礼、用礼，具有较强的社会实践性。学生在不断学习、践行的过程中将文明礼仪内化于心，外化于行，使文明礼仪之花在校园绽放。

🌀 第四节　培养"中华小当家"文明礼仪的典型案例

文明礼仪是人们在社会交往中的行为和准则，也是中华民族的传统美德。在对培养"中华小当家"文明礼仪的内涵的阐述、原则的表达，对校园生活的呈现中，我们初步探索出学校文明礼仪教育的途径和方法，形成了具有学校特色的文明礼仪教育实践体系，营造了良好的校园文化和育人环境，更好地提升了学生的文明礼仪素养与道德品质。

【案例一】

学文明礼仪　做时代新人——《校园礼仪三字歌》育人案例

"学有难，争先帮，同学情，心中装。对同学，有礼貌……遇师长，要问好……"中华路小学里经常响起这首三字歌。这是师生自编的《校园礼仪三字歌》，它用朗朗上口的韵律，将文明礼仪根植于学生们心中。在中华路小学的校园里，到处充满着温情的故事，到处可见轮值志愿者的身影。书吧、水吧、楼道、图书馆……同学们每天自觉践行"微笑、感谢、赞美"，维护楼道秩序，规范行为语言，引导垃圾分类，打扫整理公共区域的卫生和物品摆放。学生们用自觉行动共同践行社会主义核心价值观，守护校园环境，共创文明校园，享受美好的学校生活。

一、案例背景

古人云："不学礼，无以立。"礼仪是人类文明的标尺，礼仪教育也是当前精神文明建设的一个重要课题。校园一日活动给文明礼仪行为提供了多种多样的情境，包含着很多进行礼仪文明教育的契机。中华路小学的教师们仔细观察，及时捕捉生活中的细节，将对学生的礼仪、品德教育编成朗朗上口、富有韵律的三字歌让学生传唱，以简单易懂、富有乐趣的形式落实礼仪教育，让礼仪教育在中华路小学的校园里扎根、发芽。

"校园礼仪三字歌"研学活动深受学生喜爱，又富有意义。1995年，我校初版《小学生日常行为规范三字歌》诞生。简单的语言、深刻的道理，包含了集会礼仪、家庭礼仪、社交礼仪、学校礼仪、自理礼仪、公共集会礼仪等多个方面。孩子们用每日的琅琅诵读声，将文明礼仪的种子播撒到校园的各个角落，实现了润物无声的教育效果。

此后，随着时代的变迁，国家和社会对培养堪当民族复兴重任的时代新人提出了更高的要求。在我校礼仪课程逐步发展完善的过程中，《校园礼仪三字歌》也焕发出新的生机，从2000年开始，每10年修订一次，新增了交通安全礼仪、进餐礼仪、阅读礼仪、劳动礼仪等，内容不断丰富和完善。

中华路小学组织开展"校园礼仪三字歌"研学活动，在丰富学生课余生活的同时，让更多的学生在"三字歌"中追寻礼仪的足迹，帮助学生在各年段的主题活动中有序实践，将礼仪教育真正落实到学生的学习、生活中。

二、问题解决策略及过程

"校园礼仪三字歌"研学活动由"校园礼仪我来寻""校园礼仪我来唱""校园礼仪我来演"三个部分组成。

（一）校园礼仪我来寻

礼仪是个人素养的综合体现。得体的衣着、文雅的举止、恰当的问候、彬彬有礼的行为所体现的不仅仅是个人很有礼貌这样简单的层次，还反映个人的才能、自信心、热情，以及对生活的热爱等。礼仪就在身边，需要我们用心去发现。

礼仪从脚下起步，礼仪从身边做起。中华路小学师生通过班级黑板报、微信群等形式进行广泛的宣传活动。活动中，教师们通过童谣、讲故事、情景表演及评选礼仪小天使等形式，开展了丰富多彩的礼仪教育活动，号召孩子们去发现身边的礼仪。礼仪管住嘴，保持地面干净，学会礼貌用语；礼仪管住手，餐前要洗手，敬礼要手指并拢。懂礼仪，是一种智慧和能力。通过一系列活动，孩子们寻找到许多身边的礼仪，"你好""再见""对不起""没关系"，孩子们礼貌的话语，洋溢着温馨，传播着文明的气息。

（二）校园礼仪我来唱

"三字歌"是切合儿童认知发展、生活经验、心理特点和生活趣味的，素材取自生活，并经过艺术加工编撰而成，篇幅简短，朗朗上口。中华路小学的教师们仔细观察，及时捕捉生活中的细节，将对学生的礼仪、品德要求编成朗朗上口、富有韵律的"三字歌"让学生传唱。在"三字歌"课程学习中，教师通过视频、插图、歌曲、文本等形式，向学生展示"三字歌"的典型样式，使学生了解"三字歌"的特点。"三字歌"语言活泼，朗朗上口，适宜诵唱。小学生正处于学习语言、提高语言表达能力的阶段，生动活泼、富有韵律美的"三字歌"更能激发他们学习语言的积极性。为了方便学生学习与记忆，学校音乐教师还为学生搜集了适合演唱的"三字歌"进行配乐，并根据"三字歌"的内容和样式，配上一定的节奏，指导学生唱出来，让校园礼仪"唱"出童趣。

（三）校园礼仪我来演

"三字歌"的价值并不仅仅止步于此，它背后还蕴涵着文化价值。"三字歌”朗朗上口，易学易记，它所描绘的生活场景充满童真童趣，丰富的想象也启迪着孩子们的心灵。在学习与传唱的基础上，教师启发学生结合“三字歌”的内容，展开丰富的想象，在学唱的基础上用肢体动作表现。为此，学校发动全体学生跟着爸爸妈妈、爷爷奶奶一起演绎“三字歌”，让校园礼仪“演”出童趣。“上学校，自来往……”小朋友们一边哼唱着“三字歌”，一边演绎起脑海中的场景，用欢快的表情、可爱的动作演绎着对“三字歌”的理解与感悟。整个校园承载着孩子们欢快、祥和的童年生活。

三、成效与思考

著名儿童学家金波教授曾这样说过：“好的童谣是心灵鸡汤，它能滋润孩子们的心灵，帮助他们健康成长。”的确，在“校园礼仪三字歌”研学活动中，学生们学、寻、唱、演、画、创，了解了优秀的传统礼仪文化，注重遵守行为规范，提升了综合素养。

（一）提升了学生对艺术的审美能力

“三字歌”语言活泼，富有情趣。孩子们在传唱的过程中掌握了童谣的节奏、韵律。在提高语言表达能力、培养审美与创造能力的阶段，“三字歌”更能激发他们发现美、欣赏美的积极性。学习“三字歌”可以培养学生的观察力和表达能力，有助于提高学生的综合素质。

（二）塑造了学生健康的思想品格

“三字歌”不仅以明快的节奏给人愉悦感，更以较高的思想性给学生们积极的精神体验。通过学习“三字歌”，学生们将对文明礼仪常识的认知转化为自觉的文明礼仪行为，逐步提高自身的文明修养，形成人人讲文明话、做文明事、当文明人的良好风尚。

（三）提高了学生的语言创造能力

“寻礼仪—唱礼仪—演礼仪”是一个由易到难、循序渐进的学习过程。在此过程中，孩子们感受“三字歌”的语言特点，理解其思想文化内涵，进而创想现代生活场景，描绘心中美好的童年生活。对“三字歌”的喜爱，使孩子们产生了表达的激情，想象力、创造力和语言表达能力都得到了极大提升。

总之，伴随着“三字歌”的传播，孩子们心中已然种下了爱中华、爱家乡的情感，并能够把在校园学到的礼仪运用到家庭、社会中去，学到更多的礼仪。“在孩子的心灵播种理想，就会收获行为；播种行为，就会收获习惯；播种习惯，就会收获品德；播种品德，就会收获命运。"教育无痕，润物无声。礼仪教育是一项长期的任务，不可能一蹴而就。但只要我们持之以恒，用爱和智慧的雨露不断浇灌，学生的礼仪之花就能越开越灿烂。

2021年版校园礼仪三字歌

过马路，左右看，人行道，看信号。警校家，听指挥，讲规范，展风采。
减车速，车停稳，及时走，勿逗留。学具齐，等门开，懂礼貌，安全行。
上学校，自来往，二十米，不接送。进校门，整衣冠，领巾正，礼规范。
戴口罩，保间距，测体温，勤洗手。不舒服，及时告，晨午检，要做好。
常通风，空气鲜，常消毒，病毒除。咳吐痰，莫随便，打喷嚏，衣袖掩。
增营养，多锻炼，不信谣，不传谣。离学校，戴口罩，出校门，需道别。
接送点，等家长，长未到，勿擅离。自回家，勿聚集，及时回，长心安。
每周一，提前到，衣整洁，精神爽。升降旗，要肃立，注视旗，勿言语。
敬队礼，要规范，五指并，过头顶。唱国歌，音嘹亮，爱国情，心中装。
进退场，听信号，无声响，快静齐。演讲时，凝神听，演讲毕，掌声起。
敬队礼，要规范，唱国歌，音嘹亮。多运动，有秩序，身体棒，我能行。
眼保操，身立正，眼随手，节奏准。课间操，听指令，动作齐，有活力。
铃声响，文具齐，轻起立，互致礼。上课时，会倾听，勤发言，敢质疑。
书写时，三个一，坐姿正，字工整。课间时，莫追跑，文明玩，互谦让。
上下楼，靠右行，声音轻，脚踩实。预备铃，快步行，勿奔跑，防冲撞。
转角处，有盲区，提前观，要慢行。喝水时，打适量，讲节约，省资源。
文明玩，低声语，守秩序，讲谦让。不爬高，不翻栏，讲安全，开心玩。
进师室，喊报告，经同意，方可进。离开时，说再见，轻关门，有礼貌。
要出门，问父母，经同意，方可行。回到家，打招呼，讲卫生，习惯好。
就餐前，按序坐，我年幼，应让长。吃饭时，不讲话，欲咳嗽，应回避。
盛饭菜，拣碗筷，抹桌椅，让我来！与长言，用尊称，长辈语，仔细听。
说事实，讲道理，不撒娇，不撒野。长辈赞，要感谢，长辈责，要虚心。
客人来，热情待，奉茶水，双手端。大人谈，不插嘴，小客人，我来陪。
就餐时，让客先，客道别，送出门。电话来，先问好，主动道，自己名。
交谈时，有礼貌，通话毕，即挂机。就寝前，道晚安，夜间起，手脚轻。
与邻交，要友好，遇长辈，先问好。上下楼，长先行，遇老幼，主动帮。
要购物，请当头，按需购，不浪费。人多时，老幼先，请排队，勿埋怨。

乘车船，讲秩序，不喧哗，不挤抢。遇不便，要让位，下车船，互关照。

观影剧，讲文明，先购票，后入场。不大叫，不离位，演出完，鼓掌谢。

迟到时，悄入座，需早退，谢邻座。去做客，穿整齐，先敲门，再问好。

主人情，多谢谢，谈话时，要大方。他人物，不乱翻，就餐时，守礼仪。

主人赠，要婉拒，父母许，方可受。做客毕，应道别，有礼貌，大家夸。

人询问，热情助，谢谢你，别客气。问隐私，可拒答，遇骗局，要机智。

站如松，背挺直，头抬起，看前方。坐如钟，挺胸膛，腿并拢，脚放平。

行如风，脚步轻，手摆起，真神气。领奖时，应鞠躬，眼望师，双手接。

进餐前，先洗手，进餐时，勿言语。盘中餐，皆辛苦，须光盘，勿浪费。

读节时，应静心，还书时，归原位。借书时，要登记，及时还，勿超期。

爱惜书，不乱画，有缺损，主动补。学有难，争先帮，同学情，心中装。

对同学，有礼貌，交往时，要宽容。遇师长，要问好，与师谈，眼睛看。

身体正，不插话，耳听清，要虚心。劳动观，从小立，学技能，主动做。

父母事，帮着做，集体事，抢着做。服务岗，勇承担，按时到，讲实效。

按课表，清学具，小书包，自己背。清抽屉，净环境，会自理，能力强。

【案例二】

由一节礼仪课出发，观学校文明礼仪团队建设

阿根廷作家博尔赫斯曾说："如果真的有天堂，那它应该是图书馆的模样。"中华路小学校园是每一位学子的筑梦之地，图书馆更是散发着温暖、明亮的人文之光。本部校区中华书院、金都校区图书馆、橡树湾校区橡书屋，都是激发学生求知欲望与想象力的摇篮。

作为校园里的"热门打卡地"，每到课间时分，这里都会聚集起一群又一群爱阅读的学生，阅读交流活动不断。如何维持图书馆内秩序，帮助学生明确图书馆内规范，养成文明有礼的借阅和阅读习惯呢？

课堂是实施礼仪教育的重要阵地，为此，我校进行了长期、深入的探索，针对不同的礼仪实践情境和问题，结合各学段学生的认知和行为特点，融合各学科各类教学手段方法，打造了一系列优秀礼仪课程。这些课程设计合理巧妙，礼仪实操务实有效，礼仪素养立意深刻，体现出我校对礼仪教育的坚守与开拓精神。礼仪教育课堂不断焕发新的生机。

2022年春季，学校礼仪系列课程的开发正如火如荼地进行，我们基于《礼润武昌 德树人生》少儿礼仪教育第二册第三章《社会礼仪篇》第十四课"图书馆礼仪"的内容，精心设计了三年级礼仪课"我和图书馆的文明礼仪之约"。

这节课由学校礼仪种子教师祁梦园执教，由德育副校长许许多多，德育主任黄巧雅、钟佳颐，礼仪教育课程教师程红和其他青年礼仪种子教师们组成的学校文明礼仪团队全程参与研读教材、搜集资源、设计内容、反复打磨，共谋共思，这才有了这节礼仪课的最终成形与精彩呈现，体现了中华路小学文明礼仪团队建设的成效。

一、团队协作，"好课锋从磨砺出"

（一）"大单元"情境教学，悟礼仪之美

初拿到这三本礼仪教材的时候，许校长带领团队教师们认真学习了教材内容。团队发现，礼仪教育绝不应该是单独、独立的学习，应该有"大单元"教学的意识，只有关注礼仪教育的核心素养，才能真正落实立德树人、发展素质教育、深化课程改革的要求。于是团队将课程内容进行整合、拓展，将碎片化的知识转向清晰的大单元教学设计。就如"图书馆礼仪"一课，因此课属于社会礼仪篇，团队将社会礼仪中有关"公共场所礼仪"的内容提取出来，比如乘坐交通工具礼仪、电梯礼仪、购物礼仪等，在此基础上，根据学校实际情况进行补充，增加了校史馆礼仪、食堂礼仪、如厕礼仪等，丰富课程内容，形成"大单元"教学。

"我和图书馆的文明礼仪之约"一课属于"场馆礼仪教育"中的第二课时。在第一课时中，学生们一起找寻校园和社会生活中的公共场馆，用图片和视频来呈现社会礼仪的现状，以此开启此大单元教学。第二课时，则是正式走进场馆，了解图书馆礼仪。

在礼仪课的大单元教学设计过程中，我们基于真实情境，重视学习情境的重构，形成了"场馆礼仪教育"大单元的课程模式和目标。我们希望学生能够在真实的场景和情境中，真切地去体会礼仪的美。

（二）图书馆场馆教学，唤礼仪感知

在研课过程中，黄巧雅主任指出，这节课属于图书馆场馆式教学，要让学生在真情景中有真体验、真收获，最后形成行为上的礼仪规范。

祁梦园老师在实施教学的过程中，从进馆前的礼仪实录，到课程中沉浸式借书，再到情景剧角色扮演，最后沉浸式还书等环节，都充分借助了学校图书馆的场馆资源，让学生身临其境地体验图书馆礼仪规范。通过情境、体验、感知，利用图书馆专属的场馆特色，唤醒礼仪感知，激发创造思维，丰富生活实践。

场馆中的学习既不像教室学习那么结构化，也不像家中晚餐时的谈话那么随意，这也是场馆教学的优势。通过丰富多样的课程设计、简洁明确的任务目标、条理清晰的礼仪规范，以及完整的体验时间和完备的体验环境，给学生构建沉浸式礼仪学习模式。通过视觉、听觉、触觉等感官体验，使学生完全沉浸在学习图书馆礼仪活动中。在这种状态下，学生能够自主地排除外界干扰，使礼仪学习效率达到最高。

目前，学校正大力建设场馆教学模式，树立"大资源中心"概念，转变观念，灵活创新，建立"全境"领域。只要适合学生，学校各处都可以成为场馆资源中心。依据学生实际需要，在幸福农场、开放书吧、玉兰园、校史馆、食堂等地开展沉浸式、场馆式教学，让礼仪之美浸润我们的校园。

（三）课堂礼仪观察员，建评价体系

评价体系是课堂不可或缺的一部分，礼仪课也是一样。因此，在钟佳颐主任的建议下，这节课采取了多层次、多维度、多阶段、多元化评价方式。除了教师评价之外，还有"生生互评"，由学生担任礼仪观察员，对身边同学的礼仪行为进行观察、记录、点评。礼仪观察员是师生之间沟通的桥梁，是礼仪评价体系的重要组成部分，他们是同学身边的榜样，是校园的小主人，他们协助教师发现更多的礼仪细节，反映礼仪问题，促进校园礼仪教育的有效落实。

那礼仪观察员怎么产生呢？每节礼仪课上，表现最优秀、获得礼仪奖章的同学就有机会成为下一节课的礼仪观察员。到了学期末，获得最多礼仪奖章、担任礼仪观察员次数最多的同学，还有机会参评校级"礼仪好少年"，体现了礼仪评价的延续性。

目前，我校已经将礼仪课程纳入学校核心德育课程体系，并制定了与课程相对应的礼仪评价制度。我们的目标不是培养个别优秀的礼仪标兵，而是希望校园中人人都能讲礼仪。"礼仪奖章"是我校在推进礼仪评价的过程中，与"红领巾争章活动"结合所设计的学校特色章，通过"争章活动"充分激发全体学生学礼、讲礼的热情。

（四）礼仪示范课导行，促实践落地

这堂礼仪示范课率先在程红老师的三（4）班展开。程红老师是我校礼仪课程导师，课后，程红老师也有了颇多感慨：现在的学生娇生惯养的居多，再加上家长望子成龙、望女成凤心切，过分看重分数，养成教育反而被淡化。学生多表现出对文明礼仪知识的无知、少知和偏知。其实，很多学生是因为没有学习礼仪，内心没有礼仪的概念，不知道如何去做才是有礼仪，才表现出礼仪方面的短板。现在有了礼仪课，有了专业礼仪教师进课堂指导，相信不仅是学生，教师们的收获也会越来越多。

对学生而言，礼仪课不仅改变了他们的观念和行为，也让他们和家人之间的关系有了改变。礼仪的熏染促成了学生良好个性、优秀品德、文明行为的养成。爸爸妈妈们会觉得孩子长大了，也愿意和孩子平等交流沟通，家庭氛围更和谐了。

作为礼仪课的践行者，我们深切地感受到，礼仪课绝不仅仅是一节示范课、展示课，而应该落实到日常学习生活中。只有依托礼仪教育读本，上好每节礼仪课，才能真正让学生将礼仪教育内化于心、外化于行。

（五）种子教师勤钻研，探礼仪之妙

执教这节礼仪课的祁梦园老师是一位入职仅五年的年轻教师，接触礼仪教育不久，一开始她也感到有些迷茫，好在武昌区教育局将礼仪种子教师们召集起来，组织了好几场礼仪培训。通过系统的培训，祁老师深深感受到了礼仪的重要性，礼仪能真正从内在改变人的观念、提升人的素质，从外在塑造人的形象，连接人际关系。教师更应该学礼、懂礼，并将礼仪的精神内涵与实践方法传递给学生。

系统编写的少儿礼仪教材里面含有丰富的故事案例、图片学礼、视频学礼等资源，这让学校礼仪团队明白，礼仪教育不是说教、灌输，也不是重复机械的训练，而是要激发学生们的兴趣，让他们浸润其中，感受到礼仪对他们的人际交往是有大用处的。同时，礼仪也是有规范流程的，是讲求方法的，教师要给孩子们搭建规范、严谨的框架，让他们去学习和践行礼仪。

除了教材上的资源，在课堂上，祁老师还拓展使用了学校里一些礼仪活动与德育活动的资源，例如世界读书日的"云游图书馆"活动资源，与学生们的校园生活联系非常紧密，让他们更有代入感。

我们的礼仪课堂要反映和解决学生生活中真实存在的问题，因此在课堂上，祁梦园老师用多种方式再现了学生真实的生活场景。要想解决"真问题"，须得创设"真情境"。在有序借还和安静阅读的礼仪教学中，学生实操活动全面开展，最大限度地调动了学生的积极性。情景剧演绎，让学生将理论运用到实际中，真正学会解决人际交往中的问题，获得"真体验"。

最后，学生们将礼仪课堂所学结合生活实际，自创了朗朗上口的三字歌，将达成的共识编写成人人都要遵守的约定。在长久的时间里，礼仪做着做着，就自然而然成为学生们的习惯了。

二、团队建设，且思且行共成长

（一）存在问题

我校文明礼仪团队不断建设发展，共研好课，相互促进，但还存在着以下问题：

1.礼仪教育专业师资相对匮乏

目前，我校大多数礼仪教师缺乏相关的专业背景，在礼仪教育专业知识技能与素养上掌握比较少，同时缺乏相应的教学经验。礼仪教学专职教师数量较少，大多数教师都是在自己的主要教授科目之外，兼任礼仪教学，学校仍需继续提高对礼仪教育的重视程度。

2.礼仪教师发展缺乏规划

学校对礼仪教师培养缺乏系统规划，大部分礼仪教师对自身专业发展缺乏长远有效的计划，自身的发展路径不清晰，目标不明确，对礼仪教学热情也有待进一步激发。

3.礼仪实践机会少

礼仪教师进行礼仪教育的实践机会较少，缺乏必要的实践经验，大都没有正式参与过相关的礼仪教育活动，在实际的教学过程中难以将理论知识运用到自身的教学实践中去。

4.礼仪培训内容和形式较为单一

教师参与礼仪专业培训的热情不足、机会较少，教师缺乏提高自身礼仪教育专业素养的积极性，阻碍了礼仪专业教师队伍建设的发展。

（二）解决对策

第一，针对礼仪教师发展目标和路径不明的问题，我校由德育副校长牵头，根据文明礼仪教师队伍建设的要求，明确了礼仪教师应该具备的素养和能力标准，制定了一套礼仪教师系统化的培养方案，从而促进礼仪教师专业队伍的发展。这套方案中包括丰富礼仪教师的礼仪专业知识，增强礼仪教师的礼仪教学实践水平，提高礼仪教育综合素养等，帮助礼仪教师全方位提升。

第二，学校通过系列培训和职业规划课程，引导礼仪教师加强自身专业化建设，增强教师树立职业生涯规划的意识，引导教师掌握职业生涯规划的方法与技巧。通过培训，礼仪教师能够提高自觉性，对自己礼仪教学技能的提高和礼仪专业素养的提升以及自己的发展目标做出自主的规划，科学合理地分析并明确自身的发展需求，制定出一套独属于自己的、具有可行性的专业发展规划书。

第三，学校对礼仪教师专业培训进行了拓宽和延伸。丰富形式，除了培训讲座之外，增加了一些实践类、活动类的培训内容，如礼仪微讲堂、礼仪情景剧拍摄；提升质量，做好礼仪培训的系列化工作，每学期提前规划培训主题、内容和形式，提升培训质量；融合资源，除了校内礼仪导师，学校还聘请了校外导师，如礼仪专家何立苇老师、丁芳老师，专家导师进校为礼仪种子教师授课，并充分利用家长资源、社区资源、社会资源，让礼仪培训更多元。

（三）成效与思考

目前，在校长罗宏文的带领下，德育副校长许许多多的牵头组建下，我校的礼仪教师团队建设已经取得了一定成效，具体表现为以下几点。

1.礼仪教师队伍已经初步建立

目前，在区教育局一系列礼仪教师培训活动的支持下，结合我校自主制定的礼仪教师培养方案和自主开发的培训课程，我校已培养了6位礼仪种子教师，分布在3个校区。他们中有刚入职2年的"新手"，也有经历了7年磨炼、逐步在专业能力上成长起来的青年教师。

2.礼仪专业素养得到不断提升

除了参与区教育局组织的礼仪种子教师培训、研讨，我校也会定期举行教师礼仪培训和礼仪教研会。教师礼仪培训形式丰富多样，内容扎实，有效帮助礼仪教师规范自身礼仪，做孩子们最好的示范。礼仪教研会上，礼仪种子教师们以年段为单位，拿出自己精心设计的礼仪课例。在听课、评课、议课中，教师的礼仪教育理念、礼仪教育实践能力和专业素养均得到了提升。

3.礼仪导师助力种子教师成长

在文明礼仪团队中，有这样一批礼仪教育专业素养高、礼仪教育实践能力强、经验丰富的导师们，他们是礼仪种子教师不断成长的引路人和支持者。他们中既有校内导师（武汉市"最美教师"、武汉市十佳班主任、从教二十多年的优秀少先队辅导员），也有校外导师，给予种子教师专业上的指导，充分调动各方资源，共同为我校文明礼仪教师团队的建设助力。

"人无礼，则不生。"礼仪是每个人成长路上的必修课。为了弘扬中华民族优秀传统礼仪道德文化，倡导文明礼仪之风，提升中华路学子知礼、学礼、讲礼、守礼的礼仪素养，我校对礼仪教师的培养和文明礼仪团队的建设还将加大力度、拓宽领域并持续进行下去。

我们将遵循培训与调研相结合、培训时间与教研时间统筹规划、校内培训与社会实践相融合的原则，培养出一批代表中华礼仪形象的优质礼仪教师团队，进而培养出一批又一批"中华礼仪好少年"，用汗水和智慧将礼仪教育从校园传播到社会的各个角落，真正实现从书本走向生活，从课堂走向家庭，从学校走向社会，让礼仪之花开遍中华大地。

【案例三】

礼润武昌 德树人生

常言道："礼形于外，德诚于中。"习近平总书记指出："礼仪是宣示价值观、教化人民的有效方式。"

为了探索有效的礼仪教育途径，进一步推进"礼仪教育进课堂"，作为礼仪教育试点学校，学生有机会人手一本《礼润武昌 德树人生》少儿礼仪教育教材。同时，资深礼仪教师来校指导培训，让我们很受启发：礼仪教育一定要有载体，通过可视化、课程化、协同化等途径来实现价值引领、方法引领和实践引领。

一、案例背景

为落实立德树人根本任务，武昌区教育局坚持"五育并举"，推进"双减"落地，不断优化家校社协同育人体系，积极打造"礼润武昌 德树人生"礼仪教育品牌。武昌区教育局德育办于2022年6月14日下午举行了"礼润武昌 德树人生"礼仪教育试点校第二场集体教研会。我校祁梦园老师呈现了一节主题为"图书馆礼仪"的礼仪示范课，我校礼仪教育团队就我校图书馆礼仪系列课程的实施策略进行了分享。

二、问题解决策略及过程

通过实践研究，我校形成了文明礼仪教育"135"实施范式。"1"即一个中心：以践行文明礼仪、提升文明素养为研究主线。"3"即"三全教育"：全员、全程、全科教育。全校师生及全体家长共同参与；全程关注文明礼仪习惯的养成和文明素养的提升，教育贯穿学习和生活的始终；覆盖全学科，将文明礼仪教育有机融入学科课堂教学，共融、共生、共长。"5"即五个途径：创设文明礼仪校园文化、构建文明礼仪教育课程体系、融合各学科进行教育、形成系列化的校域特色育人活动、共建家校社三位一体育人网络。

具体策略如下：

（一）可视化的礼仪教育激发德行成长

优化环境，营造文明礼仪氛围。在整洁、清新、优雅的校园里，努力让每个角落都充满文明的气息，让学生受到潜移默化的熏陶和价值引领。

为了把礼仪教育讲明白，我们持续开发校园文明礼仪"三字歌"，从2000年到现在，"三字歌"一直在不断修改完善中，与时俱进地增加了"警校家"礼仪、劳动礼仪、自理礼仪、防疫礼仪等内容。学生用自己喜欢的方式唱响"三字歌"，朗朗上口，字字入心。

礼仪教育还需要相互影响。我们用雅行宝贝展示栏、校园"七彩玉兰星"评比等方式寻找校园好榜样。

（二）课程化的礼仪教育落实核心素养

在课堂管理中，学校注重礼仪养成教育与学科教育相结合，注意礼仪要求的规范，在校园里形成全员礼仪教育的态势，使学生的礼仪意识在日常学习中、在各类学科活动中获得多方面的反复强化。

礼仪的训练展示要与德育活动相结合。传统节日、纪念日主题活动都要以礼仪养成教育为目标，加强实践指导。争取每次活动对师生既是一次训练，也是一次隆重的展示。

礼仪教育效果与评价反馈相结合。坚持进行"五好班级"评价，通过日反馈、周报表、月考评，动态展示班级文明礼仪养成情况，同时结合"红领巾争章活动"，让每一个队员成为不断进步的自己！

（三）协同化的礼仪教育搭建共育桥梁

着力构建家庭、学校、社会共同发力的礼仪教育体系。家校社合力促进学生文明好习惯的养成。例如，新生游校园、第一周好习惯礼仪课程帮助孩子们做好幼小衔接的自然过渡。再如，本部校区背靠著名的红巷，集中了武昌中央农民运动讲习所旧址、中共五大会址纪念馆、毛泽东旧居纪念馆等多个革命教育基地，在周边红色文化的滋养熏陶下，"红色小导游"社团应运而生。这群红领巾讲解员，利用课余时间进行志愿服务，向游人访客讲述英雄武汉红色的历史。

家长进课堂是学校的常态活动，家长们结合自身的职业特点，引进资源，带领孩子们学习传统文化，体验不一样的礼仪教育。家庭链接社会，拓展礼仪教育实践平台。丰富多彩的班级假日实践活动体现了家校社联动的魅力。2021年暑假，我们也把相关的活动做成了家校社活动课程设计方案，在校内进行推广。学校链接社区，丰富礼仪教育活动形式。

三、成效与思考

礼仪教育需要不断地"刷新"内容和方式，要从学生可模仿性、可持续性上寻找新思路。除了教师，学生也能做礼仪讲师。教师们录制礼仪微视频，主角由学生担任，内容全部源于生活实际，这种可视化的学习方式让学生在短时间内学到礼仪规范，也不枯燥。家长们说，创作和出演过程，本身就是一次很好的教育。

礼仪课是礼仪教育的主阵地，要重视平时礼仪课程的落实。作为试点学校，三个校区学工处整体规划，教师们通力合作，结合礼仪教育读本，分低、中、高三个层次制作学习资源包，众筹共享，打造教案合集，既减轻了教师们备课的压力，又保障了礼仪课程落实效果。另外，礼仪课要找准礼仪教育的小切口。"课间玩什么？""快步走和跑有什么区别？""什么样的写字姿势最好？""升降旗你肃立了吗？"带着这些校园常见的礼仪问题展开交流，礼仪课更加聚焦，成果也更加显著。

　　落实文明礼仪教育从国家社会层面来说，是时代的呼唤，是全面实施素质教育的需要；从学生个人来说，是提高自身素养、增进人际交流、发展良好个性和心理品质的需要。

　　我们愿以礼仪教育为抓手，促进学生良好行为习惯的养成，集聚智慧成长的力量。立德树人，我们一直在路上！

　　（本章编写人员：雷莹、曾胜、黄巧雅、祁梦园、刘嘉琪、邵颖）

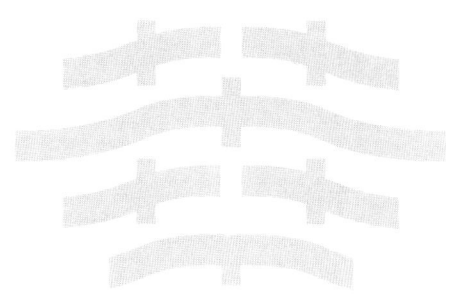

第五章
达成深度学习：培养"中华小当家"学习素养的育人方式

🌀 第一节　培养"中华小当家"学习素养的内涵

　　2014年，教育部发布《关于全面深化课程改革落实立德树人根本任务的意见》，明确指出要研究各学段学生应该具备的核心素养。2016年9月，《中国学生发展核心素养》正式发布，提出学生所要具备的必备品格和关键能力，其中"学会学习"成为六大素养指标的重要组成部分，是智能时代学习方式变革的核心。2022年颁布的《义务教育课程方案和课程标准（2022年版）》明确提出以素养培育、学科实践为导向的课程与教学变革，积极探究与素养目标、内容结构化相匹配的、学科典型的学习方式，重构学与教的认识逻辑，以学习者为中心，实践"为学而教"的教育哲学，先培育学生的学习素养。

　　学习素养是求知素质加培育训练的产物，是学生发展的手段，也是学生成人的目的。作为手段，它应使学生学会了解周围的世界，发展一定的专业能力和创新能力。"中华小当家"的学习素养是指学习者在学习过程中所表现出来的一种稳定品质与基本倾向，是以基础知识经验生成为起点，以学科核心素养训练为根基，以学科关键能力应用为内容，以情感态度品格塑造为结果，使学习者精业笃行，实现自我的全面发展。

　　近年来，学校不断深思和提炼中国教学改革的智慧，结合武昌区绿色教育理念和学校学生发展的实际情况，形成了对基础教育阶段小学生的学习素养的校本理解，建构了"中华小当家"学习素养培育模型（见图5-1）。该模型将学生的学习意愿、学习能力、学习风格、学习策略这四个方面作为"中华小当家"学习素养的主要测量指标，这四大指标具有基础性，是支撑起学科类、个性化学习素养发展的深层根基，为建构符合学校实际的校本化育人体系提供了新视角。

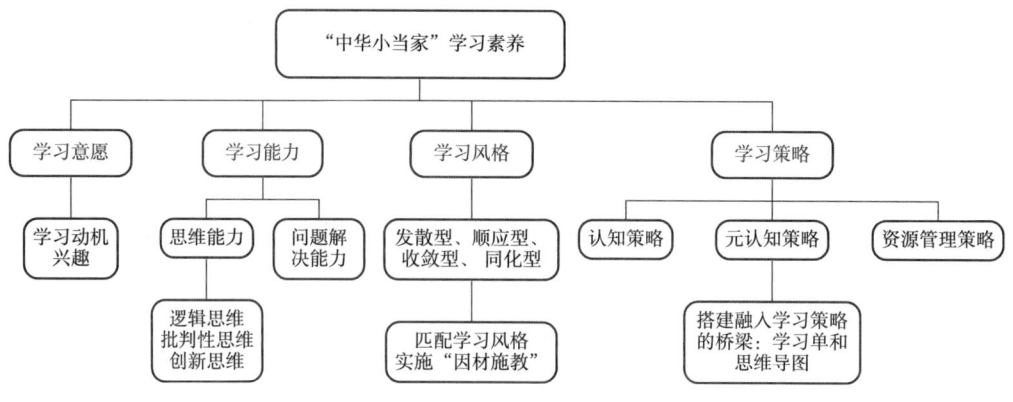

图5-1 "中华小当家"学习素养培育模型

一、学习意愿

学习意愿是指学生对学习有强烈的知识需求、积极的学习态度和浓厚的情感加持，热爱学习、喜欢学习、渴望学习，把学习视为自己生活的重要组成部分，具体表现为学习的动机、兴趣和求知欲等。理清学习动机是有效、长效学习的起始阶段。赫尔巴特认为兴趣是指学习者对所学事物产生的有高度吸引力和注意力的内部心理状态。学习兴趣是兴趣在学习领域的延伸，是学习者在学习过程中所具有的认知、探究某种事物或从事某种活动的心理倾向和情绪状态，即学习者在渴望获得知识、探究事物结构关联、参与学习活动中的一种内在推动力量。对学习主体而言，学习者带着快乐、欢喜、满意的情感进入学习，对新知识产生好奇心和探究欲，能更好地发挥学习潜能和创造性。

问题是激发学习者产生学习兴趣的动力。疑问是学生接近真理时在思想深处碰撞出的思维火花，是知识深化的阶梯。质疑与探究是在学生学习过程中相生相伴的，两者之间互相作用和互相"编码"。探究心理可以由兴趣、好奇心激发，也可以由疑问（或求知欲）来驱动。因此，培养"中华小当家"的学习素养，首先要在学科教学中唤醒学生的学习意愿，激发情感动机。在学生人人都愿意学习、乐意学习的前提下，以问题为内驱力，使学生成为学习的主导者，并通过自身的自主探究学习最终解决真实情境中的复杂问题。这是一种自动化程度最高的学习方式。这种学习方式如图5-2所示。

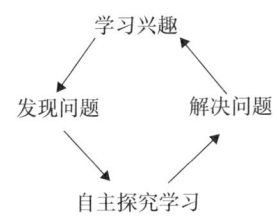

图5-2　学习兴趣驱动下的高效学习方式

二、学习能力

信息时代对创新人才的需求已由知识技能型人才转向高级认知型人才，这就要求教育工作者要重视对学生的学习能力和高阶思维的培养。学习能力是帮助学生在学习过程中不断提升的认知因素，结合《义务教育课程方案和课程标准（2022年版）》的培养目标，"中华小当家"的学习能力具体划分为思维能力和问题解决能力。

（一）思维能力

1.逻辑思维

人智力发展中的关键能力是逻辑思维能力。逻辑思维又称抽象思维，与形象思维相对，是"人们在认识过程中借助概念、判断、推理等思维形式能动地反映现实的过程"[①]。逻辑思维是学习者在认识事物时，借助推理、对比、判断、归纳等理性思维的方式来看待或解决问题的过程。也就是说，学习者在主动判断、实践探究、整体分析、解决疑难中生成思维火花和深度思考，收集碎片化信息，建立关联，在多角度、全方位的基础上进行思考和分析，进而加深对所要探究问题的认识和理解。

小学阶段正是学生从形象思维向逻辑思维发展的关键时期，与此同时，小学生逻辑思维的发展离不开形象思维的协助。因此，在学科教学中，教师要在精准把握学情的基础上，为学生思维的发展建立"支架"，给学生提供解决问题的方法指导或合作学习资源包，让隐性的逻辑思维可视化、系统化。

2.批判性思维

学成于思，思源于疑。"批判性思维"这一概念最初源于哲学领域。美国理查

---

①王克喜,黄海.逻辑思维与表达[M].南京：南京大学出版社,2019.

德·保罗提出："批判性思维包括批判性思维气质与技能，是一种自我指导的思维。"[1]刘儒德认为："批判性思维包括两个方面，一是批判性思维技能，二是批判性精神，即有意识地进行评判的心理准备状态。"[2]

批判性思维属于高阶思维，小学生在学习过程中所形成的理解、概括、分析、比较、判断、推理、论证、评论、综合应用等方面的能力，都是形成批判性思维所需要的。批判性思维是指在充分的理性和客观真实基础上对他人或自己的观点、做法或思维过程进行一种深刻理智的判断，并通过综合分析、全面审视等途径达到对事物本质更为准确和全面认识的思维活动。"中华小当家"批判性思维能力的养成，主要从以下三个方面做出综合性的要求：发现和分析问题的能力、提出和解答问题的能力、积极主动解决问题的意识和态度。

3. 创新思维

创新思维是人类的高级心理活动。小学生的创新思维是指在自主探究、动手实践、合作交流等一系列学习活动中，能把外部的学科知识转化为自身内部的知识经验，也能把自身内化的新经验转化为外显的行为表现，找到解决问题的最佳办法，形成创新能力。"中华小当家"对创新思维的培养要求是随着学生年龄变化和年级升高而不断发展变化的。

小学低年段学生对周围的世界充满好奇心和想象力，但思维发散性弱，本阶段以激发学习热情为主，鼓励学生敢于对未知的事物提出问题以及自己的想法，初步培养学生的创新意识。小学中年段学生认知水平逐渐增强，思维方式日趋成熟。本阶段引导学生利用自己的思维方式开放、自由地研究问题，促进学生创新思维的形成与发展。小学高年段学生思维的批判性逐渐提高、思维的深刻性不断增强，逐渐形成自己的学习方式。本阶段关注学生对问题的思考角度和解决问题的方法，增强学生自主学习以及持续学习的内在动机。

（二）问题解决能力

良好的问题解决能力是指学生在习得学习方法和技能后，不受限于标准答案和固定情境，能灵活地应用方法和技能去解决真实情境下或者实际生活中遇到的新问题、新情况，并对已掌握的方法和技能进行持续优化，不断建构、完善自己的知识

---

①刘琼琼.美国研究型大学批判性思维培养研究[D].上海:华东师范大学,2017.
②刘儒德.论批判性思维的意义和内涵[J].高等师范教育研究,2000（1）:56-61.

结构的能力。要培养具有高阶问题解决能力的"中华小当家"，各学科教师必须缜密思索如何将学科核心概念与关键问题相勾连、相衔接，有目的地培养学生逐步获得低阶的信息搜索、认知、记忆等能力和高阶的推理、判断、决策、反思等能力，引导学生抽丝剥茧，跳出复杂情景，透视具体问题，创造性地解决问题。

创造性地解决问题是主动的、灵活的、复杂的、综合的创造活动，是高阶思维以新颖、有效的方式对问题进行新理解基础上的创造性解答。"中华小当家"创造性地解决问题主要表现在"学生对问题情景的创造性分析及知识的重组和调配"，这样的学习带有知识创造和问题解决的双重特征，具有新颖性、发散性和灵活性的特点。

三、学习风格

学习风格是学习者长期受环境和自身因素影响而产生的固有属性且稳定保持的风格，它反映了学习者的学习倾向。学习风格对学习者的学习活动起着唤起、激发、定向、维持、调整、强化等作用，促使学习者在学习中认识自我与超越自我，从而建成更完满的自我。

根据Kolb学习风格理论（见图5-3），将"中华小当家"的学习风格分为发散型、顺应型、收敛型、同化型四大类。发散型风格的学生乐于合作学习，喜爱在师生、生生交流中解决问题，此类学生想象力丰富，善于从不同的角度观察问题，并将彼此联系的知识点组合成有意义的整体。顺应型风格的学生善于面对挑战性强的新事物，常常依赖直觉的感性行动，此类学生善于听从指令、实施计划、完成任务。收敛型风格的学生喜欢通过不断探索

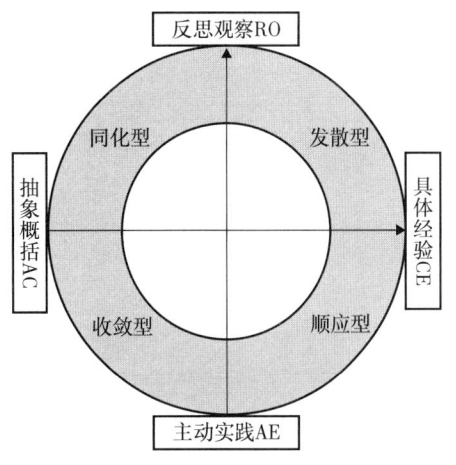

图5-3　Kolb学习风格理论图

的方法来解决问题，他们喜欢技术性的任务，不太关心以人为本的活动。此类学生善于解决问题、判断决策和实际应用，适合钻研技术问题。同化型风格的学生更喜欢简洁、合乎逻辑的方法，思想和概念对他们来说比跟人交流更重要。此类学生善于理性推理和创造理性模型，更多关注抽象概念和精确度。

学习风格的形成与学生个人身心特点、所处环境等要素息息相关，每位学生的

学习风格既有相同点也有不同点，既有优点也有不足，而学校教育的目的正是引导学生在学习中"扬长补短"，获得全面发展与个性发展的协调统一。

为了更好地满足不同学习风格的学生学习品格的养成，我校的学科教学高度重视"因材施教"策略，采取"顺教"和"逆教"相结合的双重范式，既顺应学生的优势领域采取加强措施，又针对学生的弱势领域采取弥补性措施，促进其最大化发展。

学科教学中，教师会根据不同学生出现的问题，及时调整教学内容，并在学生学习风格的基础上，优化其学习方法，引导学生进行自我内部评价，深入了解自己的学习风格，主动进行元认知，提高学习能力。基于学生能力和需求之上生成的个性化学习素养不但符合学生的学习风格，而且还能调动学生积极调整学习方法，寻找适宜的学习路径，增强学习动机，提升学习技能，掌握适合自己的学习方式，解决学习问题。

四、学习策略

学习策略是学习者在学习过程中为提高学习质量和效率、完成学习任务采取的方法和技巧。近年来，掌握并运用恰当的学习策略逐渐成为检验学习者学习素养高低的重要指标。结合基础教育阶段小学生的思维特点，笔者认为迈克卡所提出的学习策略分类——认知策略、元认知策略和资源管理策略更符合我校"中华小当家"所应掌握的学习策略的实际。

我校搭建融入学习策略、帮助学生深度学习的桥梁："台阶式"学习支架——学习单和"辐射状"学习支架——思维导图。学习单是学生在自主学习的过程中积极调动元认知策略辅助学习的有效载体。学习单的设计指向学习进程的思维进阶，基于学情分析，逻辑清晰地规划学习活动，观照学习全程，具体包括"目标达成""课前预学""课中导学""课后固学"几个板块。运用学习单可以清晰呈现学生的思维脉络结构，让学习进程可视化，帮助学生在学习活动中关注关键问题，在交流分享中形成认知地图，使学生的思维不断发生、发展、进阶。

思维导图是促使学生调动认知策略和资源管理策略，将知识内容中的各层级主题的关系用关联性的层级图表现出来，给知识点与主题、关键词等建立记忆链接的工具支架。思维导图的使用，能够帮助教师形象地展示课文内容和逻辑，引导学生合理运用转化、分类、比较、归纳、举例等思维策略，增强学生对新知识的建构、加工、探究、再加工，拓展学生掌握知识的宽度，锻炼学生的整体性、系统性思维。

学习策略的掌握是学习素养的重要体现，根据具体学科、学习情境和应用领域的不同，所采取的学习策略也会因势而变、有所不同。我们应牢牢把握各学科的具体特点，培养"中华小当家"在不同情境中灵活运用各种学习策略的能力。

第二节 培养"中华小当家"学习素养的原则

随着社会的高速发展和变革，对人才的需求正在发生深刻的变化。现代社会不仅需要知识的存储者，更需要能够灵活运用知识、具备创新思维和解决问题能力的人才。为了能够满足时代对人才的需求、提升学生综合素质，以及实现教育公平和提高教育质量，确保教育目标的明确性、促进学生的思维发展和创新能力提升、适应信息化时代的发展需求，以及确保教育的全面性和系统性，需要按照以下原则来培养"中华小当家"的学习素养：

一、知识掌握与智慧生成相结合

知识是指通过学习、研究、经验、观察等各种途径获取的信息和概念。在小学阶段，知识通常涵盖各学科的基础理论和事实。而智慧则是一种更高阶的能力，它涉及如何利用知识去解决问题、作出决策和创造新的思路。

知识掌握与智慧生成密不可分、相互促进。知识掌握是人们获取智慧的基础。通过知识掌握，人们可以提高智慧生成能力。在智慧生成的过程中，生成的智慧又会丰富人们对知识的掌握和理解。

因此，既要让学生掌握知识，又要提升他们生成智慧的能力，为培养"中华小当家"的学习素养提供有力的支撑和指导。

（一）化知为识，系统掌握知识

化知为识是一种通过学习和积累知识从而提升自己的认知能力的过程。它强调将知识从抽象概念转化为可以直接应用的实际知识，从而提高个人的智力水平和问题解决能力。

化知为识的过程是一个不断学习、反思和实践的过程。通过不断积累知识和经验，我们能够更好地理解和解决问题，更好地适应和应对变化。这种能力的提升对个人的职业发展和终身学习都具有重要的意义。

在化知为识的过程中，我们需要通过学习各个学科的知识和技能，掌握一定的学习方法和技巧，培养好的思维习惯和批判性思维能力，这样才能将抽象的知识转化为具体的认知能力，能够在实际生活中灵活应用。

因此，对学生来说，化知为识不仅是一种能力的培养，更是一种对智慧的追求。

（二）转识成智，提高智识水平

知识可以说是智慧的基础，但不是智慧的充分条件。我们培养学生将知识化为智慧时，需要在实践中进行一系列的操作性转化。

1. 培养批判性思维

批判性思维是一种对知识进行分析、评价、推理的思维方式。教师应教育学生不仅要接受书本信息，还要学会批判性地思考。可以通过辩论、讨论和案例分析等方式来培养学生批判性思考的能力。

2. 鼓励创造性思维

创造性思维是一种对知识进行联想、组合、变形、创新的思维方式。创造性思维可以帮助我们发现新的知识，或者对旧的知识进行改造，从而产生新的价值和意义。教师应鼓励学生用创造性思维对知识进行应用和创造，从而提升智慧水平，让课堂成为思维的乐园。

3. 增强情感智慧

情感智慧是一种对自己和他人的情绪进行识别、理解、管理、表达的能力。在教学活动中，通过学生活动，培养学生形成良好的分工合作意识，让学生在合作过程中学会倾听、沟通和协作，对知识进行情感化的体验和分享，从而丰富智慧的维度。这些都是将知识转化为智慧的必要条件。

总之，知识和智慧是相互关联但又不相同的概念，要把知识转换成智慧，我们需要运用批判性思维、创造性思维和情感智慧等方法，对知识进行深入的理解、创造性的应用和情感化的体验，从而提升我们的智慧水平。

（三）启智增慧，达成学用一致

以前的课堂，教师关注学生"学会了吗"；后来的课堂，教师关注学生"能用知识解决实际问题吗"；如今的课堂，教师不仅关注学生能否解决问题，还期待学生能提出值得探究的问题。培养"中华小当家"就是应当培养这种能提出问题的创新型人才。

1. 多元化学习

多元化学习是一种对知识进行广泛、深入、多样化学习的方式，帮助我们扩大知识面，增加知识储备，提升智慧水平。同时，多元化学习也可以帮助我们跨越知识的边界，建立知识的联系，发现知识的规律。我们可以通过学科融合、打破知识壁垒、串联知识脉络等方式，来学习不同领域、不同层次、不同角度的知识，从而拓宽视野，锻炼思维。

2. 实践性活动

实践性活动是一种对知识进行操作、应用、实验的活动方式。实践性活动可以巩固知识、检验知识、运用知识，提高智力水平。同时，实践性活动也可以帮助我们发现问题、解决问题、创造问题，提高智慧水平。我们可以通过项目式学习、综合实践、做游戏等方式来增强技能和积累经验。

3. 游戏性训练

游戏性训练是一种通过玩乐、挑战、竞争对知识进行训练的方式。游戏性训练可以激发兴趣、增强动力、提高效率，提高智力水平。同时，游戏性训练也可以开拓思路、锻炼思维、提升思辨能力，从而提高智慧水平。我们可以通过玩智力游戏、逻辑游戏、策略游戏锻炼注意力、记忆力、推理力、创造力等，从而提升智力和智慧水平。

知识掌握与智慧生成相结合的原则是实现深度学习的必要路径。通过"中华小当家"的育人方式，我们能够促进学生的知识掌握和智慧生成，培养他们成为具有创新能力和社会责任感的时代新人。

二、质疑反思与思维进阶相结合

反思是指对过去经历的回顾与审视，是从失败中汲取教训、从成功中总结经验的过程。质疑则是对现有知识、观点或理论提出疑问，它不仅包括对未知领域的探索，还包括对现有认知的挑战和突破。

反思与质疑的能力对于学生来说尤为关键。通过反思，学生能客观地分析自己的长处与不足，从而制定出更为明确的发展方向。质疑能力则有助于学生在"定论"中发现新问题，进一步激发他们的求知欲和创造力。培养"中华小当家"需要培养学生善于独立思考、敢于质疑的能力。

（一）盲点追问，加强质疑反思引导

在引导过程中，教师应充分关注学生的个体差异，针对不同学生的认知水平和学习能力，制定合适的引导策略。针对学生的思维盲点，教师应善于运用启发式教学方法，引导学生自主探索，激发他们的创新意识。

在引导学生质疑反思的过程中，教师要关注学生的需求和特点，运用多元化的教学方法，激发学生的潜能，培养他们的创新精神和批判性思维。通过不断实践和探索，教师将助力学生开拓新的思路，提升自身的反思能力，从而实现教育教学的深远意义。

（二）一题多法，学会反思解法优劣

美国数学家G.波利亚在《怎样解题》一书中强调，没有哪个题目可以被完美无缺地解决，总有一些工作遗留下来。通过充分探讨和总结，总会有一些发现，能不断改进解答。

为了培养学生的质疑反思能力，使其思维更上一层楼，我们需培养学生严谨审题的习惯，并注重选择简便的解法。培养学生严谨审题的习惯，是提升学生解决问题能力的关键。为此，教师应当在教学中引导学生寻找和掌握解题的多种方法，以学生为主体，充分发挥学生的主动性和创造性，让学生在解决问题的过程中不断地反思解法的优劣，一题多法，直到学生能够自然运用最简便的解法。

（三）故意示错，养成反思质疑习惯

在教学中，为了培养学生的思维能力，教师可采用一种别具一格的教学方法，即"挖陷阱"法。此方法并非恶意设陷，而是基于教学经验和对学情的了解，预测学生在学习过程中可能遇到的误区，并在课堂上展示这些错误，引导学生进行深入反思和质疑。

这种教学方法的应用并非刁难学生，而是为了培养他们的批判性思维能力。因此，教师在引导学生反思质疑时，应注重培养他们多角度审视问题的能力，激发他们独立思考的意识。通过这种方式，学生将逐渐学会在面对问题时进行深入分析，并找到有效的解决策略。

通过合理运用"挖陷阱"的教学方法，教师可有效培养学生的反思质疑能力，提升他们的批判性思维能力。在此过程中，教师应充分发挥自身引导作用，为学生提供一个安全、宽松的质疑环境，助力学生实现思维的进阶。

（四）举一反三，提高反思转化能力

潘述昌在《物理学习中"懂而不会"原因剖析——以摩擦力的学习为例》一文中指出，教学实践证实，对一道错题的错误解题原因进行深入剖析，其效果优于解答一道甚至多道新题。教师要引导学生对自己的错题进行反思，并且培养学生在遇到相似问题时举一反三的能力。在这种课堂环境中，学生能够不断提出疑问并进行反思，从而养成质疑反思的习惯，获得思维发展。

在课堂上，针对学生的典型错误解法，应首先引导学生自行纠正，如无法自行纠正，则可促使学生之间相互指正，并列举类似题目，培养学生举一反三的能力。提高学生反思质疑能力的策略有勇于质疑、挑战权威、对比反思、因果反思等。

教师在教学过程中要注重引导学生发现自己的思维盲点，鼓励学生从不同角度看待问题，促使学生反思、质疑，进而达成思维进阶，顺利成长为符合学校培养要求的"中华小当家"。

三、信息技术与学习方式相结合

培养"中华小当家"，将信息技术与学习方式相结合，更多的是拓宽学生的知识获取途径，适应新时代的发展，让学生成为学习的主导者，给知识赋予生命的活力，把大脑当中的知识变成实际生活中的真本事。同时借助人工智能、大数据等先进技术手段，构建智能化、个性化、定制化的学习方式，助力中华路学子成为"中华小当家"。

（一）从"单一性学习"转向"多维性学习"

借助信息技术，运用网络，我们可以开创性地改变学习方式。通过使用在线课程、虚拟实验等新颖的教学手段，能够激发学生们的学习热情和兴趣，并提升他们的学习效果。这些创新的学习方式，不仅突破了时间和空间的限制，而且提供了更加真实、生动的体验，使学生能够更好地理解和掌握知识，变"学会"为"会学"。

同时，每个学生都有独特的学习风格和兴趣，信息技术可以为我们提供基于个性化需求的学习资源和教学方案。动手能力强，擅长操作类学习的学生可以在网上自学，自主寻找学习资源。而动手能力有限的学生，则需要教师分步骤带着学习。总之，学生可以按照自己的节奏和兴趣进行学习，还可以加入自己的创新内容，同时教师也可以根据学生的学习情况和学习风格进行个性化的教学，更好地满足不同学习能力学生的学习需求。这种个性化的学习方式，无疑会提高学生的学习效率。

网络为学生提供了多元化的学习载体，如视频、音频、图片、文字等，这大大丰富了学生的学习体验，同时也有利于学生更好地理解和掌握知识。

（二）从"封闭式学习"转向"开发式学习"

传统课堂上往往由于时间的关系，教师不能及时对全体学生进行一对一有针对性的个性化评价，也不方便在学生之间开展互评。在评价环节中，利用信息技术的交互性优势，可以实现师生之间、生生之间的广泛交流，学习效果更具实效性。学生可以在家通过微课进行学习，然后在线上提交自己的想法；通过论坛博客等方式，教师可以对学生逐一点评，学生之间互评也很方便。回到校园，教师还可以对学生的作品进行展示，及时分析解决学生创作中发现的普遍问题，表扬学生的闪光点，还可以让学生针对同学的作品展开分组或全班讨论，让每个人都有展示与发表看法的机会，有助于学生发现自己的优点，改进自己的不足，让学生的学习过程变得更有效。对于优秀作品，学校还可以在公众号和视频号上进行展示宣传，这也是达成课堂学习目标、提升欣赏水平与表达能力的有效活动。信息技术的助力使课堂评价具有广泛性和实效性，使学生从"封闭式学习"向"开放式学习"转变。

（三）从"被动式学习"转向"自组织学习"

如果百度一下就能找到答案，那么，以简单记忆和机械运算为目标的教学还有什么意义？"互联网＋"环境给学生创造了便捷的接触学习资源的机会，教师和课本不再是学生接触学习资源的唯一渠道。学生有需要的时候，只要拥有互联网终端设备，就可以省去中间环节，直接找到自己所需要的信息。

平板电脑是常见的终端设备，学生不仅可以通过平板电脑学习技能，还可以将自己学到的技能录制成教学视频共享给校园内其他学生，从"被动式灌输"向"互动式共享"转变，这也使得其他学习者的学习更加便捷有效。"互联网＋"时代让更多学生主动关注知识与知识的相关性，激发学习兴趣，提高学习积极性，提升创新能力，促使学生的学习方式从被动学习转变为主动学习，变"要我学"为"我要学"。

综上所述，"中华小当家"通过运用信息技术，将在学习和生活方面取得全面的进步和发展。他们将利用信息技术不断优化自己的学习方式，提高自身综合素质和学习能力。同时，他们还将积极拥抱数字化时代带来的机遇和挑战，加快个人成长，将来为社会的发展做出积极贡献。

四、课堂教学与学业评价相结合

课堂教学是学校教学工作的基本组织形式，是学生获取知识、技能的主要途径。[1]学业评价是指对学生学习情况的客观反映，包括知识、技能、情感态度等方面。学业评价的目的在于检验学生的学习效果，了解教学目标的达成情况，为教学决策提供依据。

课堂教学与学业评价是教育教学过程中的两个重要环节，它们相互关联、相互促进，共同构成了教育教学的基本框架。课堂是培养"中华小当家"的主阵地，科学合理的学业评价有利于激发"中华小当家"的学习兴趣和积极性，将课堂教学与学业评价相结合，有助于提质增效，促进学生全面发展。

（一）明确导向，聚焦目标

课堂教学和学业评价应该具有明确的导向性，帮助教师和学生明确学习任务，确保教学活动和评价工作都围绕着同样的目标展开。这要求教师在进行教学设计时，充分理解课程标准、把握学科特点和了解学生情况，制定出具体、可行的教学目标。同时，教师在进行学业评价时，也要以这些目标为依据，采用适当的评价方法和工具，客观地评估学生的学习效果。

教师在课堂教学和学业评价中，要聚焦目标展开活动。这要求教师在教学中，把握教学重点，突出关键知识点和能力点，通过有效的教学方法和手段，帮助学生理解和掌握这些内容，培养核心素养。同时，教师在学业评价时，也要重点关注学生对这些目标的达成情况，及时反馈评价结果，调整教学策略和评价方案，以更好地促进学生的学习和发展。

（二）关注过程，动态调整

在课堂教学中，教师不仅要关注学生的学习成果，还要关注学生的学习过程。通过关注学习过程，教师可以更好地了解学生的学习需求，及时调整教学策略和评价方式。

对过程的关注要求教师在课堂教学中不仅要传授知识，更要引导学生积极思考、主动探索，帮助学生建立正确的学习方法。同时，教师还要关注学生的学习反馈，了解学生在学习过程中遇到的问题和困难，以便及时调整教学策略，帮助学生

---

[1]陈攀峰.对数学高效课堂的几点思考[J].学周刊,2013(24):105.

解决问题。教师应根据学生的学习情况和学习效果，灵活调整教学计划和评价方案。在学业评价方面，教师也要根据学生的学习情况和学习特点，动态选择合适的评价方式和评价标准，确保评价结果的时效性、客观性和准确性。

（三）以生为本，能力为重

"以生为本，能力为重"是课堂教学与学业评价相结合原则的核心，强调在教学中，要始终以学生为中心，以提高学生的能力为首要目标。

"以生为本"强调在教学中要充分考虑学生的需求、特点和兴趣，关注每一个学生的个体差异。在制订教学计划、设计教学内容和选择教学方法时，教师应该从学生实际出发，确定符合学生认知水平和兴趣爱好的学习内容，激发学生的学习兴趣和积极性，发挥学生的主体性和创造性。

在"以生为本"的基础上，要注重培养"中华小当家"的各项能力。在教学中，教师应该注重培养学生的基础知识和基本技能，同时也要注重培养学生的高阶思维能力和解决问题的能力，采用多样化的教学方式和手段，如小组合作、实践探究、社会化学习等，提高学生的实践能力和创新能力。

（四）多元评价，全面发展

《义务教育课程方案和课程标准（2022年版）》倡导教学评价方式多元化。新课标建议，教师要紧抓学生的学习过程，依据学生的学习特点和学习内容，选用恰当的评价方式，精准地了解学生发展情况，并给予教学指导，促使学生获得进一步发展，实现教学评价的育人导向功能。

在评价学生的学习成果时，应该采用多元化的评价方式，以全面、客观地评价学生的综合能力和发展潜力，从而促进学生的全面发展。

在评价方式多元的基础上还可以丰富评价主体。除了教师，还可以引入学生、家长、社会等多元评价主体，以更加全面地体现学生的学习情况和发展状况。

全面发展强调评价内容的全面性。在评价学生的学习成果时，不仅要关注学生对知识的掌握程度，还要关注他们的学习能力、学习态度、学习方法、创新思维、实践能力等多个方面。这样的评价方式可以更加全面地反映"中华小当家"应具备的综合素养，从而帮助他们更好地适应未来的学习和生活。

课堂教学与学业评价相结合是提高教育教学质量的重要途径。课堂教学与学业评价相结合，可以优化教学组织和管理，真正实现提质增效。我校在不断的实践和探索中，不断完善课堂教学与学业评价相结合的机制，为培养更多"中华小当家"奠定坚实基础。

第三节 培养"中华小当家"学习素养的实践路径

学习素养是学生在学习过程中所形成的综合能力、情感态度和价值取向。学习素养的培养，有助于学生在面对复杂的社会现实情境时，统筹跨学科知识、观念、技能与思维模式，在问题的分析和解决过程中展现出综合能力。在本章所述内涵、原则和策略的具体指导下，我校从课程建设、课堂改革等方面来培养"中华小当家"的学习素养。

一、以课程建设为载体培育学习素养

我校以新课程标准为指导，围绕"站在'小中华'，心系大中华，全面发展强中华"的学校精神，梳理学校已有的校本课程、项目课程和课后服务课程，设计少年儿童成长"五色"课程图谱（见图5-4）——红色立德课程、蓝色科创课程、黄色健体课程、紫色臻美课程和绿色劳作课程，突出"五育融合"理念。

	立德课程	科创课程	健体课程	臻美课程	劳作课程
基础课程	道德与法治、语文、英语	数学、科学、信息技术	体育、生命安全、心理健康	音乐、美术	劳动、综合实践活动
拓展课程	班队会、周一晨会、国旗护卫队、绘本阅读、经典诵读、英语角、国际理解教育、英语小剧场、朗读小达人、演讲者、小小主持人、图书馆课程	数学乐园、数学嘉年华、趣味数学、阳光围棋、航模队、人工智能、编程小达人、机器人、科学进校园、科学小实验、桥牌	篮球队、足球队、排球队、轮滑、滚轴、跑酷、田径队、校园击剑、室内高尔夫、啦啦操队	舞蹈队、合唱队、版画社、创意绘画社、管弦乐团、汉剧社、服装设计、软笔书法、硬笔书法、国画	趣味折纸、美食小达人、泥人面塑、巧手部落、中医小达人、烹饪班、糖画队、非遗队、种植小达人
课程目标	以德成人	以学益智	以体强身	以美育心	以劳赋能

图5-4 武昌区中华路小学"五色"课程图谱

（一）红色立德课程——以德成人

1. 传承红色基因，浸润红色文化

坚持不忘初心，准确把握红色基因的丰富内涵，积极开展红色文化教育。我校每个星期开设"党润童心"讲堂，坚持建设学校国旗护卫队，引导师生沉浸式感受红色文化，在校园文化生活中积淀爱国情怀。

2. 立足校区特色，打造精品活动

本部校区联合武汉市少儿图书馆，开展"我是长江的孩子"系列课程，讲汉味童谣，唱响长江之歌；和社区联动，开展一系列"共同缔造"活动。

金都校区开展"用英语讲好中国故事·国际文化艺术节"系列活动，着力开发国际多元文化，形成具有地方特色的校本课程和活动课程，积极开展以本土文化认同为基础的教育实践。

橡树湾校区承办湖北省青少年儿童读书行动启动仪式暨蒲公英悦读小镇第九届"儿童阅读嘉年华"活动，在校园中组织丰富多样的读书活动，拓宽阅读路径，丰盈阅读内涵，实现"全科、全时、全域"阅读。

（二）蓝色科创课程——以学益智

点科技之光，育创新之才。为进一步启迪学生的科学思维，培养学生的实践能力，全面提升学生的科学素养，我校大力开发科创系列课程。

学校将科学知识与学校德育主题相结合，培养学生的科学素养和社会责任感。从2021年12月开始，我校学生在科学课堂上同步观看"天宫课堂"，了解我国航天技术的发展。在校园科技节上，举办"纸飞机掷远""纸飞机打靶"等一系列班级联赛活动，旨在培养学生乐于探索、勇于创新的精神，同时鼓励学生坚持体能锻炼，养成健康生活方式。学校建立小型"动物园"，饲养了孔雀、长耳兔、迷你羊和土拨鼠等动物，让学生在学习中更加深入地了解动物和自然，培养他们的观察力和科学素养。

（三）黄色健体课程——以体强身

为响应国家"每天锻炼一小时"的号召，正确引导少年儿童形成"天天运动，快乐一生"的生活观念，我校紧紧围绕全面提升体质这一目标，积极开展阳光大课间、各类体艺社团等丰富的课程活动。我校还率先在小学阶段实行体育走班制度，打破传统的行政班级制，实施让学生拥有自主选择权的专项化体育教学，在校园内营造出一种健康文明、团结向上的氛围。

（四）紫色臻美课程——以美育心

在构建美育课程的过程中，整合多学科课程资源，推动学校美育的共同体建设，培育学生的审美素养，以此实现以美启智、以艺塑魂的教育愿景。我校通过校合唱团、管弦乐团、汉剧社团等丰富的艺术类社团活动提升学生的审美素养。学校合唱团的演出曾登上了北京卫视的中秋晚会直播，走上了央视综艺的舞台。我校为学生的全面发展提供了更加广阔的平台。

同时，我校积极挖掘各学科课程中所蕴藏的审美价值，从语文、英语等人文学科的文雅之美，到数学、科学等学科的秩序与逻辑之美，再到心理健康、体育等学科的心灵与生命之美，让每门学科都承载着独特的美育潜能，从而提升学生的审美素养。

（五）绿色劳作课程——以劳赋能

以"劳"为美，赋能成长。学校通过开发劳动系列课程，制作劳动课程资源包，培养学生的劳动技能和劳动品质。通过校外研修的社会实践活动，培养学生的社会责任感。通过开辟校内劳动基地，创设绿色自然的劳动教育环境，为劳动教育的开展提供实施条件。

中华路小学通过"五色"课程图谱的顶层设计，构建丰富、合理、有特色的学校项目课程体系，提升教师的课程意识与课程开发实施能力，提升学生的学习素养，促进学生的全面发展。

二、以课堂改革为抓手提升学习质量

（一）研究了三阶四环"精学"课堂教学模式

提升学生学习质量的主阵地是课堂，唯有研究好课堂中的课程供给内容和方式，才能让学生学有所获、学有所成，学科素养得到全面提升。因此，我校重点展开了"精学"课堂教学及其评价研究。

"精学"课堂是对教学起点、教学目标、教学内容、教学方法、课堂练习、学科实践活动等各教学要素进行选择、精简与优化后的课堂。它改变了传统课堂教学中目标大而全、内容面面俱到、形式单一的特点，通过对学生学习起点的把握、教学目标的精设、教学内容的精选、教学环节的精简，进一步关注课堂与实践活动落实过程，从而改变学生的学习方式。

通过观察和分析中华路小学近年来形成的以"精学"为主的课堂教学实践成果，我们发现，将学生个体学习、小组学习与全班学习三种教学组织形式结合起来，并且按照"个体预学—群体共学—生成延学"的顺序推进教学过程，是实施"精学"课堂的有效路径。由此，我们在"精学"课堂的实验中，建构了三阶四环"精学"课堂教学模式，其流程图如图5-5所示。

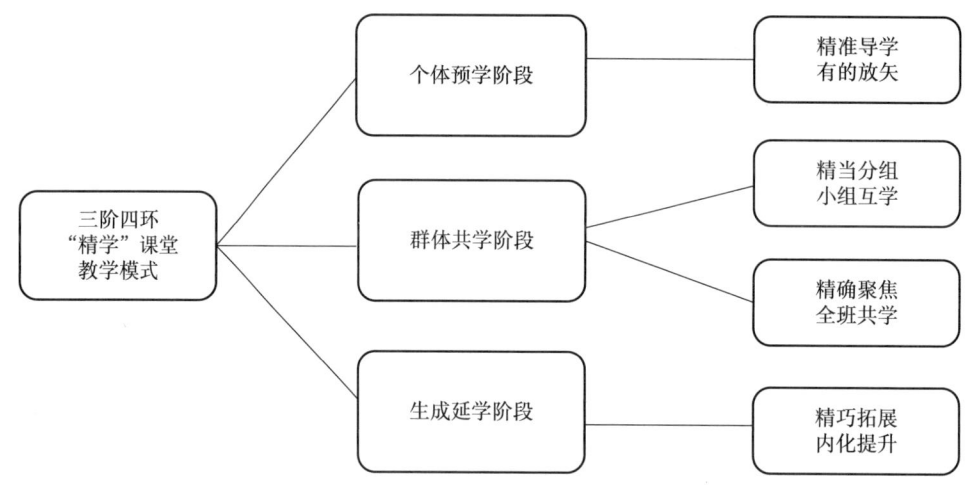

图5-5　武昌区中华路小学三阶四环"精学"课堂教学模式流程图

1. 个体预学阶段

在个体预学阶段，学生通过精准导学和教师引导，进行个体自学。教师为学生提供预学单，了解学生的知识总体状况。能独立解决的问题，学生可以独立学习。而学生不能独立解决的问题，教师在"精学"课堂中进行教学。在此阶段，学生经过独立自学的过程，就会带着自己的问题和渴求解决的心态，主动进入小组互学和全班共学环节，也会使教师的教学更有针对性。

第一环节：精准导学，有的放矢。

为了达到学习目标，我们在预学单中列出了本次学习的重点难点和自学内容。在课堂上，我们将通过问题讨论和合作探究的方式来深入学习和理解。我们还将对学生进行当堂检测，以检验他们对所学知识的理解程度。为了更好地帮助学生，我们提供了试题链接，供学生练习和巩固所学知识。在学习过程中，我们要求学生采用多种学习方法，如查一查、做一做、想一想、议一议、练一练等，以培养他们的学习兴趣和自主学习能力。此外，备课组通过集体智慧和主备课人的指导，进行集体讨论，修订预备稿，确保教学流程的合理性和有效性。通过这样的学习方式，相信学生能够更好地掌握学习内容，并提高学习能力。每位教师都要及时对预学单进行反思，不断补充、修订和完善预学单。

预学单的设计遵循有效性和有趣性两大原则。

从有效性层面而言，预学单的设计要做到如下三点：

一是重难点预热，避免全面开花。预学单的作用是让学生提前预知所学内容，对可能会碰到的难点，做到心中有数。但切不可贪多，提出过多的要求，分散学生在课堂主阵地上的注意力。

二是方法引路，避免机械练习。使用预学单的最终目的，是让学生离开预学单之后，自主预习时知道如何预习，预习哪些内容，真正做到"授人以渔"。因此，在每一张预学单上可以加入方法的小提示，用关键词告诉学生如何进行知识类的预习、能力类的预习。

三是任务分层，避免畏惧心理。预学单的任务应有分层，教师必须关注到个体差异的存在。因此，可以设计体现学习能力的分层任务，让能力较高的学生"做得巧"，能力居中的学生"做得好"，能力相对较弱的学生"做得了"。

从有趣性层面上说，预学单的设计要生动有趣、吸引学生。小学阶段的学生好奇心强、喜欢模仿，能简单再现，并且其思维有直观、具体、形象等特点。他们能笼统、不精确地感知事物的整体，很容易被一些有趣的、形象的东西所吸引，而对相对比较抽象的东西就比较排斥。根据这样的年龄特点，在预学单的设计上就需要关注任务的趣味性。可通过创设情境，以活动、游戏等方式呈现预习任务，让学生轻松愉快地学习，达到事半功倍的效果。

2.群体共学阶段

在群体共学阶段，学伴间通过智慧交融、小组协作来攻克个体独学时的难题。此阶段强调互助互学，以集体的力量促进问题的解决。该阶段涵盖两大环节。

第二环节：精当分组，小组互学。

在学习中，小组互学是一种非常有效的学习方式。小组互学的一个重要特点是异质性，即小组成员具有不同的知识和能力。这种异质性可以促进学习小组的合作特质，从而使学习效果更好。学习小组的组间同质和组内异质是构建高质量学习环境的关键。组间同质意味着学习小组之间的成员具有相似的学习水平和兴趣，可以相互帮助、共同学习。而组内异质则能够让学习小组内部的成员互相补充，共同解决各自的疑难问题。在学习小组中，成员之间应该通过分享学习经验和互帮互学，更好地理解和掌握各种思想观点、思维方法和学习方法。总之，小组互学是一种非常有益的学习方式。通过合作特质、异质性和集体评价，学习小组成员可以在学习中相互帮助，共同取得成功。这种学习方式不仅能够提高学习效果，还能够培养学生的合作能力和自主学习能力。随后，小组长要整理和汇集本组不能解答的问题及学习的心得，为交流、研讨做好准备。

第三环节：精确聚焦，全班共学。

在全班共学的教学环境中，教师应该关注学生的个体差异，有针对性地开展教学活动。通过全班研讨，教师可以对学生的学习情况进行了解，及时讲解和示范，帮助学生解决问题。同时，学生们也可以通过交流讨论，分享自己的典型经验，解答他人的疑问。在教学中，教师可以直接提示学生，鼓励他们进行研讨和共学探究。这种师生双方的互动可以促进学生认知结构的优化，让他们更好地理解和掌握知识。总之，全班共学是一种积极的教学方式，可以激发学生的学习兴趣和动力，培养学生的思维能力和合作能力，让每个学生都能够在共学中取得进步。

在共学阶段的最后环节，教师可引导学生对本节课的知识结构进行整理、对自身学习过程进行反思、对各组学习的状况进行评价。总结提升能帮助学生进一步理清知识框架。例如，在新授课上，教师要对探究的结果进行引导归纳，使之成为学生认知结构的一个重要补充或更新；在复习课上，教师不仅要简单地对原有知识、规律进行回忆和运用，还应在原有基础上进一步拓展加深，以便让学生熟练掌握、深刻理解、变通运用这些基本知识和规律。讲评课的拓展探究，是为了使学生更新原有的认知结构，提高学生分析问题、解决问题的能力。

3. 生成延学阶段

在生成延学阶段，每个学生都会在学习中遇到问题，这是不可避免的。课后思考是解决问题的关键。通过课外学习，学生可以将知识应用于实际问题，这有助于加深对知识的理解和掌握。学习是一个潜移默化地掌握解决问题的方法和知识的长期过程。在解决实际问题的过程中，学生会不断感悟和体验，并将这些经验内化为自己的知识结构。这种综合能力的生成和发展，既需要课内的学习，也需要课外的探索与实践。因此，学生在课后思考中积极探索，对知识的掌握和综合能力的提升非常重要。

该阶段包含第四环节：精巧拓展，内化提升。

巧用课后拓展，通过优化作业设计和开展有效的学科实践活动，可以实现知识向能力的转化，提高学生的学科核心素养。

优化作业设计有以下三种方式：

一是尊重个体差异，设计分层作业。学生学习的基础水平、接受与实践能力都各有差异，应根据学生个性的不同，设计有层次、有梯度的作业，让学生有所选择，挖掘出每一位学生的潜力。

二是激发学生兴趣，开发创意作业。兴趣是最好的老师，是学生学习的不竭动力。教师设计作业时应注重形式新颖、富有创意，并有一定的操作性，使学生在一种愉悦的环境中体验到增长才干的乐趣。

三是发挥学生特长，提倡个性作业。发挥学生的特长，这是素质教育对课堂教学提出的更高要求。

"纸上得来终觉浅，绝知此事要躬行。"想要让学生学到真知识，实践是必不可少的环节，因此在课后延学中，我们还要开展学科实践活动。学生通过考察、调查、实验、主动探讨、分析、解决问题，能感受到主动思考的乐趣。学科核心素养是学科课程标准的核心要求，它要求学生在学科实践活动中运用知识，发展思维和提高综合素养。

三阶四环"精学"课堂教学模式追求用最少的教学时间获得最好的教学效果。虽然该模式是以学生学习为中心，但这并不意味着教师的作用不重要。相反，正是教师的激发、调动和提供时空条件，才使学生成为教学过程的本体或中心。通过近几年的"精学"课堂教学模式研究，教师的课程供给能力在反复磨课的过程中得到提升，课程供给也因此变得愈发高效。各学科课程供给内容、形式和效果正在悄然发生变化，一种全新的课堂生态在各学科课堂上逐步形成。

（二）制定了"精学"课堂评价标准

培养学生核心素养的"精学"课堂教学模式是否能促进课程供给内容和形式发生变化，其效果如何？为了更好地促进学习方式的变革，学校采用"依学研教，以评促教"的管理模式，制定课堂教学评价标准，并积极实施课堂教学评价。

为了真正实现课堂评价标准对各学科教学的倒逼作用，我们确立了课堂评价的基本原则，利用全校性的"聚焦一节课"活动为全校教师解读了符合课堂评价标准要求的学习目标、学习起点、学习过程、学习效果；我们拟定了和课堂教学评价标准相互呼应和对照的课堂教学评价细则，让每位教师都清楚地知道每一条指标在什么情况下可以得到什么分数；为了让评价量表契合不同学科的特点，我校还研制了不同学科的课堂评价表，便于对每个学科都做到有针对性的精准评价。图5-6为武昌区中华路小学课堂教学评价表7.0（语文组试用版）。

项目	评价标准	得分	建议
学习目标（10分）	1.目标制定：围绕学科课程核心素养，本节课聚焦一至两个明确、集中、具体的学习目标（包括习惯养成目标），目标定位准确，目标表述便于观察和检测。	10	
学习内容（20分）	2.课程设计：本节课学习内容在课程单元整体框架之中。课程内容进行结构化整理，呈螺旋式上升，有拓展和提升。精心研究资源的开发与整合、教学内容的转化与实施，重新构建新的学习任务群，以学习任务为驱动，完成课堂教学目标。	5	
	3.内容设计：学习内容的选择针对性强，直接指向学习目标的达成。学习内容能够体现对教材内容和生活内容或其他学科内容的关联和重组。	15	
学习过程（50分）	4.学生行为：全班90%以上的学生能积极参与到学习中来，课堂上既有安静的思考，也有充分的讨论、争辩、相互补充、纠错。学生自主学习体验的时间、动笔练习的时间不少于10分钟。	10	
	5.教师行为：学生先想或先做，教师再依据学情来教。整节课60%以上的时间给学生思考、学习、活动、体验与交流。课堂提问或学习任务思维含量及操作价值高且充满挑战性，没有意识形态偏差，不出现知识性错误。	10	
	6.学习方式：学生学习方式多样化，关注自主学习的程度、合作学习的深度、探究学习的效度。	15	
	7.评价方式：课堂上能够关注学生的错误，找准学生学习困难之处，适当点拨，让学生由不会到会。教师的评价话语反馈清楚、适当，具有激励性、启发性，评价内容合理，方法多元，具有针对性和有效性。	0	
	8.资源应用：引导学生合理选用有利于问题解决的多样化资源，做到适时、适度、适宜、适用、有效，注重数字媒介资源的使用。	5	
学习效果（20分）	9.目标达成：教学过程中，有效突出教学重点、突破教学难点，达成既定教学目标，让不同层次学生有不同的收获。	10	
	10.学生表现：根据课堂观察或课后随机测评情况进行学习效果及习惯养成效果的评定，尤其关注后十分之一的学生。学生在获得知识的同时发展思维能力、表达能力。	10	
加分项（10）	创新点：	10	
综合评价等级		总分	

听课时间			听课类型	□预约课 □随机课 □研究课 □比赛课
授课教师		年级学科	教学内容	
评价签名				

优秀：90分以上　　优良：80—89分　　良好：70—79分　　合格：60—69分　　不合格：60分以下

图5-6　中华路小学课堂评价标准7.0（语文组试用版）

通过近几年的"精学"课堂教学模式及其评价研究，教师们的课程供给能力在反复磨课的过程中得到提升。课程供给内容与方式发生了转变，课程供给自然会变得高效。正是因为教师们研究了课堂中的启发式、探究式、讨论式、参与式教学，才激发了学生的好奇心，培养了学生的兴趣爱好，营造了独立思考、自由探索、勇于创新的良好环境，让学生学会发现学习、合作学习、自主学习，真正提高学生的学习质量。

（三）指向核心素养的大单元作业设计

2021年7月出台的《关于进一步减轻义务教育阶段学生作业负担和校外培训负担的意见》中明确指出要"全面压减作业总量和时长，减轻学生过重作业负担"。指向核心素养的大单元作业设计，改变了过去单篇、零散化的作业设计模式，创设了与学生生活相关联的真实情境，聚焦单元主题，整合单元要素，系统地设计作业，强化学与用结合，以此实现学生的深度学习。我校各教研组积极开展关于核心素养立意下的单元作业设计与实施的研究，探索素养立意下的大单元作业设计路径。

1. 明晰单元教学设计路径，将作业设计嵌入其中

作业是教学设计的一个重要环节，是课堂教学的必要补充，能有效检测课堂教学的效果。要把作业放在教学评一体化和单元教学的背景下去设计。在学校各教研组的集思广益下，我们搭建了如图5-7所示的"单元教学设计路径"。

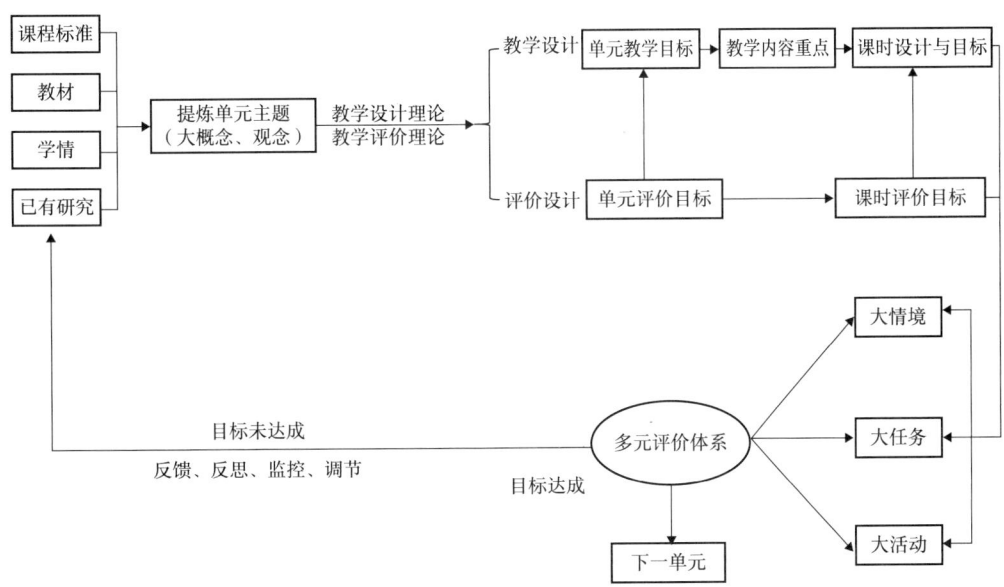

图5-7　单元教学设计路径

在单元教学设计路径中，首先要对课程标准进行充分解读，聚焦教学重难点，对教材、学情进行精准分析，结合单元主题，提炼单元大概念。提炼单元主题之后，在教学设计理论和教学评价理论的指导下，以逆向设计思维进行教学和评价的设计，制定单元教学目标和评价目标，对单元内容进行重构，设计细化的课时目标和课时评价目标。接着进行大单元设计，设计大情境、大任务、大活动。这些大的情境、任务、活动，又由具体的情境、任务、活动共同构成。最后，建立多元评价体系，监控我们创设的情境、任务、活动开展得怎么样，并诊断其目标是否达成。如达成，则继续开展下个单元的教学；如没有达成，就要进一步分析，进行反馈、反思、监控和调节。

2. 以目标为导向设计单元作业

在单元教学设计之下，以目标为导向，再进行作业设计，要以单元作业目标指导作业命题的编制。作业命题的编制包含以下要素：选择情境素材、设计问题或问题链、拟定作业呈现方式并制定作业评价标准。

3. 以大概念为核心设计单元作业

在大观念或者大概念统领下设计单元作业，这是作业设计的一个非常重要的理念。大概念是由人脑抽象概括出来的，能够反映学科本质的，具有整合性和迁移性的概念、观念或论题。以大概念为核心的单元作业设计路径如图5-8所示。

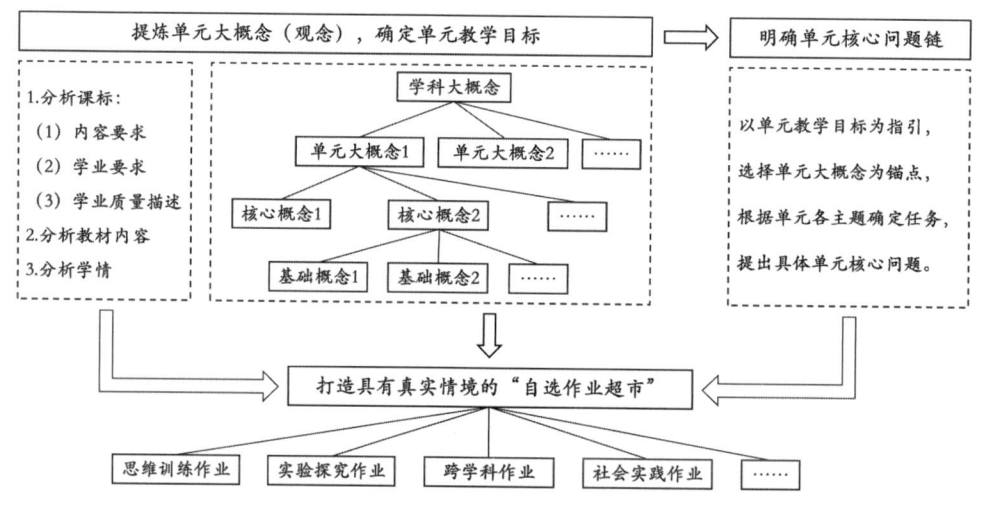

图5-8 以大概念为核心的单元作业设计路径

首先，提炼单元大概念，确定单元教学目标。其中，"三分析"为"提炼单元大概念，确定单元教学目标"奠定基础：分析课程标准的内容要求、学业要求、学业质量描述，以及分析教材内容、分析学情。单元大概念需要逐级提炼。要对学科所涉及的大概念进行梳理，再具体到某一个主题单元的大概念，进而再确定它下层概念的层级。提炼的过程中要对概念进行层层分析，明确要点，确定目标。

其次，明确单元核心问题链。一个好的作业设计，要知道目标是什么，以及在通向这个目标的过程中，要解决什么问题，在这些问题里面，什么问题是最核心的。只有基于此，才有设计优质的单元作业的可能性。设计单元核心问题链，要以单元教学目标为指引，以单元大概念为锚点，根据单元各主题确定任务，提出具体单元核心问题。

最后，打造具有真实情境的"自选作业超市"。基于教学中对单元目标的树立、单元大概念的提炼、单元核心问题链的明确，去打造具有真实情境的"自选作业超市"，丰富作业类型，提供多样化选择。

指向核心素养的大单元作业设计，避免了传统作业布置缺乏整体性和进阶性的弊端，从而使单元作业整体目标清晰，设计与推进具有连续性，促进作业质量的提升，有效发挥作业减负增效的作用，真正提升学生的核心素养。

第四节　培养"中华小当家"学习素养的典型案例

在推进"中华小当家"学习素养培育过程中，教师们在课题引领、课程构建、课堂评价、作业设计等多方面不断学习、积极思考、主动创造，在遵循科学规律和原则的基础上，培育学生的核心素养。

【案例一】

优化课堂评价　促教学评一体

教育评价是教育高质量发展的指挥棒，是撬动教育教学改革的杠杆支点。2020年，中共中央、国务院印发《深化新时代教育评价改革总体方案》，指出教育评价事关教育发展方向，教育评价是教育高质量发展的关键环节。2022年版新课标中提出"改进教育评价"，要全面推进基于核心素养的考试评价，强化考试评价与课程标准、教学的一致性，促进"教—学—评"有机衔接。

我校在2015年就提出以评促教，主要基于问题导向、目标导向的管理思维。坚持问题导向，就是以解决"青年教师怎么上好每一节课"这个问题为指引，集中集体智慧，重点解决课堂教学质量提升问题；坚持目标导向，就是以实现"人人上好课，课课有成长"为方向，持之以恒、一步一步地朝着既定目标努力。

一、课堂评价标准研究的意义

（一）用课堂评价标准撬动课堂教与学方式的变革

自2015年起，我校教导处就一直致力于课堂教学评价标准的制定和实施研究，以课堂评价标准做杠杆撬动课堂教与学的变革。目前，学校的课堂评价标准已从1.0版研发到7.0版，在不断调整课堂评价标准的过程中，我们把课堂评价标准转换为课堂教学规范，把课堂教学规范转化为教师教学行为，以优化教师行为的方式促进学生学习方式的转换。

（二）用课堂观察量表构建师生共学的课堂生态

通过课堂观察，引导教师们关注感受学习氛围、聚焦课堂管理、关注探寻教学过程的清晰度、关注教学指导方式的多样性、明确教学目标定位、关注课堂上学生的参与、评估学习的成功、培养高品质的思维能力等。同时强化教师尊重、利用学生智慧，研究课堂师生对话状态，设计能推进建构性对话的问题串等，同时让学生也参与到评价中来，提高课堂学习效率与质量。

（三）"研—教—学—评"一体化思维模式提升日常管理工作实效

一是做好提升教学质量的系统管理。以课堂教学评价标准的变化为起点，推进集体备课、教研、学生作业与学科活动、学生学业评价、课程设计等一系列的研究，获得教育质量的提升和社会认可。

二是做好学科课程建设的创新管理。坚持学情评价，关注学生的学习起点和难点；坚持过程评价，关注学生的个性发展；坚持分项评价，关注学生的多元智能，让每个孩子都有闪光的时候。

三是做好教师专业可持续发展的管理。在"研—教—学—评"一体化的启示下，我们关注了教师培训过程中的参与性评价和展示性评价，让每一位参训教师都能深度参与，发生行为改变。教师培训改变了以往的输出式讲座模式，采用了体验式沉浸式培训。一系列的培训更新了教师的教育观念，也必将引发新课标背景下的教育教学创新。

二、课堂评价标准的研究过程

以"研—教—学—评"一体化为原则，迭代课堂评价标准，为教师提供教学思维支架。教育高质量发展的主阵地是课堂。要想"向四十分钟要质量"，首先要定好课堂教学评价标准。让教师明确基于课程标准、学生核心素养培养目标、我校校情，一节好课的标准是什么。以终为始，让教师学会逆向思维，朝着好课的方向出发，让教学评价标准为教师提供备课、上课、听课、研课一系列教学活动的思维支架和行动轨迹。

（一）精简评价维度，整合定位学习目标

评价的作用在于诊断、反馈、导向、改进。自2015年起，我校教导处就一直致力于课堂教学评价标准的制定和实施研究，从1.0到7.0版本，每一个评价维度的设计，每一个评价指标的调整都旨在引导教师关注学生课堂行为表现，关注学习效果。和常规的课堂评价标准相比，新的课堂评价标准不再面面俱到，而是关注课堂上急需解决的问题，把比较抽象的评价维度转化为重点评价学习目标是否精当，学习过程能否体现学生主体性，以学定教、学习效果是否达到检测目标等几个维度，从而促使教师整合学习目标，提高课堂教学实效。

（二）突出素养导向，优化课堂学习活动

在评价标准中，我们强化素养导向的学习氛围，评价标准从1.0到7.0的更迭，充分体现了由关注"教"转向关注"学"，再转向"研—教—学—评"一体化的教学理念与行为变化（见图5-9）。我们引导教师关注和评价学生在学习活动中展现的素养形成过程，如自主体验、实践操作、发展思维、合作交流等，让每位教师在课前精心设计学习活动，课中关注学生的参与状态，让学生勤于思考、敢于质疑，经历从不会到会的学习过程。

（三）量化质性结合，全面评估学习效果

量化评价有利于上课和听课的教师判定学习目标的达成程度，教或学行为容易被检测到，也利于教师依照标准进行教学行为改进。质性评价则通过对话和合作性活动促进了上课与听课教师间的交流，加深了大家对课程的理解，解决相关困惑。"60"和"90"是我们进行课堂教学实践研究的两个重要指标。"60"是指整节课60％以上的时间（超过一半的课堂时间）给学生自主思考、活动、体验与交流。"90"是指全班90％以上的学生能积极参与到学习中来。这两个数字分别从学生自主学习的时间和全班学生的参与面这两个维度对课堂实施的效果作了具体的要求。"60＋90"课堂其实就是"以学为中心"课堂的具体化。

武昌中华路小学课堂教学评价表 4.0（教师视角）

项目	评价标准	得分	建议
教学目标（20分）	1. 整节课聚焦一至两个准确、集中的教学目标，重难点突出。	0 / 5 / 10	
	2. 教学目标能在学习过程中逐步达成。	0 / 5 / 10	
教学起点（10分）	3. 开课从学生的"学"开始，复习或谈话及时了解学生学习起点后马上导入新课。	0 / 3 / 5	
	4. 上课3~5分钟内应引导学生开始围绕本节课学习目标的学习活动。	3 / 5	
教学过程（60分）	5. 学生先想或先做，教师再依据学情来教，整节课60%以上的时间给学生思考、学习、活动、体验与交流。	0 / 5 / 10	
	6. 全班90%以上的学生能积极参与到学习中来，课堂上既有安静的思考，也有充分的讨论、争辩、相互补充、纠错。	0 / 5 / 8 / 15	
	7. 学生自主学习体验的时间应达到各学科标准：低年级语文写字、中高年级语文读书或练字的时间均不少于10分钟。**暴露学生错误** 找准学生学习困难之处，适当点拨，让学生由不会到会。	0 / 5 / 10	
教学效果（10分）	9. 注重良好学习习惯养成或课后即时测评情况进行学习效果评定。	0 / 5 / 10	
	10. 根据课堂观察或课后随机测评情况进行学习效果及评定。		

综合评价等级　　听课类型 □预约课 □随机课 □研究课 □比赛课　　　教学内容

听课时间　　年级　学科　　授课　　教师　　参与评价老师签名　　总分

优，85分以上，良，70、75、80分，合格，60、65分，不合格，60以下

武昌中华路小学课堂教学评价表 6.0（学生视角）

项目	评价标准	得分	建议
学习目标（10分）	1. 整节课聚焦一至两个明确、集中、具体的学习目标（包括习惯养成目标），目标的达成度便于观察和检测。	10	
学习内容（20分）	2. 学习内容的选择针对性强，直接指向学习目标的达成。	10	
	3. 学习内容能够体现教材内容和生活内容的关联和重组。	10	
学习过程（50分）	4. 学生先想或先做，教师再依据学情来教，整节课60%以上的时间给学生思考、学习、活动、体验与交流。	10	
	5. 全班90%以上的学生能积极参与到学习中来，课堂上既有安静的思考，也有充分的讨论、争辩、相互补充、纠错。	10	
	6. 课堂提问应任务情景与思维含量及激发许值高且充满挑战性。	10	
	7. 课堂上敢于暴露学生错误，找准学生学习困难之处，适当点拨，让学生由不会到会。**关注学生错误**	10	
	8. 学生自主学习体验的时间应达到各学科标准：低年级语文写字、中高年级语文读书或练字的时间均不少于15分钟，数学动笔练习的时间均不少于10分钟，英语开口说读的时间不少于15分钟，科学、美术、音乐、综合等学科活动的时间不少于20分钟活动的时间。综合各学科适度达到学科标准。	10	
学习效果（20分）	9. 根据课堂观察或课后随机测评情况进行学习效果及习惯养成效果的评定。	20	

综合评价等级　　听课类型 □预约课 □随机课 □研究课 □比赛课　　　教学内容

听课时间　　年级　学科　　授课　　教师　　评价老师签名　　总分

优秀，90-100分，优良，80-89分，良好，70-79分，合格，60-69分，不合格，60以下

中间标注：学生视角　学习内容　教师视角　教学起点　关注学生困误　暴露学生错误　增加学习习惯养成效果的评定

图5-9 教学理念与行为变化

评价标准通过60%、90%等量化数据来评价班级学生整体的学习状态，并基于不同学科特点，从6.0版到7.0版进一步细化，不同学科有不同侧重，更加具有针对性。与此同时，教师关注学生个性化学习中体现的思维品质，也把听课者的建议用文字记录下来，再通过课后研讨交流意见。把量化和质性评价相结合，提高了课堂评价的科学性和人文性。

（四）解读研讨推进，更新学科育人理念

八年多来，我校课堂教学标准经历了全员培训、专家指导、全员研讨、共同改进的过程。我校强调以学生的学为中心，研、教、学、评都要以学生素养发展为轴，力图将课堂评价标准转换为课堂教学规范，把课堂教学规范转化为教师教学行为，以优化教师行为的方式促进学生学习方式的转换。我们坚信，保证课堂四十分钟的质量，定能达到减负增效的目的。

回顾近几年在教育评价方面的实践，我们深深感受到，评价应该是理性的。唯有理性的才是符合规律的，基于实证证据不断良性优化发展；同时评价也是感性的，唯有感性才能让评价服务于学生，服务于教学，建设良好的师生发展生态。

人工智能时代已经到来，如何更好地依托数据，支持学生成长的轨迹记录？如何开展学生各年级学习情况的全过程纵向评价？如何进行学生德智体美劳全要素横向评价？如何统合整理并利用数据，更好地分析影响学生成长轨迹的学校因素？这是我们今后要继续评价研究的方向。

【案例二】

指向核心素养的小学语文大单元作业设计

《语文课程标准（2022年版）》提出："义务教育语文课程实施从学生语文生活实际出发，创设丰富多样的学习情境，设计富有挑战性的学习任务，激发学生的好奇心、想象力、求知欲，促进学生自主、合作、探究学习；引导学生注重积累，勤于思考，乐于实践，勇于探索，养成良好的学习习惯。"我校语文教研组以"指向核心素养的小学语文大单元作业设计"为主题开展了一系列研究。

一、众筹化的教研共同体——明确单元作业目标

系统的大单元作业设计涉及的要素远远超过单篇课文或单个内容的作业设计，时间跨度、内容的丰富度，以及目标的整合多元都是非常系统的。个体教师很难独立完成，这就需要团队群策群力。

每个年级的备课组首先梳理出每个单元的语文要素和教学目标，从一篇课文到一个单元，从一册教材到全套教材，教师要全面把握教材目标、内容、特点，在此基础上依据学情活用教材。设计作业时，每位教师在分析单元教学内容的基础上，聚焦学生语文素养，以大任务统领的学生语文实践活动为主线，重组教学内容，实现多种教育元素的融合。大单元作业设计流程图如图5-10所示。

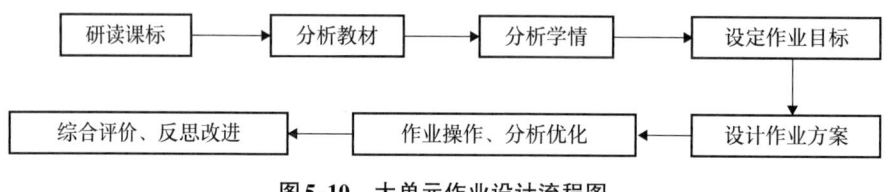

图5-10　大单元作业设计流程图

（一）精准投放——课前作业设计

学习四年级下册第三单元，以"轻叩诗歌大门"为单元情境，重组、整合教材的相关内容，在项目化的任务中联结儿童生活，在真实的场景中聚焦真实的任务，解决真实的问题。

在单元学习伊始确定9位组长，由组长自主招募组员，组成自己的诗社，并命名。再由组长对组员进行分工，确定资料搜集员、素材整理员、诗歌誊抄员、诗歌朗读者、诗集美容师等，确保人人有事做，事事有人做。示例如图5-11所示。

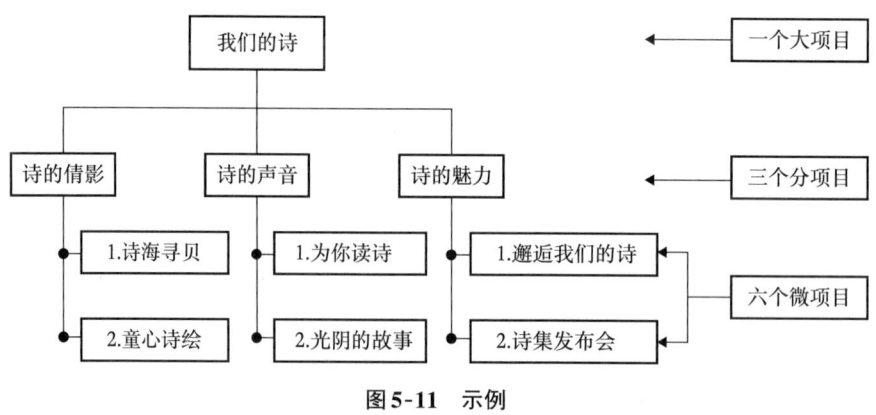

图5-11　示例

（二）聚焦问题——课中作业设计

经过共研，教师确定了每一篇诗歌训练的不同侧重点，学习每一篇诗歌后，结合本单元的语文要素，为孩子们设计出相应的课中作业，基于课堂延伸诗歌的积累，较好地给予学生诗歌梳理的方向，更好地帮助学生搜集、梳理诗歌。这也是在为最后的诗歌创编做好素材的储备。

（三）开放拓展——课后作业设计

小诗的创编最能体现学生对诗歌特点的把握程度，是本单元语文要素的一个体现。通过小组合作的方式，能更好地让全员都加入创编过程中，让全员在此过程中都有成长。

二、多元化的作业类型——实现作业多重育人价值

孩子们的认知风格、兴趣爱好、智能倾向是有差异的，不同类型的作业有助于发挥学生特长，让学生在完成作业的过程中寻找到价值感与成就感，从而培养兴趣、养成习惯、增强实践、获得体验、发展素养。

（一）体验式作业——尊重独特感受，激发学习兴趣

完成体验式作业是以学习者为中心的动态学习过程，是教师引领学生亲身经历知识的发现与建构过程，学生在作业中切身感受学习内容的趣味与价值。这类作业注重学生"习得过程"中知情意行的同步协调，着眼于情境活动对学生个体的潜能呼唤和情感浸润。

例如，一年级语文下册第六单元的语文园地中，有一个"展示台"的板块，一年级教师布置了体验作业：到超市中找一找，认识商品的名称，或把物品的外包装搜集起来，和家人一起分享认识的生字。教材中有些课文的情节性强，富有童趣，人物个性鲜明，让学生模仿人物的语言读一读，或根据情境演一演，深化学生对人物行为和心理的理解，激发儿童表达、创造的潜力。

（二）合作类作业——提高沟通与交往能力

合作类作业通过任务的解决，培养学生良好的沟通与交往能力、探究解决问题的能力，最终达到让学生学会学习、提高协作与交往能力、共享学习成果的目标。

进行合作类作业设计时，教师要根据学生的学情和个性特点，合理分配学习任务，指导学生自主选择，促进组内成员都能学有所得。例如，五年级下册第二单元的名著单元，教师组织学生创编课本剧，每个小组成员

选择自己喜欢的名著故事，进行角色分配，在探究与合作中学会尊重与接纳同伴的意见，最后通过表演，呈现每个小组的学习成果，从而高效地完成学习任务。

（三）探究类作业——提升学生思维品质

探究类作业让学生通过观察、调查、讨论等方法习得知识，获得经验，形成创新力，多维度培养学生的习惯、能力、思维、情感等核心素养，促进学生全面发展。六年级上册第三单元的语文阅读要素是"根据阅读目的，选用恰当的阅读方法"，是对整个小学阶段阅读策略的综合应用。共编排了两篇精读课文《竹节人》《宇宙生命之谜》和一篇略读课文《故宫博物院》，分别属于叙事性散文、科普性说明文、非连续性文本等不同体裁，目的是提示学生各种体裁的文章都要带着目的去阅读。

活动任务："我来教你做竹节人"。精读《竹节人》重点段落，圈画关键词，完成学习单（见表5-1）。

表5-1　学习单

竹节人制作指南		
所需材料		
制作步骤	第一步	
	第二步	
	第三步	
	第四步	
注意事项		

教师提前布置让学生根据文章制作竹节人的作业，学生必然会有针对性地找到制作竹节人的章节，自己研读，弄明白制作步骤，有的学生甚至还会上网查阅视频。学生在调查清楚制作过程后，用心制作了几个小时才大功告成。教师让学生在课堂上说说自己是如何制作竹节人的，学生有了亲身的经历，又有了范文的引导，加上分享的欲望，课堂上自然精彩纷呈。

在课堂上学完课文后，教师可以让学生拿出自己的竹节人和同桌一起玩。学生们玩得不亦乐乎，一连几天都沉浸于此游戏中。

课后让学生写一写竹节人的片段，将读与写有机整合，活化语言文字，学以致用。

作业是课堂教学的重要补充，也是检查教学效果的重要手段，更是激发学生自主学习的宝贵途径。教师在设计作业时要注意分层推进学习任务。单元整组作业有资料搜集、口头交流、书面练笔等形式丰富的基础性作业。完成整组作业需要学生关注与学习伙伴的合作共进，而教师需要及时留意各小组合作学习的状况，跟进各小组组员在合作学习过程中表现的态度、使用的学习方法，以及展现的优秀品质。整组作业将听、说、读、写、画、做、演等活动融为一体，教师借此发挥语文课程的综合性价值，以提升学生综合素养为追求，致力于提高学生多方面的能力，让语文学习在学生的实际生活中落地开花，帮助其更好地生活。

总之，课时作业设计离不开大单元的视域，需要在单元统整下紧扣单元语文要素和人文主题，梳理、明确单元作业目标，设计涵盖课前、课中、课后的全程作业，从而真正做到"减负增效"，为学生未来的语文学习奠基！

【案例三】

从"趣味"中来，到"有效"中去——小学数学作业设计例谈

作业既是对课堂教学的巩固和补充，也是对教学效果的一种有效反馈与检测，布置适量适度的数学作业有其必要性。传统的作业设计常常是让学生大量机械训练以达到熟能生巧的目的，但大量低质重复的作业容易让学生产生懈怠情绪，浪费学生时间，作业效果欠佳。追根究底，问题出在作业设计上。作业如何设计得让学生感兴趣、完成效率高、完成效果好，是值得我们深思和探究的问题。笔者经过观察思考和尝试，发现以"趣"为突破口的作业设计能引导学生高效完成。

一、好奇引"趣"，激发学生的思维活力

孔子说过："知之者不如好之者，好之者不如乐之者。"兴趣是孩子最好的教师，设计作业时要考虑到孩子的心理特点，避免多"写"，而要增"趣"。让学生对问题感到好奇，"学起于思，思起于疑"，利用学生的好奇心，转变作业模式，让学生从趣玩开始，到收获结束。

例1：人教版二年级下册《轴对称图形》

在学习图形的运动这一章节时，课上需要学生完成一道拓展思维的题

目：剪出四个一样的手拉手轴对称小人。这个内容对刚刚学习完轴对称图形的二年级小朋友有一定的难度。课上，学生经过很多次尝试，学会了如何剪出四个一样的手拉手轴对称小人。教师还布置了课后创意剪纸的作业。

从第二天学生带来的作品以及汇报的过程中发现，很多学生都是经历了不断试错的过程才剪出正确的图形，强烈的好奇心让孩子们面对困难积极思考，从错误中一次次总结失败的经验教训，最终剪出成功的作品。不少同学还勇于创新，剪出了不少创意作品（见图5-12）。

图5-12　学生剪纸作品

二、学科融"趣"，发展学生综合素养

小学生的抽象思维能力和形象思维能力都比较弱，比如把"1个杯子+1个杯子=2个杯子"抽象成"1+1=2"，就需要用故事情景、圆片等帮助孩子理解。结合其他学科，将数学知识用更有趣的方式展示出来，引发学生积极参与练习，也是为作业设计增"趣"的好方法。

例2：人教版一年级上册《1—10的认识》

认识数字1—10是小学生进入小学的第一节数学课，笔者为每一个小朋友准备了一张练习单，让小朋友想一想家中最喜欢的物品，数一数有几个，将他们最喜欢的物品画下来，并用涂圆圈的方法记录数量，第二天将练习单与全班分享。（见图5-13）

将其他学科与数学学科相融合，增加了作业的趣味性，也给教师提供了检查学生学习效果的新方式。

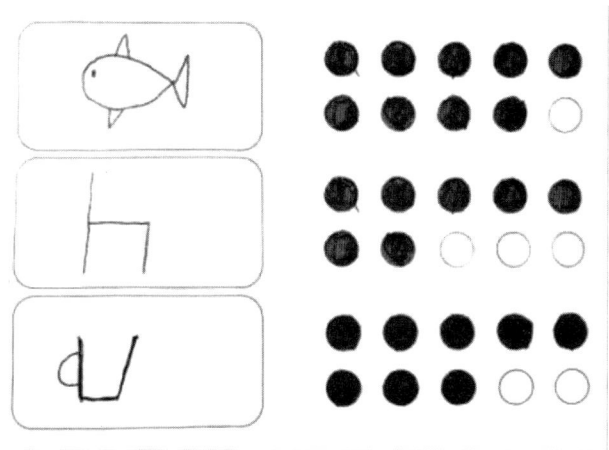

图5-13　数学与美术学科融合作业

三、生活寻"趣"，促使学生知行合一

数学课标中明确提出"三会"，而"三会"中的关键词就是"现实世界"，让孩子们意识到现实世界中处处有数学、处处需要数学，激发孩子们学习数学的欲望，产生浓厚的学习兴趣。

例3：人教版二年级下册《认识除法》

在学习认识除法时，常常遇到课堂知识和现实生活相结合的题目，例如：一杯酸奶8元钱，现在买二送一，买三杯多少钱？在教学和检查孩子作业的过程中发现，学生无法理解"买二送一"的含义，不知道此时买三杯酸奶其实只用付两杯的钱。诸如此类的语句还有"第二杯半价""买三送一"等。而这些语句在课堂上凭空给孩子解释总是显得有些抽象，为何不让孩子直接走出去，体验生活，从生活中发现并理解问题呢？

笔者给全班同学布置了一个特殊的作业：逛超市！寻找打折优惠的商品，算一算打折后的单价比原来的单价便宜了多少钱？在这里，笔者提前和学生们解释了什么叫"打折优惠"，并且告诉学生，遇到小数价格时取整数，方便学生计算。笔者还给他们举了肯德基的例子，肯德基翅桶10个鸡翅39元（用40元计算），原价为1对鸡翅10元，请算一算打折后的价格（每对鸡翅）比原价便宜多少钱？

学生们想到可以去逛超市，马上生出了兴趣，愿意参与。再加上是自己找题目做题目，一个个变得斗志昂扬，作业反馈效果也非常好。（见图5-14）

一瓶酸奶20元，现在第一件原价，第二件半价，请问买两瓶酸奶多少元？此时单价比原来便宜多少元？

20÷2=10(元)　10+20=30(元)
30÷2=15(元)　20-15=5(元)
答：买两瓶30元，单价比原来便宜5元。

舒肤佳香皂
单块装：5元
促销4块装：12元
请问促销后的单价比原价便宜多少元？
12÷4=3(元)
5-3=2(元)
答：便宜两元。

图5-14　学生自主出题并完成的作业

四、游戏生"趣"，帮助学生爱上作业

人们常说熟能生巧，这也不是没有道理，大量练习总归是让学生反复运用所学知识，知识会记得更牢固。不少知识的学习也确实需要题目的积累、科学的训练，那怎么样才能让孩子积极参与大量的作业练习，不产生抵触情绪呢？关键还是"趣"，转变作业方式，让学生用他们喜欢的游戏的方式加强知识练习。

例4：计算练习

数学书中非常大的版块留给了学习运算。不管是哪种运算，都需要大量有针对性的科学训练，算多了自然熟能生巧。但是这种训练一定要有科学性、趣味性，尤其是对于刚刚接触数学的小学生而言，不当的方法只会让他们厌烦、恐惧。笔者设计了多个计算游戏，供一二年级学生在课上学习运算规则后，课后巩固知识使用，学习效果显著。

游戏一：大数吃小数

该游戏适用于一年级上学期（认识数）。

游戏道具：数字卡片。

游戏规则：两位同学每人拿好标有0到10点数的数字卡片，点数朝下背对自己，两人轮流出卡片，大数吃小数。最后谁手中留下的牌多，谁就获胜。

游戏二：加减我最棒

该游戏适用于一年级学习完100以内加减法后的巩固练习。

游戏道具：数字卡片。

游戏规则：每位同学准备标有0—9点数的10张数字卡片，两位同学玩。每位同学每次抽取两张卡片组成两位数。两位同学同时将两位数放到中间，将两个数字相加（或相减），算得更快的同学获得四张卡片，直到所有卡片抽取完，最后获得卡片最多者获胜。

游戏三：乘法口诀我最熟

该游戏适用于二年级学习完表内乘法后的巩固练习。

游戏道具：数字卡片。

游戏规则：每位同学准备标有1—9点数的数字卡片，两位同学玩。每位同学每次抽取一张卡片，同时放到中间，两位同学将两张卡片相乘，算得更快的同学获得两张卡片，直到所有卡片抽取完，最后获得卡片最多者获胜。

游戏四：一个跟着一个走

该游戏适用于学生学习完100以内加减法的巩固练习。

游戏道具：数字卡片。

游戏规则：每位同学准备标有1—10点数的数字卡片两份，两位同学玩。两人轮流出卡片，遇到相同的卡片后，需要把两张相同的卡片中间所有的卡片对应的数字相加，算对可以拿走，反之对方拿走。最终手上的卡片最多者获胜。

作业应该是有趣的，应该是理性思考的呈现和智慧的展示。教师要根据教材内容，围绕教学目标，从学生的实际出发，设计形式多样的趣味数学作业，唤醒学生的求知欲，激发思维活力，促使学生深度学习，让作业不再是学生的"沉重负担"，而是学生成长中的"营养美食"。

【案例四】

立足学科 主动跨界——小学数学跨学科教学的研究与实践

《数学课程标准（2022年版）》中明确了新时代人才培养的具体要求，进一步丰富了"综合与实践"领域的内容，要求不同学段分别以"主题活动""项目式学习"的方式落实，学科融合成为新亮点和新方向。小学数学跨学科融合将会极大地促进学生的数学核心素养，培养学生的创新意识、合作精神和实践能力。

对于跨学科教学的实践研究，笔者经历了一段为时两年的研究过程，根据时间和内容进行划分，主要分为以下三个时期：

1.0时期：数美融合 双师课堂 初探跨学科

2022年7月，笔者以"图形的运动（二）——平移"为例，以双师课堂的方式，将数学与美术学科相融合，以航天情景为背景，将点的平移作为数学知识的核心，用形状的平移设计图案作为美术知识的核心。通过回忆平移，会说平移，会画平移，层层递进，同时融入信息技术学科，增强整个学习过程的实时性、互动性和有效性。在这个过程中，将数学、美术、信息技术有机结合，最终实现数学学习与美术审美的融合统一（见图5-15）。整节课借助信息技术手段辅助教学，激发学生的兴趣，课堂气氛活跃，效果良好。

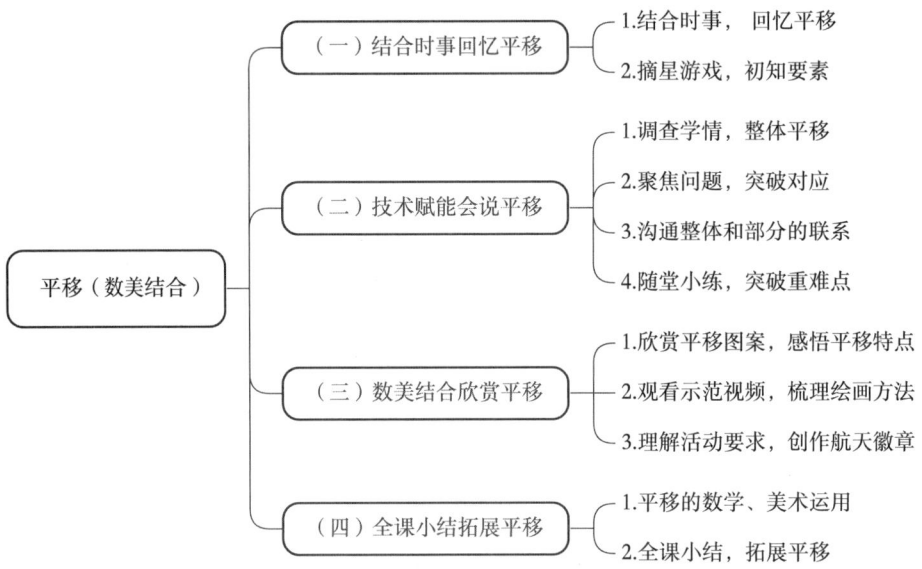

图5-15 "图形的运动（二）——平移"教学设计流程图

2.0时期：立足学科 形成系列 再探跨学科

有了初次探索的经验后，对于跨学科教学有了一定的了解和认识，在2023年第二次跨学科的实践中，笔者立足数学学科，跨界人工智能学科，将数学中的"数字编码"和人工智能教材中的"破解编码 寻找宝藏"相结合，设计了"编码小能手"跨学科课程（见图5-16），在课程中创设不同的学习情境，以解决实际问题为出发点，让学生在真实情境中发现数学问题，用数学的眼光与思维来观察和思考世界，用数学的语言表达数据之间的关系。学生在跨学科活动中充分参与、思考和质疑，实现了核心素养的培养。

	课时	活动名称	主要内容
编码小能手	第一课时	编码大搜索	为第二课时提供知识储备，初识二进制编码；了解自己身份证的编码信息交流讨论
	第二课时	编码小神探	汇报小组讨论单，在"寻找神秘捐款人"的情境中解决问题
	第三课时	编码设计师	担任小小设计师，了解图书馆的图书编码并为班级图书角设计图书编码
	第四课时	编码分享会	分享生活中的编码，拓展声音编码和图像编码等

图5-16 "编码小能手"跨学科课程图

3.0时期：真实情境 解决问题 推广跨学科

在前两次研究的基础上，笔者团队进一步聚焦真实情境，以解决问题为出发点，以本校孔雀园为立足点，设计了"我们的孔雀园"跨学科课程（见图5-17）。

	课时	活动名称	主要内容
我们的孔雀园	第一课时	观察美丽孔雀园	带学生亲身去学校孔雀园中参观，引导学生掌握全面观察孔雀的方法，为下节课做铺垫
	第二课时	我为孔雀做名片	以为孔雀设计"名片"为主要问题，引导学生用数学、科学以及美术的眼光去完成孔雀名片的设计
	第三课时	我是小小饲养员	学生经历测量、比较、计算等过程，测量孔雀活动范围、为孔雀进行营养搭配、合理膳食，初步体验饲养员职业的责任感，实现数学学科的育人目标

图5-17 "我们的孔雀园"跨学科课程图

笔者在这三次的跨学科主题活动中，对跨学科教学有如下几点感悟：

一、重视情境创设——立足生活、寻找素材

1.0时期的课程结合了时事热点"神舟系列号"飞船，为学生创设了一个生动有趣的航天情境，利用信息技术，设计了"摘星游戏""谁平移得更远？""设计航天徽章"等一系列活动；在2.0时期的"编码小神探"一课中，则创设了一个"寻找神秘捐款人"的活动，学生在系列活动中自主参与，利用身份证号编码、银行卡号编码和二进制编码寻找神秘捐款人；3.0时期"我们的孔雀园"一课中，则利用学校孔雀园，创设了一个真实的情境。

这三次跨学科课程在主题活动的设计中都十分注重情境的设计，不同的是从虚拟的"航天"情境到剧本"寻找神秘捐款人"情境再到真实"参观孔雀园"情境的转变，变被动学习为主动学习。情境能帮助学生建立起数学世界和现实世界的联系，为学生更好地学习数学知识、理解周围事物，并用数学的眼光观察世界创造了无限可能。

二、聚焦核心素养——立足学科、寻找联系

在跨学科2.0主题学习活动的研究中，我们重点研究了第二课时"编码小神探"，从真实生活中选材，创造了"寻找神秘捐款人"的情境，邀请学生担任"小神探"，将数学上的数字编码和计算机中的二进制编码作为破解条件串联整个情境，以核心素养为导向，整合设计了身份证编码享汇报→身份证编码巧排查→银行卡编码来确认→二进制编码去破译→获奖证编号齐研制这五个活动，培养了学生的推理意识、创新意识、符号意识和应用意识等数学核心素养。（见图5-18）

活动	内容目标	学科素养目标
身份证编码享汇报	探究身份证的编码规则	符号意识、信息社会责任
身份证编码巧排查	解读身份证编码反映的信息	应用意识、推理意识
银行卡编码来确认	解读银行卡编码反映的信息	应用意识、推理意识
二进制编码去破译	用二进制编码表示数字图像	信息意识、计算思维推理意识
获奖证编号齐研制	用编码规则设计创造证书	应用意识、推理意识创新意识

图5-18 "寻找神秘捐款人"课程设计

通过对小学数学跨学科教学的实践研究，笔者深刻体会到设计出优秀课程不是易事，在设计跨学科主题教学实践活动中应当始终立足本学科，从其他学科中寻找联系，并以课内教学为主阵地，与传统的小学数学课堂形成互补。

三、引导学生参与——立足活动、寻找契机

在2.0"编码小能手"跨学科主题学习活动中，教师十分重视教学活动的始终，重视学生的知识储备。在第一课时"编码大搜索"活动中，学生提前利用互联网资源收集"身份证号""门牌号""邮政编码"等一系列编码资料，用自己的身份证号进行初步自学，然后在小组中对比不同，讨论交流。在整个活动中，学生经历"自主调查""全班更正""小组讨论"

及"全班汇报"等一系列学习过程，整个活动中学生充分参与，学生的团队协作能力得到提高。

在3.0"我们的孔雀园"跨学科主题学习活动的过程中，则根据学生的特点进行了有针对性的分组，小组成员分工合作，互帮互助，建立了良好的、互帮互助的学习关系，促使学生深入地参与各项学习过程，增强了团队合作意识。

总的来说，小学数学跨学科主题活动的开展应当始终立足本学科，主动寻找与其他学科之间的联系，以课内教学为主阵地，与传统的小学数学课堂形成互补，引导学生在跨学科活动中理解、巩固并深化数学基础知识，提升基本能力，灵活运用各学科知识分析问题和解决问题，促进学生数学素养与跨学科能力的共同发展。

（本章编写人员：沈朝霞、张玉洁、杜安琪、王莉莉、方梦雪、郭晶晶、黄玲燕、舒荷影、范泽颖）

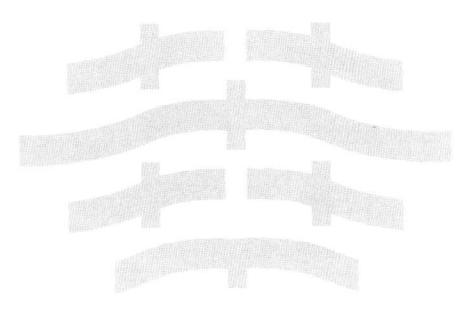

第六章
学会劳动生活：培养"中华小当家"
生存素养的育人方式

第一节　培养"中华小当家"生存素养的内涵

　　生存素养是一个广泛的概念，它涉及个人在社会和生活中的适应能力、生存能力、社交能力等多个领域。在知识经济高速发展的今天，生存素养的含义已经得到了极大的扩展，它包括思想政治素养、文化素养、劳动素养等各个方面的内容。劳动素养是生存素养的重要组成部分，教育部制定的《义务教育劳动课程标准（2022年版）》明确指出，劳动素养即为劳动课程要培养的核心素养，主要包括劳动观念、劳动能力、劳动习惯和品质、劳动精神四个方面。[1]

　　为培育具有中华情怀的时代新人，武昌区中华路小学经过二十余年探索与实践，以培养"中华小当家"为基本的育人方式，切实开展劳动教育。劳动课程的设计及项目活动的研发与开展始终坚持培养学生的核心素养，让学生学会劳动生活，从而具备适应生存的若干条件，提高生活品质，在学习与劳动实践过程中逐步形成适应个人终身发展和社会发展需要的正确价值观、必备品格和关键能力。

一、树立劳动生存、劳动光荣的观念

　　近年来，各地区各学校重视劳动教育，取得了一定的进展。但青少年群体中

———————

[1]中华人民共和国教育部.义务教育劳动课程标准（2022年版）[M].北京：北京师范大学出版社,2022.

"鄙视劳动、不珍惜劳动成果、不想劳动、不具备劳动能力"等现象屡见不鲜。中华路小学采取有效措施切实加强劳动教育，建构符合学校实际的校本化育人体系，培养具有中华情怀的全面发展的时代新人即"中华小当家"。让每一个中华路学子，都学会劳动生活，争当中华家园的小主人，让中华民族勤俭、奋斗、创新、奉献的劳动精神在一代又一代中华少年身上发扬光大。

（一）劳动是生存的需要

劳动是人生存所必需的，劳动中增长的技能将成为必备的生活能力。教育部发布《义务教育劳动课程标准（2022年版）》，把劳动从综合实践活动课程中独立出来，设定为义务教育阶段必修的课程之一。这一举措更加证实了劳动对学生生存素养的重要意义。对于学生个人而言，学会劳动生活可以锻炼出生存的技能，提高生活的能力和生活水平。对于整个社会和国家而言，劳动也是最根本、最崇高的。学生只有在劳动生活中增长技能，具备独立自主的生存能力，才能更好地奉献社会、报效国家。

（二）劳动是幸福的源泉

劳动是幸福的源泉。哲学家大卫·休谟说："劳动本身构成了幸福的主要因素，任何不依靠辛勤努力而获得的享受，很快就会变得索然无味。"崇尚劳动、热爱劳动、辛勤劳动、诚实劳动，是让人生出彩的金钥匙，是创造美好生活的必经之路。人世间的美好梦想，只有通过诚实劳动才能实现；发展中的各种难题，只有通过诚实劳动才能破解；生命里的一切辉煌，只有通过诚实劳动才能铸就。

通过劳动教育，学生能正确认识和看待劳动分工和劳动者，了解不同职业劳动者的辛苦与快乐，尊重劳动、尊重知识、尊重人才、尊重创造。学生在劳动中付出汗水和心血，渐渐了解其中的不易。当劳动成果呈现在学生面前时，喜悦之情溢于言表，这便是劳动带来的幸福感。同时，这种幸福感，也成了学生爱劳动、懂劳动、勤劳动、慧劳动的动力。

（三）劳动者最光荣

劳动是推动人类社会进步的根本力量，是培养人、塑造人和发展人的重要手段，这一价值永恒不变。一切劳动，无论是体力劳动还是脑力劳动，一切创造，无论是个人创造还是集体创造，都值得尊重和鼓励。[①]

我校挖掘劳动在树德、增智、强体、育美等方面的育人价值，引导学生"站在'小中华'，心系大中华，全面发展强中华"，树立正确的劳动价值观：热爱劳动、尊重劳动、崇尚劳动，增强对劳动人民的感情，成为懂劳动、崇尚劳动的中华家园的小主人。

二、培养劳动学习、劳动创造的能力

培养学生创新创造、与时俱进的劳动能力，对提升国民的综合劳动素质具有重要的现实意义和战略意义。一直以来，我校十分重视培养劳动学习、劳动创造的能力和与时俱进的综合素质。

（一）在劳动中学习知识

我校始终注重个体差异和学段差异，培养学生的综合能力。劳动分为生活劳动、生产劳动和服务性劳动，基于此，学校综合开发各种资源，根据学生特点，设立劳动项目和劳动学习任务群，在教学过程中采用"项目课程和引导教学法"，了解和尊重每一个学生的个性、特长、爱好，尽可能地使劳动教育的内容多样化，确保知识的全面化和实用性。

（二）在劳动中增长才干

为了让学生主动地、创造性地参与劳动，我校在课程设置时强调学生的体验感和参与性，用手参与劳动生活，用脑指挥劳动实践。在遵循年龄段特征的基础上不断增加劳动的智力含量，用来增长学生的才干，培养学生的创造性。

与此同时，我校注重引导学生从现实生活的真实需求出发，亲历情境、亲手操作、亲身体验，经历完整的劳动实践过程，避免单一、机械的劳动技能训练，淘汰枯燥的劳动知识讲解，杜绝缺乏实践、不切实际的考察探究。学生经过设计、制作、试验、淬炼、探究，积累丰富的劳动经验，手脑并用，知行合一，在劳动中增长才干。

（三）在劳动中创新创造

我校始终倡导立足生活、创造生活。在日常生活中培养学生的自理、自立能

---

①何云峰.尊重劳动不应成为一句空话[J].现代教学,2017（10）：1.

力；选择适宜的劳动内容，抓住时令特点和校区特色；选择学生力所能及的公益劳动和现代服务业劳动内容，培养学生的社会责任感；选择体现中华优秀传统文化和工匠精神的手工劳动内容，培育学生的文化自信。同时，适当引入体现新形态、新技术、新工艺等劳动内容，与时俱进，让孩子在系列活动中利用所学知识，学会生活，创造生活。

三、养成勤恳劳动、善于劳动的习惯

小学阶段的教育中，劳动习惯的养成是学生个人发展的重要基石，能帮助学生在劳动中磨炼意志。我校始终坚持加强劳动教育，培养学生勤恳劳动、善于劳动的良好习惯。

（一）在劳动中磨炼意志

多年以来，我校始终致力于引导青少年认识和践行劳动的力量，围绕日常生活劳动、生产劳动和服务性劳动，根据学生经验基础和发展需要，以劳动项目为载体，以劳动任务群为基本单元，以学生体验劳动过程为基本要求，构建覆盖三类劳动的劳动教育体系，尽可能地使劳动教育的内容多样化。通过持续性劳动实践，培养学生勤俭、奋斗、创新、奉献的劳动习惯，让学生继承中华民族勤俭节约、坚韧奉献的传统优良品质，成为具有中华情怀的时代新人。

同时，我校也采取榜样引领的方式，以劳模精神、工匠精神引领新时代劳动教育。家校社联动，创设劳动教育的情境；采访先进劳动者，让学生听听劳动模范的故事，感受榜样的力量，磨炼意志，争做新时代的奋斗者。

（二）在劳动中独立自主

热爱和尊重劳动是良好的品行，也是青少年独立自主的重要标志。学会劳动生活，有利于培养青少年独立生存、自主发展的能力。

我校教师围绕培养学生独立自主的劳动品质的工作进行了多年的探索与实践。教师们目标明确、有条不紊地开展计划，巧妙利用积极心理学，将劳动中所体现出来的核心品质与新时代对于人才的品质相对应，有系统地培养学生的劳动品质。在教师的积极引导下，越来越多的"中华小当家"亲历情境、亲手操作、亲身体验，真正挥洒劳动的汗水，理解劳动的意义，获得积极的劳动体验，从而形成以"智慧""勇气""爱与关怀""团队精神""创新精神""热爱生活"等为核心的优秀品质。

（三）在劳动中学会合作

学习劳动生活，不仅可以磨炼意志，锻炼自主的操作能力、设计能力，还能学会在合作中学习进步，锻炼团队合作的能力。我校为学生选择力所能及的公益劳动和现代服务业相关劳动，选择能够体现中华优秀传统文化和传统工艺的相关劳动内容，适当引入体现新科技、新生态等的现代劳动资源，创造机会让学生在劳动过程中学会自我管理，加强优势互补、团队合作。

踏实勤勉的劳动实践是培养学生生存素养的肥沃土壤，独立自主的劳动品质则是指引劳动实践的重要保障。从某种意义上说，一个中华路学子只要拥有了正确的劳动观念、必备的劳动能力、基本的劳动习惯和劳动品质，还有崇尚劳动的积极向上、追求卓越的劳动精神，那他一定是一个热爱劳动的有责任、有担当的中华家园的小主人，一定是一个敢于有梦和勇于追梦的社会主义建设者和接班人，一定是一个有理想守信念、尚劳动能创新、敢担当讲奉献的高素质劳动者。

我们坚信，只要每一位"中华小当家"认真学习劳动技能，养成良好的劳动习惯，具备优秀的劳动品质，践行劳动精神，砥砺奋进，那么，在不远的将来，他们就会成为中华民族优秀社会主义建设者中的一分子，通过自身不懈的奋斗创造民族的未来。

🌀 第二节　培养"中华小当家"生存素养的原则

中共中央、国务院发布《关于全面加强新时代大中小学劳动教育的意见》（以下简称《意见》），明确了新时代劳动教育的基本内涵和主要育人目标，对新时代大中小学劳动教育的课程设置作了初步规定，对学校、家庭和社会发挥劳动教育的作用提出了具体要求。《意见》的出台为新时代大中小学开展劳动教育提供了根本原则。

一、劳动教育与人的全面发展相结合

"五育"是指德育、智育、体育、美育和劳育，它们就像五颗闪亮的星星，照亮学生成长的道路。德智体美劳各有其独特的内涵和价值，但它们又是一个密不可分的整体，共同构成了学生全面发展的基石。

劳动教育不仅仅是让学生学习文化知识，更重要的是通过有计划、有目的地组织学生参加各种劳动，让学生在实践中挥洒汗水，接受锻炼，磨炼出坚定的意志

这样不仅能让学生掌握实用的技能，还能培养他们正确的劳动价值观和良好的劳动品质。

在实施劳动教育的过程中，我们还要注重将劳动教育与其他学科和日常活动相结合。例如，在德育课中可以融入劳动教育，让学生了解勤劳、勇敢、节约、艰苦奋斗等中华民族的传统美德；在语文课中可以引导学生了解劳动的历史和文化背景；在道德与法治课中可以培养学生的劳动精神和法治意识；在科学和综合实践课程中可以加强创新实践教育；在职业体验和社区服务中可以让学生亲身参与劳动，体验劳动的乐趣和价值。

通过将劳动教育与其他"四育"相结合，我们可以让学生深刻感受到生活中无处不在的劳动创造和劳动教育的价值。这样不仅能帮助学生形成良好的劳动价值观和优良的劳动品质，还能更好地发挥劳动教育在综合育人上的作用。总之，"五育"是相互联系、相互促进的有机整体，只有将它们协调发展，才能真正实现教育的综合育人功能。让我们共同努力，让"五育"的光芒照耀每一位学生的成长道路！

（一）在劳动中立德树人

劳动教育体现了社会主义的劳动观念。通过开展多样化的劳动实践活动，学生能够深刻理解劳动的平等性和职业无贵贱之分。我们应借助劳动教育弘扬正能量，传播主导价值观，并充分发挥其在树立道德观念方面的育人作用。

立德树人的理念，实质上是以德育为基础，全面发展学生，使其成为德才兼备的人才。劳动教育不仅是教授技能和知识，更是引导学生树立正确的价值观、形成内在德行的重要途径。它就像一座桥梁，连接了学生的思想与实际行动，使学生能在劳动中体验到成就感和自豪感。在立德树人目标视野下，劳动教育的功能发挥得淋漓尽致。它引导学生树立正确的劳动观念，建立正确的价值体系；它深化了学生的劳动体验，为他们德行的发展奠定了坚实的基础；它规范了劳动实践，强化了学生对道德礼仪的掌握；它严格要求劳动实践，推动学生形成优秀的品质；它通过调整劳动实践的要素，检验了学生的思想成果。

（二）在劳动中启智增慧

劳动教育和智育是一体的两面，相辅相成。在接受劳动教育的过程中，学生能够更深入地接触和感知世界，进而对理论知识有更深入的理解。正如马克思在认识论中所强调的，人类的认识来源于实践活动，经过实践，再回到实践，这是一个循环的过程。

作为教师，我们在传授知识的同时，也应该引导学生去实践、去体验，去感受知识的力量，去实现知识的价值。书本上的知识其实都来源于实践，需要经过实践的检验，再应用到实践中去。为了培养学生的实践能力和学习能力，我们可以将劳动教育与语文、美术、科学等课程结合。这样的教学方式，能帮助学生将理论与实践相结合，避免出现"知道很多，但做不到"的情况。通过劳动教育，学生可以将理论知识转化为实际操作，实现知识的价值。将劳动教育与其他课程融合，以促进学生的全面发展，这不仅是对学生的要求，也是对教师的要求。

（三）在劳动中强身健体

学生在参与劳动实践过程中的每一次弯腰、每一次挥臂，都是对身体的锤炼、对意志的考验。这就是劳动教育，看似体力劳动，实则是对身体的锻炼和对精神的锤炼。劳动教育涉及的并不仅仅是汗流浃背的体力劳动，《意见》如同明灯，为我们指明了方向："实施劳动教育重点是在系统的文化知识学习之外，有目的、有计划地组织学生参与日常生活劳动、生产劳动和服务性劳动，让学生动手实践、出力流汗，接受锻炼、磨炼意志，培养学生正确的劳动价值观和良好劳动品质。"那些积极参与劳动的学生不仅在劳动中锻炼了身体，更在劳动中学会了坚持和努力，培养了坚韧不拔的意志。

（四）在劳动中向美而行

要让劳动培育美，就得让学生在劳动中深入体验社会主义核心价值的审美意境。把劳动教育和美育课程巧妙地编织在一起，能够让学生在亲身实践中发现美的存在，感受美的魅力，并激发他们创造美的灵感。比如，学校组织学生参加校园绿化活动。在植树种花的劳动中，他们不仅能够体会到劳动的艰辛和快乐，而且还能在绿色的环境中感受到大自然的美丽。他们看到自己亲手种下的小树苗茁壮成长，或者看到自己布置的花坛成为校园的一道亮丽风景线，成就感和自豪感会油然而生，这就是对美的一种体验和创造。通过这样的劳动教育，学生们不仅能够学习到勤劳和质朴的品质，更能够在劳动中发现美、感受美并创造美。这不仅有助于他们树立正确的审美观念，还能够让他们深刻理解到劳动的意义和价值，从而实现以劳育美的效果。

二、劳动教育与学会自主生活相结合

（一）在劳动中学会做人做事

《大中小学劳动教育指导纲要（试行）》中指出"劳动教育是发挥劳动的育人功能，对学生进行热爱劳动、热爱劳动人民的教育活动"，劳动教育的总体目标是让学生树立正确的劳动观念、具备必备的劳动能力、培育积极的劳动精神，以及养成良好的劳动习惯和品质。让学生在劳动中掌握科学的方法，学会动手动脑，团结合作。除此之外，学生还应多参加公益劳动，多关注普通劳动者的贡献，从平凡中见伟大，强化社会责任感。学生通过身体力行，学方法，育态度，把劳动与学习做人做事结合起来。

（二）在劳动中学会自我规划

劳动教育与自我规划是相互关联且相互促进的两个方面。劳动教育可以帮助学生培养实践能力和社会责任感，而自我规划则有助于学生在学习和生活中更好地管理时间和任务，实现个人目标。在劳动教育过程中，学生可以通过设定明确的目标、制订具体的计划、培养自我管理能力、反思与调整、寻求指导与支持等，实现自我提升，为未来的学习和职业生涯奠定坚实的基础。

（三）在劳动中学会自我管理

在劳动中学会自我管理对个人的成长和发展至关重要。在劳动教育过程中，可以通过培养学生的时间管理技能、合作意识、情绪管理与压力应对技巧，以及自我反思与调整能力等，有效地加强学生的自我管理。这些技能和方法不仅对学生的劳动教育有益，也对他们的整体成长和未来发展具有重要意义。

三、劳动教育与培养时代新人相结合

随着新时代的来临，习近平总书记关于劳动教育的重要论述为我们揭示了鲜明的时代要求和深远的社会意义。"培养什么人、怎样培养人、为谁培养人"这一核心议题为社会主义教育事业的发展提供了明确的方向。劳动教育不仅是教育的核心组成部分，更是塑造青少年健康人格、培养他们成为未来社会建设者的关键手段。我们要引导青少年认识劳动的价值，培养他们的实践能力和创新精神，让他们成为懂劳动、会劳动、爱劳动的时代新人。

（一）在劳动中树立理想

习近平总书记指出："要大力弘扬劳模精神、劳动精神、工匠精神，发挥好劳模工匠示范引领作用，激励广大职工在辛勤劳动、诚实劳动、创造性劳动中成就梦想。"同样，我们也要让学生树立"劳动没有贵贱之分，任何一份职业都很光荣"的观念，让他们理解"三百六十行，行行出状元"的道理，做好职业启蒙教育。让学生明白一切劳动，无论是个体创造还是集体创造，都值得尊重和鼓励；让学生从小树立"劳动最光荣、劳动最崇高、劳动最伟大、劳动最美丽"的观念，在心中埋下一颗热爱劳动的种子，立志成为光荣的劳动者。

（二）在劳动中练就本领

《义务教育劳动课程标准（2022年）》明确指出，义务教育劳动课程要以培养学生的核心素养为导向，围绕日常生活劳动、生产劳动和服务性劳动展开。让学生在劳动中练就本领，立足学生个人生活事务处理，从衣、食、住、行、用等方面培养学生的生活能力和良好卫生习惯。在工农业生产过程中直接体验物质财富的创造过程，体验从简单劳动向复杂劳动、创造性劳动的发展过程，认识劳动与自然界的基本关系，增强基本的劳动素养。从现代化服务业劳动、公益劳动与志愿服务的体验中认识社会，强化社会责任感。通过系列化劳动课程，让学生练就各方面的本领，有立足社会的底气和基本能力。

（三）在劳动中勇于担当

学生在劳动教育、劳动实践过程中，可能会遇到各种困难和挑战，例如不熟悉劳动工具，劳动技法不娴熟，劳动原理不明晰等。学生出现此类问题时，难免会出现畏难情绪。在劳动教育中，我们不仅仅要培养学生的劳动能力，还需要关注学生劳动品质、劳动精神的培养。习近平总书记说："新时代属于每一个人，每一个人都是新时代的见证者、开创者、建设者。"要让学生明白，每个人都是社会的一分子，没有人可以置身事外。作为小学生，应从力所能及的事情做起，从小事做起，勇于担当，积极承担，不怕困难，扛起肩膀上所肩负的建设社会的责任。

第三节　培养"中华小当家"生存素养的实践路径

一、整体建构：劳动教育校本课程体系

我校坚持以习近平新时代中国特色社会主义思想为指导，注重挖掘劳动在树德、增智、强体、育美等方面的育人价值，将培养学生的劳动观念、劳动能力、劳动习惯贯穿课程实施全过程，构建以劳动实践为主线的课程结构，加强与学生生活和社会实际的联系，倡导丰富多样的劳动实践方式，强化低中高三个学段课程设计、实施的整体性、系统性和连续性，引导学生树立正确的劳动价值观：崇尚劳动、尊重劳动，增强对劳动人民的感情，发展创新意识，提升实践能力和社会责任感，成为懂劳动、会劳动、爱劳动的时代新人。

（一）学校劳动教育课程设置

根据义务教育劳动课程方案，我校低中高三个学段每班每个星期安排一节专门的劳动课程，用于活动策划、技能指导、练习实践、总结交流等。并以这一节劳动课为主要依托，拓展课内外结合、家校社联动，架起学校、家庭和社会合力育人的桥梁，实现家校社共育一体化。

我校劳动教育课程围绕低中高各学段劳动教育的目标和内容要求，从提高劳动教育的效果出发，把握劳动教育任务的特点，选择适合低中高各学段的劳动教育方式，家校社合力，抓住关键环节，注重学段的衔接，注重实践和巩固、评价和反思，取得了可喜的成果。

（二）学校劳动教育基本教学流程

学校劳动教育课程基本教学流程如图6-1所示。

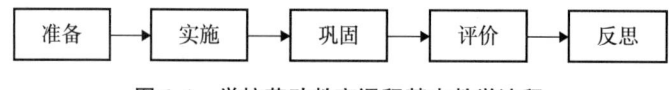

图6-1　学校劳动教育课程基本教学流程

1. 课程准备环节

在劳动课程准备阶段，需要结合学生、家长、劳动内容等方面的准备情况作出指导。学生方面，主要围绕课程所涉及的劳动知识与技能进行讲解和示范。例如，结合学生实际情况，利用微视频或现场示范、模仿、练习等方式，帮助学生了解劳

动课程的实践过程中可能遇到的困难与挑战，并精选内容，根据分级目标设计相应的劳动方案。家长方面，根据劳动课程的实际情况，全面及时地与家长沟通，让家长对活动时间和完成度要求等有初步的了解。事先做好劳动场所、工具设备、各项材料，以及劳动文化氛围营造等方面的准备，确保活动的安全、可行性和时效性。

2. 课堂实施环节

在学校劳动课程的实施阶段，主要进行学生劳动技能的淬炼、劳动习惯的培养及劳动品质的塑造。这个阶段是劳动实践的核心环节，要让学生完成真实的任务，经历完整的劳动过程，对重点操作步骤可以反复练习。强化精益求精、追求卓越的工匠精神。在这个阶段，教师既要做好协调工作，帮助和鼓励学生，根据学生的需要进行答疑、解惑，也要注意适当地放手，让学生自主操作、实践。教师注意观察学生的表现，看他们是否完成了预设的任务，是否掌握了必要的技能等；要保护学生在劳动实践过程中的好奇心和探究欲望，鼓励学生进行创造性劳动，使学生得到更多的自主发展空间。在这个阶段，教师注重学生的规范意识、质量意识、专注品质和合作意识等的培养。强化规范意识，注重按照规范的流程与方法安全操作；强化质量意识，注重引导学生关注细节，每个步骤、环节都要精准到位；强化专注品质，注重引导学生随时评估与监控操作行为，做到眼到手到心到，有始有终；强化合作意识，引导学生学会分工合作，体悟构建平等、和谐的劳动合作关系的重要性。

3. 强化巩固环节

对学生的劳动教育需要举一反三，不断重复训练才能习得劳动技能。除了在规定的劳动课程中掌握知识和技能外，还需要学校和家庭紧密配合，给学生提供反复强化训练的情境和场所。如果学校作为开展劳动教育的主阵地，那么家庭必然成为学生劳动体验、巩固和展示劳动教育成果的重要场所。学校根据各年龄阶段学生特点，给学生安排适量的劳动家庭作业，鼓励学生在家庭中立足，自己的事自己做，并适当帮助父母或其他长辈分担一些力所能及的家务劳动。小学低年级学生家务劳动以整理内务为主，保障中小学一、二年级家庭劳动实践每个星期不少于2小时，其他年级每个星期不少于3小时。小学生每学年有针对性地学会1至2项生活技能。学生参加家务劳动和掌握生活技能的情况按年度计入学生综合素质档案。密切家校联系，转变家长观念，让家长成为孩子劳动教育的合作者，让家庭成为孩子劳动能力提升的展示舞台。

4. 课后评价环节

针对具体的劳动学习与实践的目标和内容，我们采取了相应的多元评价方案进行评价。例如，日常生活劳动可以劳动清单为主要依据，家校合作共同评价；生产劳动可以劳动任务单为主要依据，结合劳动任务的完成过程和劳动成果情况进行综合评价；服务性劳动可以劳动档案袋为主要依据，结合服务对象的评语和多方面的材料进行综合评价。针对不同学段，可灵活使用多种方法进行评价。例如，一、二年级应鼓励学生使用劳动绘本、劳动日志、星级自评、贴小红花等方式体现劳动过程和劳动感受；三至六年级可以采取劳动作品展示、劳动清单等方式评价劳动过程和劳动效果。

5. 反思总结环节

在劳动课程反思阶段，围绕劳动过程体验、成果评价、价值体认，引导学生理解劳动实践的价值与意义，感悟劳动成果来之不易，养成反思交流的习惯。鼓励学生以身边劳动表现优异的同学和普通劳动者为榜样，发现自身优势与不足。组织学生开展成果展示，讲述劳动故事，用撰写劳动日志，制作劳动微视频等方式进行反思总结交流。

二、纵向衔接：低中高段课程系统设计

《义务教育劳动课程标准（2022年版）》将劳动课程内容设置为10个任务群。1~2年级侧重在日常生活劳动、生产劳动内容中选择，对服务性劳动不做要求。3~4年级及以上各学段应涵盖三类劳动内容。5~6年级的清洁与卫生劳动要求可与同学段其他任务群融合实施，同时结合日常课外劳动和家庭劳动要求开展。具体如图6-2所示。

小学低年级以掌握生存技能和提升自理能力为主要内容，注重培养劳动意识和劳动安全意识，指导学生掌握基本生活自理能力，完成个人物品整理、清洁，掌握简单家庭清扫和垃圾分类等家务劳动，参与班级集体劳动、手工制作，通过综合实践活动体验植物种植、社区服务，了解中华优秀传统民风民俗。

小学中高年级以校园劳动和家庭劳动为主要内容，初步养成热爱劳动、热爱生活的态度。指导学生参与简单烹饪、家居清洁、收纳整理、编织缝纫、校园公益、种植养殖等劳动，通过综合实践活动初步了解不同职业及特点。

我校结合低中高各学段的实际，自主选择确定各年级任务群学习内容，具体如图6-3所示。

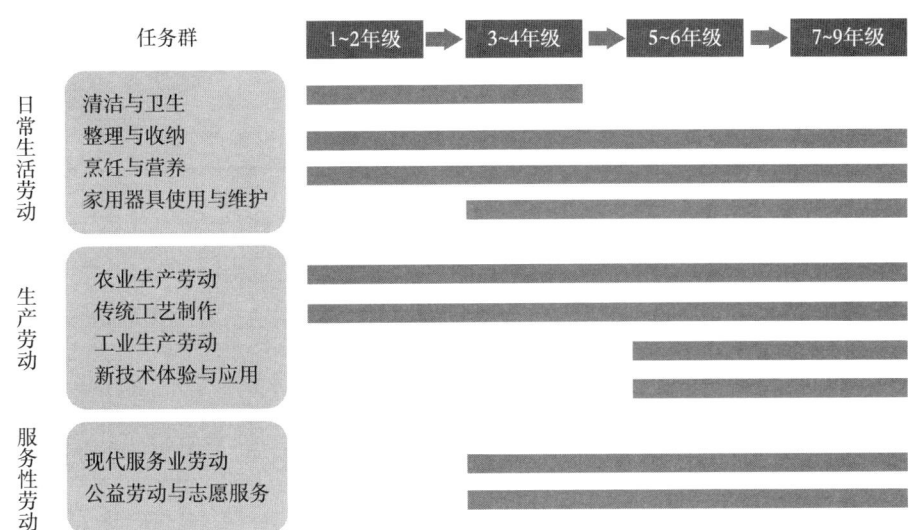

图6-2　《义务教育劳动课程标准（2022年版）》劳动任务群

分类	任务群	序号	一年级任务	二年级任务	三年级任务	四年级任务	五年级任务	六年级任务
日常生活劳动	清洁与卫生	1	清洗红领巾	洗袜子	洗拖鞋	擦窗户		
		2	扫地	洗碗筷	班级大扫除	清洗书包		
		3	擦桌子	拖地		垃圾分类		
		4	手部清洁					
	整理与收纳	1	整理书包	整理房间	整理储物柜	叠衣服	整理鞋柜	整理卫生间
		2	叠衣服	叠被子	整理床铺	整理衣柜	整理床铺	换被套
		3	整理书桌	整理教室	整理鞋柜	整理书架		整理郊游物品
	烹饪与营养	1	洗菜择菜	削水果皮	凉拌黄瓜	包饺子	做蛋挞/蛋糕	设计一顿营养食谱
		2	剥毛豆	泡水果茶	制作三明治	蒸鸡蛋	做西红柿炒鸡蛋	煲排骨藕汤
	家用器具使用与维护	1			使用电饭煲煮米饭	使用吸尘器	保养电冰箱	电扇清洗安装
生产劳动	农业生产劳动	1	养护绿萝	养蚕宝	种植小番茄	喂养小兔子	多肉盆栽DIY	农业生产价值
	传统工艺制作	1	做贺卡	剪窗花	制作灯笼	编织中国结	制作印章	十字绣
		2				制作小书签	拓印	陶艺
		3				扎染	版画	
	工业生产劳动	1					安装木质书架	造纸
	新技术体验与应用	1					3D打印体验	机器人制作
服务性劳动	现代服务业劳动	1			超市购物	银行开户	自助取款	管理家庭一周开支
		2			寄快递		设计校徽	
	公益劳动与志愿服务	1			校史讲解员	爱心义卖	父母职业初体验	致敬军人
		2			致敬校园服务者			
合			11	10	14	14	14	14

图6-3　劳动任务群（全年级）

（一）低年段劳动教育课程设计

1. 低年段学生劳动素养要求（见图6-4）

学段	劳动素养要求
第一学段 （1～2年级）	在简单的日常生活、生产劳动中，认识到人们的衣、食、住、行、用都离不开劳动，懂得人人都要劳动的道理，积极主动参与班级劳动，初步体会劳动对日常生活的重要性；能在力所能及的劳动实践中体会劳动的艰辛和快乐，初步形成喜欢劳动、积极参加劳动的态度。（劳动观念） 在完成清洁与卫生、整理与收纳、烹饪与营养等劳动任务的过程中，初步掌握基础知识、基本步骤与操作方法，初步形成个人生活自理能力；在简单的工艺制作劳动、农业劳动中，初步掌握简单的手工技能，会使用简单的工具，能照顾身边常见的动植物。（劳动能力） 能做到不浪费粮食，爱护学习用品、生活用品等，懂得珍惜劳动成果；在劳动过程中遵守劳动纪律和安全规范；初步养成"自己的事情自己做"、认真负责、有始有终的劳动习惯和品质。（劳动习惯和品质） 能在劳动过程中不怕脏、不怕累。（劳动精神）

图6-4　低年段学生劳动素养要求

2. 低年段劳动教育课程内容

我校低年段劳动课程的开发与设计以掌握生存技能和提升自理能力为主要内容。劳动课程以生存技能和自理能力的劳动示范为基础性学习，例如，自理能力类劳动包括整理书包和书桌、整理床铺叠被子等基本技能，生存技能类劳动包括洗衣服、洗碗筷等。而课程的设置先从认识日常生活用品以及劳动任务、劳动注意事项等开始，循序渐进，让学生真正理解劳动，认识劳动，掌握劳动技能。此外，劳动技能的学习应充分考虑学生的身心发展规律和学生的具体习得能力，对小学低年段的学生的劳动技能要求不必过高，因此具体劳动技能的学习难易度应呈螺旋式上升，难度较大的劳动技能进行分层分级的梯度式设计，从而让学生一步一步掌握各项基本劳动技能，初步掌握自理能力。

3. 低年段劳动教育课程实施策略

低年段的劳动教育课程设计注重活动化、游戏化和生活化。《义务教育劳动课程标准（2022年版）》中强调低年级侧重在日常生活劳动方面对学生的着力培养，以提高学生的自我服务劳动能力，因此生产劳动选择性开展，志愿服务性劳动不做要求。为了达到良好的劳动教育效果，我们重点运用以下策略：

（1）积极倡导项目化家务劳动课程，大力发挥家校共育的作用。

　　以学校劳动课程为基础依托，以家庭家务劳动作业为实践基础，通过家务劳动作业的合理安排和设置，让学生在具体家务劳动实践中学会劳动，掌握劳动技能，并体会劳动的快乐。我校针对低年段学生的年龄特点和个性差异，在低年段设计安排适量的家务劳动项目化学习内容，包括自己吃饭、穿衣、系鞋带，帮着家长扫地、拖地、整理床铺等，让学生自己的事情自己做，真正做家庭的小主人。还有“今天我当家”课程，让学生管理家庭家务琐事一天；“开心小厨师”系列课程，让学生每季度尝试为家长烧一道菜；“陪父母上一天班”等亲子项目化劳动课程，创造家庭成员共同劳动的机会，让学生有机会向家长学习，达到“亲子共成长”的目的。低年段家庭项目化家务劳动清单如图6-5所示。

项目内容	评价指标			
	劳动参与		劳动技能	
	偶尔参与	经常参与	基本掌握	熟练掌握
整理学习用品				
打扫房间				
清洗个人衣物				
制作简单食品				
使用家用电器				
参与绿植养护				
其他				
劳动体会				
家长整体评价				

图6-5　低年段家庭项目化家务劳动清单

　　（2）充分利用信息技术优势，让低年段劳动知识和技能直观可感。

　　信息技术能够让学生通过电子媒介了解更多劳动知识和技能。充分利用信息技术优势，不仅可以让学生更深入地了解课程内容，同时也可以更快地学习和掌握知识，提高劳动课程教学效率。利用多媒体技术、动画、互动式教学等形式，将学习与游戏相结合，还能提高学生的兴趣和参与度，激发学生的学习热情，增加学习趣味。信息技术还能够让学生更加便捷地获取更多的学习资源，如网络教程、在线课件、教师课件等，能让学生更好地补充课堂上未能涉及的知识点，进一步拓展学习资源、拓宽视野。

（二）中年段劳动教育课程设计

1. 中年段学生劳动素养要求（见图6-6）

学段	劳动素养要求
第二学段 （3~4年级）	通过日常生活劳动，懂得"一分耕耘，一分收获"的道理；在简单的生产劳动和服务性劳动中，认识到劳动无高低贵贱之分。，知道尊重劳动、尊重普通劳动者；主动为身边人提供服务，形成初步的服务意识和社会责任感；具有主动承担力所能及的劳动的意识，初步养成热爱劳动的态度。（劳动观念） 能在日常生活劳动中发现存在的问题，选择和运用恰当的劳动技能加以解决，形成生活自理能力；能在简单的生产劳动过程中，了解常用的材料，认识并使用常用的劳动工具，能设计与制作简单的工艺作品，具有初步的植物种植、动物饲养的能力；在学校、社区的服务性劳动中，初步形成关爱他人、积极参与学校、社区建设的劳动意识和能力。（劳动能力） 主动遵守劳动纪律和安全规范，养成自觉自愿，认真负责、专心致志、有始有终的劳动习惯和品质。（劳动习惯和品质） 形成勤俭节约、不怕困难的精神。（劳动精神）

图6-6　中年段学生劳动素养要求

2. 中年段劳动教育课程内容

我校中年段劳动课程在让学生熟练掌握基本的日常生活劳动技能的基础上，侧重以校园劳动为主要内容，让学生初步养成热爱劳动、热爱生活的态度。指导学生参与校园清洁、收纳整理、校园公益、种植养殖等劳动，通过综合实践活动初步培养学生的生产劳动技能，并尝试让学生进行一些公益服务性劳动，了解不同职业及特点，弘扬劳动精神，彰显时代特征。

3. 中年段劳动教育课程实施策略

（1）活用各种阵地，保证实效。

每个星期一节固定的劳动教育课是我们实施课题研究强有力的保障，同时利用每个星期的晨会、班会、少先队活动等阵地挖掘身边的劳动模范，讲好劳动故事，强化劳动观念，弘扬劳动精神，继承优良传统，彰显时代特征。

开发校内基地，保证劳动教育课程的实效性。我校建立了七彩动物园，里面分别有孔雀、兔子、仓鼠，还对教学楼顶进行了统一规划、修整，初步建成学校的"空中农场"，并把这些区域划分给各班，各班结合自己学生的年龄特点进行相应分工。这充分保证了学生劳动技术培训学习和实践阵地的全面性和多样性，给劳动教育提供了最有力的保障。

另外，我校每个星期的社团课专门成立了劳动养殖社团，将全校的养殖爱好者集中起来，教授有关养殖的专业知识，并承担学校七彩动物园的小动物养殖任务。理论和实践的完美结合，让学生不仅爱劳动、会劳动，更懂得用劳动创造美好生活。

（2）巧用各种节日，重点突出。

劳动教育资源随处可见，平时的各种节日都是我们进行自我服务劳动教育的最佳契机。我校学工处对每个节日都进行精心策划，并在实施过程中分层落实各年级劳动教育主题，既做到整体规划、精选内容，又巧妙地进行目标分级、重点突出，保证实效（见图6-7）。

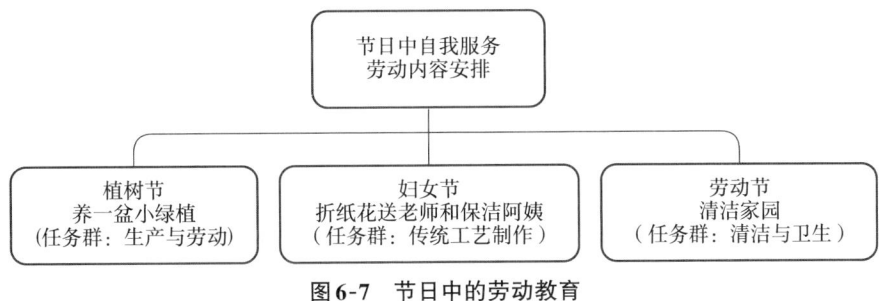

图6-7　节日中的劳动教育

（3）妙用多种活动，全员参与。

积极组织学生参与校园卫生保洁和绿化美化。开辟专门区域种植花草、果蔬，让班级、学生认领责任区域，精心呵护，了解花草果蔬的生长过程。开展与劳动有关的兴趣小组、社团活动，进行手工制作、班务整理、书包整理、教室装饰等实践活动。开展垃圾分类、学校废物回收活动，节约资源，保护环境。广泛组织以劳动教育为主题的班队会、手工劳技展演，增强学生的劳动意识，让学生成长为真正的中华小当家。

（三）高年段劳动教育课程设计

1.高年段劳动素养要求（见图6-8）

第三学段 （5~6年级）	通过日常生活劳动，认识到劳动对家庭幸福、社会进步的意义；在基本的植物养护、动物饲养、工艺品制作等生产劳动过程中，初步形成劳动创造财富的观念，理解普通劳动者的光荣和伟大；形成主动服务、关心社会、扶助弱势、热心公益、关爱生命、热爱自然的意识，在劳动过程中初步形成劳动效率意识和劳动质量意识。（劳动观念） 能发现日常生活劳动中存在的问题，综合运用生活基本技能解决问题，增强生活自理能力；能发现生产劳动中的需求与问题，运用基本生产知识与技能，选择合适的工具、材料，合作完成简易工业产品的设计与制作，初步具备从事简单生产劳动的能力；在服务性劳动中，运用已有劳动技能服务他人、服务学校、服务社区。（劳动能力） 在劳动过程中吃苦耐劳，主动承担力所能及的劳动，养成安全劳动、规范操作、坚持不懈，以及诚实劳动、合法劳动的劳动习惯和品质。（劳动习惯和品质） 初步形成不畏艰辛、积极探索、追求创新的精神。（劳动精神）

图6-8　高年段学生劳动素养要求

2. 高年段劳动教育课程内容

高年段劳动教育课程以“中华小当家”校外实践劳动为主，校园劳动实践为辅。学校针对高年级学生开设了糖画、扎染、陶艺和风筝制作等传统工艺制作社团，邀请本地非物质文化遗产代表性传承人、技能大师进校园，开展劳动实践指导，将非物质文化遗产的保护与传承、工匠精神的弘扬有机结合起来，使学生在掌握劳动技能的同时，懂得尊重劳动者，热爱中华传统文化。二十余年来，我校还坚持将工业、农业生产劳动教育课程搬到工厂里和农田里，定期对高年级学生进行现场授课学习，并进行劳动实践操作和巩固练习。充分利用家长资源开展父母职业初体验等劳动实践研学活动，取得了良好的效果。

3. 高年段劳动教育课程实施策略

（1）精用跨学科融合，“五育并举”。

劳动教育其中一个特点就是渗透性强，可以与其他各学科有机融合，实现“五育并举”。在各科教学实践中，从培养学生劳动兴趣入手，梳理劳动教育和道德与法治课、语数课、科学课、音体美课程和综合实践课程等已有课程储备的相交资源，加强劳动教育与其他“四育”的融合。

例如，在五年级道德与法治课中进行“我是班级值日生”课程的教学时，重在培养学生的责任意识，但同时值日本身也是一个劳动的过程，教师除了要重视道德品质培养外，还要关注学生的劳动教育。教师先让学生回想自己值日所做的具体事务，然后引导学生谈谈自己对劳动过程的体验和感受，还原学生认真劳动之后收获的成果。引导学生将爱劳动与责任意识相联系，让学生从劳动中获得成就感和满足感，学生对待劳动的主动性和责任感也会得到相应的发展和提升。

（2）妙用年级备班制，统筹规划。

为了做到学校劳动课程学习目标的连续性和进阶性，我校率先采取了年级备班制。这样使得劳动课程做到了精选内容、目标分级、分层施教、重点突出，劳动效果显著。《义务教育劳动课程标准（2022年版）》强调要加强学段衔接。基于对学生在健康、语言、实操发展水平方面的评估，合理设计小学1~6年级的劳动课程，注重活动化、游戏化、生活化。

《义务教育劳动课程标准（2022年版）》中强调低年级应侧重在日常生活劳动方面着力培养，提高学生的自我服务劳动能力，选择性开展生产劳动，对志愿服务性劳动不做要求。中高年级则在熟练掌握基本的日常生活劳动技能的基础上，侧重培养学生的生产劳动技能，并尝试让学生进行一些公益服务性劳动，弘扬劳动精神，彰显时代特征。

（3）充分利用家长资源，有序拓展校外劳动研学实践课程。

我校将校外劳动实践纳入劳动教育工作计划，每学期安排一定时间的工农业生产体验等劳动实践。一个班级里家长的职业遍布各行各业，这是可以充分利用起来的极好的资源。家长也非常愿意参与学校和班级的教育教学活动。因此，我们多方联系家长，寻找可供开展小学生劳动教育的组织和平台，充分利用劳动教育实践基地等资源，组织学生参与劳动实践。如到图书馆做小义工，帮助整理书籍；到交通岗做文明督导员；到公园、植物园做环保小卫士，体验环保劳动过程；到农科院体验农业生产劳动，了解农作物耕种管收的全过程，学会使用各种简单的农具，同时感受秋收的喜悦等等。

我校劳动教育课程依据三大类劳动教育内容及十个任务群在低中高各学段系统设计，体现"整体规划、纵向推进、因地制宜、各有侧重"的原则，依据低中高各学段任务群所体现的课程内容要求，选择和确定所需实施的任务群，整体安排每个学段的课程，体现课程在不同学段的纵向衔接与递进关系，家校社合力、校内外联动，确保劳动课程的顺利实施和目标实现，培育真正懂劳动、会劳动、爱劳动的时代新人。

三、横向贯通：家校社一体化实施

（一）开发家校社劳动生活场域

加强劳动教育是家庭、学校和社会的共同责任。正如《意见》中强调："加强政府统筹，拓宽劳动教育途径，整合家庭、学校、社会各方面力量。"家校社协同推动劳动教育，明确了劳动教育的主体，但是家庭、学校、社会作为独立的系统，只有在思想上达成共识、内容上实现共振、行动上保持共进，才能构建劳动教育协同机制。家庭劳动教育内容以衣食住行等日常生活中的劳动为主，学校劳动教育内容以生产劳动为主，社会劳动教育内容以志愿服务、社会实践等服务性劳动为主，重点根据区域社会实际丰富教育资源、搭建实践平台。

以家庭为基础，"生活化"夯实劳动教育根基。家庭是第一学校、家长是第一任教师，家庭劳动主要体现在房屋清洁、烹饪、家居美化等日常生活方面。家长通过言传身教，鼓励孩子自觉参加力所能及的劳动，帮助孩子树立正确的劳动观念，让孩子在潜移默化中形成吃苦耐劳的优秀品格、诚实合法的劳动意识、热爱劳动的良好习惯，掌握日常生活必要技能，具备较强的生活自理能力。只有这样，劳动教育才会真正由理念变为现实，从空中楼阁到落地生根、开花结果。

以学校为主导，"课程化"提升劳动教育品质。劳动教育是学校立德树人根本任务的重要组成部分，人人都有劳动教育职责，各门课程都有劳动教育功能，需要形成全员、全过程、全方位加强劳动教育的格局。学校充分发挥劳动教育课的主渠道作用，严格落实《意见》要求的劳动教育课时，不得挤占、挪用劳动教育时间。其他课程与劳动教育课互相支持、相得益彰，教师作为引路人，应充分挖掘每门课程的劳动教育资源，在道德与法治、语文等课程中灌输劳动价值，在科学、信息技术等实践中传授劳动技能，在体育、艺术等教学中呈现劳动创造的美。

以社会为支持，"基地化"丰富劳动教育形式。社会是主战场，社会资源是最生动的教材，在劳动教育中发挥支持作用。结合地方自然资源，创建农业种植、特色养殖等实践基地；挖掘人文历史的脉络，打造编织、布艺、陶艺、木刻、剪纸等教育基地；依托地方产业发展，创建烹饪、加工、制造、维修等实践基地，实现学校课程与家庭指导、社会实践之间的有机结合。邀请各行各业的大国工匠、劳动楷模、优秀创业者，积极走进校园课堂、深入实践场地，担任劳动教育课程兼职教师，引导学生学会创造、学会合作、学会生活，实现劳动教育效果的最大化，共同培育出更多堪当民族复兴大任的时代新人。

家校社协同推动劳动教育，需要家庭、学校、社会相互协调、协同合作、同频共振，推进劳动教育产生"1+1+1＞3"的协同效应。我校从以下三个方面着手，开发"家校社"劳动生活场域。

1. 开发校园劳动场域资源

我校对校园内各类场域进行开发与利用，为劳动教育实践提供场域空间。将生活馆专用教室配备、养殖园种植园开发、班级生态角打造作为劳动实践的场域资源；将保洁、整理、讲解、管理作为服务性劳动资源；整合红色教育基地，打造红色讲解员职业体验劳动实践项目。

在校内，首先，要做好校园卫生保洁和绿化美化，把校园每个地方、每一株植物都包干到班，责任到人。其次，各班可以在教室开辟一个"植物角"，让学生种植一些观赏性盆栽植物，责任到人，轮流护理。在橡树湾校区，我校开辟了专门种植花草树木或农作物的区域，并让学生认领"责任田"，予以精心呵护，并聘请有经验的家长来校指导学生。学生自己种植农作物，自己采摘，通过食品加工，自己食用，通过这样的闭环来进行一整套的劳动体验。

为了让孩子们亲近动物，增强校园趣味性，亲身体验喂养动物所带来的快乐，学校还专门开辟了一块养殖区域，养殖的动物有孔雀和兔子，意在让学生近距离观察动物生活习性并参与喂养过程，培养学生良好的观察能力，提高他们的习作水平。学校带着学生一起搭建、清扫、美化养殖园，喂养、观察、呵护动物，为孔雀起名，孵化小孔雀，为孔雀园设计logo形象，写观察日记……在劳动中多方面提高学生的综合素养，帮助学生树立热爱劳动、尊重劳动、关爱自然、珍惜生命的意识。

教育部印发的《义务教育劳动课程标准（2022年版）》对不同学段学生提出了不同的劳动素养要求。我校专门建设了"生活美食馆"，并开设"中华美食社团"，让学生在学校里、在课堂上可以和同学、教师一起探讨厨艺，研究美食，分享美食，真切感受劳动带来的快乐。

我校本部校区周围有多处红色教育基地，如武昌中央农民运动讲习所旧址、中共五大会址纪念馆、毛泽东旧居纪念馆等，学生身处这样的环境，自然会受到红色教育的熏陶。我校利用校舍地理位置的优势，在学校社团和少先队队伍中着重培养了一批优秀的"红色讲解员"。在校内，通过日常训练和社团活动，带着学生了解红色故事，探寻红色历史，撰写解说词，演练解说流程，锻炼语言表达能力，树立自信心。教师定期带着学生走出学校，走进红色教育基地，让学生实地演练，进行"讲解员"职业体验教育。

学校在开设劳动教育课程时，充分挖掘家长的课程资源，聘请有劳动特长（技能）的家长进课堂，对学生进行劳动思想教育和劳动技能传授。家长是农民或农技员，可向学生介绍农作物的生长特点和收种方式；家长是木工，可向学生传授木工的基础知识和基本技能；家长是糕点师，可向学生传授各类糕点的特点和制作的方法。学校根据家长资源，开设丰富的校本劳动课程。

学校组织以劳动教育为主题的班队会和手工劳技展演、劳动技能大赛等活动，会邀请家长参加，一方面让家长了解学校在劳动教育方面的举措和孩子们在劳动方面的表现；另一方面，也让家长对学校的劳动教育提出建议。

2.整合家庭劳动空间资源

学校通过家校协同，带领学生和家长共同开发家庭劳动空间资源。一些在课堂、学校无法实践操作的劳动内容，需要家长的助力。我们围绕衣食住行用等日常生活劳动常态，建立"家庭实验室""阳台盆栽园""收纳示范角"等，将厨房、客厅、卧室、书房、社区内场所等作为劳动实践场所。

利用节假日的契机，将劳动教育融合到节日习俗中，让学生在家和家长一起参与劳动实践，帮助学生了解和尊重传统文化，同时培养他们的责任感和实践技能。学校鼓励学生参与节日准备工作，如打扫卫生、装饰家园、准备节日食物等。这些活动可以让学生学会家务劳动，同时增强家庭成员之间的互动和合作。利用节日的机会，教师教授学生制作传统手工艺品，如灯笼、剪纸、编织等。这些活动可以让学生了解传统文化，同时锻炼他们的动手能力和创造力。教师组织学生在家长的带领下参与社区服务活动，如帮助清理公园、为老人送餐、参与慈善义卖等。这些活动可以培养学生的社会责任感和公民意识。教师还可以鼓励学生参与环保活动，如植树造林、垃圾分类、节能减排等。这些活动可以让学生了解环境保护的重要性，同时培养他们的环保意识和行动力。

与此同时，我校平时也会引导家长在家庭生活中注重学生劳动能力的培养，例如，设定例行家务，为孩子设定适合其年龄和能力的家务劳动，包括打扫房间、整理床铺、洗碗、倒垃圾等。确保他们理解这些家务的重要性，并将其作为日常生活的一部分。根据孩子的年龄和能力，分配相应的家庭责任。年幼的孩子可以从简单的任务开始，随着年龄的增长，逐渐增加任务的难度和数量。家长用自己的行为来树立榜样，积极参与家务劳动，并向孩子展示劳动的乐趣和价值。鼓励孩子参与家庭决策和计划，让他们感受到自己在家庭中的重要性。学生在学校劳动教育课中学习的技能，还要在家庭中去实践，比如烹饪、缝纫、园艺等，这些技能不仅有助于家庭和谐，也能让孩子在未来的生活中更加自立。我们鼓励家庭成员一起完成家务，强调团队合作的重要性，这也有助于培养孩子的协作精神。

3. 拓宽社会劳动基地资源

社会资源是拓宽劳动教育资源的重要途径。学校可以与企业、社区等合作，为学生提供实践机会，让学生了解不同行业的工作内容和要求。此外，学校还可以组织学生参加志愿者活动，让学生在为社会做贡献的同时，锻炼自己的劳动技能和组织能力。拓宽小学劳动教育资源需要学校、家庭和社会的共同努力。通过合理利用各种资源，创新劳动教育方式，可以为学生提供更加丰富、多样的劳动教育资源，促进学生的全面发展。

学校、家长与社会实践基地联合，在特殊的场地开设家政（包括电器清洗、室内装饰、缝纫、编织等），烹饪（包括煎、炒、凉拌、拼盘、糕点制作等），手工（包括折纸、剪纸、刻纸、泥塑、串珠等），小发明（包括科学小发明、废物利用小发明等），小制作（包括纸艺、布艺、陶艺等），小实验（包括物理小实验、化学小实验等），园艺（包括养花、插花、盆景制作等），非物质文化遗产保护（包括篆刻、皮影、版画、青铜造型、面塑、扎染、刺绣、捏泥等）等课程，让孩子到实践基地体验劳动，充分发挥孩子的动手、动脑能力，使孩子在劳动实践过程中学到知识，了解劳动的辛苦，珍惜劳动成果。

（二）创建家校社协同育人方式

1. 家长进课堂——丰富劳动教育资源

家长走进学校劳动课堂，共同参与小学劳动教育，是非常有效的一种教育形式。家长作为孩子的第一任教师，他们的参与可以让孩子感受到学校和家庭的紧密联系，增强对劳动教育的认同感。家长参与劳动课堂，可以为孩子提供实际的帮助和指导，让孩子在劳动中学会解决问题、培养创造力和合作意识，更是可以促进家庭教育和学校教育的无缝对接，形成家校共育的良好氛围。

当然，家长进课堂参与小学劳动教育，并不意味教师的角色将被替代。这一模式是要家长与教师共同合作，家长需要尊重教师的专业性，教师需要家长带来的新形式，形成良好互动，共同为孩子的劳动教育创造更好的环境和条件。

我校家长已经通过以下方式，进入课堂参与小学劳动教育。

（1）家长劳动体验活动：我校邀请家长进入课堂，与学生一起参与劳动体验活动，例如植物种植、手工制作、物品整理等。通过亲身参与劳动，家长与孩子一同体验劳动的价值和乐趣，孩子在教师和家长的共同帮助下，动手能力和实践能力不断提高。

（2）家长职业分享：家长受到邀请来到学校，站上大讲堂的舞台，分享自己的职业经验，介绍自己的工作内容和劳动过程，让学生参与、了解不同职业的劳动方式和社会价值，激发学生对劳动的兴趣和理解。

（3）家庭劳动经验交流：我校组织家长交流会，让家长分享劳动经验，如家务劳动、养殖、种植等。家长可以介绍自己的劳动方法、技能和感受，鼓励学生积极参与家庭劳动，加强学生对劳动的尊重。

（4）园区劳动参与：我校不断开发劳动空间，并进行合理运用。在校园绿化、清洁活动等大型互动实践中，家长进校共同参与，既加强了家校合作，又给学生提供了一个锻炼劳动能力的良好机会。

2. 家校研修共同体——增强劳动实践体验

学校以家校研修共同体活动为载体，家长与教师作为劳动活动的共同策划者，充分发挥社会资源和家长职业特点拓宽劳动实践基地，增强劳动实践体验。在我校组织的家校研修共同体活动中，学校邀请家长全程陪同孩子参加。不仅有户外收割、农田体验等形式，还有非遗工艺学习等传统元素。在一次次研学中，孩子和家长亲身体验劳动的乐趣和意义。学生通过观察蚕豆、练习扎染、学习收割、挖红薯等劳动实践活动，端正劳动态度，在了解更多现代农业技术和健康饮食文化的同时，也激发了对传统工艺劳动、农业生产劳动的兴趣。通过亲身参与劳动，学生也体验到劳动的辛苦和乐趣，锻炼了耐力、毅力，培养了责任感。我校部分班级还组织学生前往天兴洲，引导学生参与垃圾清理志愿服务，在劳动中培养学生的动手能力、公益意识和团队合作精神。

家庭和学校通过实实在在的实践活动，在活动中达成共识，建立信任。不仅让孩子在玩的过程中学到东西，还促进教师、家长及学生之间的关系更加融洽、和谐。

3. 社会实践行——拓宽劳动教育场域

合理利用社会资源，给学生提供更多实践的场所和机会，拓宽劳动教育的场域。学校通过与社会链接，让学生有机会走进高校、企业、工业园等进行实地参观，参与劳动实践，锻炼动手能力，了解各行各业劳动者的岗位职责，加强学生对不同劳动者的理解和尊重。

社会和学校联合育人的模式，能够更好地满足现代社会对综合素质教育的需求，充分利用社会资源，为学生提供更广阔、更多样的学习机会和实践平台，促进学生全面发展。并且，学校可以借此加大与社会需求的对接，调整教育内容和方式，拓展学生的视野，增强学生的社交能力和合作精神，使学生在未来具备更强的职业适应能力。

（三）推进家校社协同育人评价

劳动教育评价作为劳动教育体系的重要组成部分，是劳动教育实施的"指挥棒"，亦是劳动教育高质量发展的重要保障。我校在劳动教育的评价过程中，始终坚持建构指向劳动素养培育的劳动教育评价体系，主要从以下几个方面进行尝试探究。

1. 评价形式多元化，激发学生内驱力

为了更好地吸引学生对劳动产生兴趣，养成良好的劳动习惯，学校开展了团体捆绑、个人激励、个人展示等多种劳动教育评价方式，逐渐形成了团体＋个人、基础＋特色的多元化劳动教育评价机制。

（1）集体劳动评价，提升学生的凝聚力。

学生处在一个班级环境中，学习、成长都离不开班级，班级对于每个学生而言都是一个小小的生活环境，在这个环境中，每个学生都需要为环境贡献出一份自己的力量。为了提升学生的班级凝聚力，引导学生形成集体荣誉感，我校学工处针对班级设计了每个星期的五好评价，包括好好劳动、好好走路、好好说话、好好吃饭、好好活动。其中，好好劳动是对班级的劳动评价，主要包括对每日清洁、大扫除、关闭水电门窗等班级日常劳动的情况进行评价。团体劳动评价不仅考查学生的劳动技能，还侧面考查了学生劳动的坚持性。

（2）个人劳动评价，唤醒学生的内驱力。

在个人劳动评价方面，我们采取基础劳动评价和特色劳动评价相结合的方式，不仅关注学生的个人全面发展，还涉及学生的劳动技能习得程度。

①基础劳动评价，促进学生横向发展。

基础劳动评价主要是针对全校学生开展的基础性评价，其主要目的是引导学生德智体美劳全面发展。在基础劳动评价方面，我们根据校区特色开展不同的劳动教育，在金都校区主要依托学校特色养殖园开展孔雀、小兔子等的养殖活动；在橡树湾校区的种植园开展种植、采摘活动；在本部校区的中华书屋开展整理书屋等体验合作式劳动教育；此外，结合"五一"劳动节、端午节、中秋节、春节等传统节日开展手工、美食、民俗等整合式劳动教育。在线上教学期间，我校依托线上劳动技能小讲堂栏目，对积极参与的团体及个人大力表彰，为参与率高的团体及个人颁发奖品、奖状，并为学生佩戴劳动奖章（见图6-9）。

图6-9　劳动奖章

2022年版新课标颁布之后，我校结合劳动教育新课标的要求，进一步深化劳动教育基础评价，设计基于劳动素养评价的分段"劳动集星卡"（见图6-10），将学校劳动教育引领与推动家庭劳动教育结合起来，并通过红领巾奖章特色章"劳动奖章"激励，循序渐进地让学生养成劳动的好习惯。通过劳动打卡、任务单、劳动微视频、劳动技能比武等给予学生劳动最光荣的情感体验，将正确的劳动观念内化给学生，将劳动教育评价结果融入市区级优秀少先队员、优秀学生等各项综合荣誉的评选中。而分段式"劳动集星卡"则是孩子们在家长带领下走向更多劳动实践基地，更深入地了解劳动教育的最佳证明！

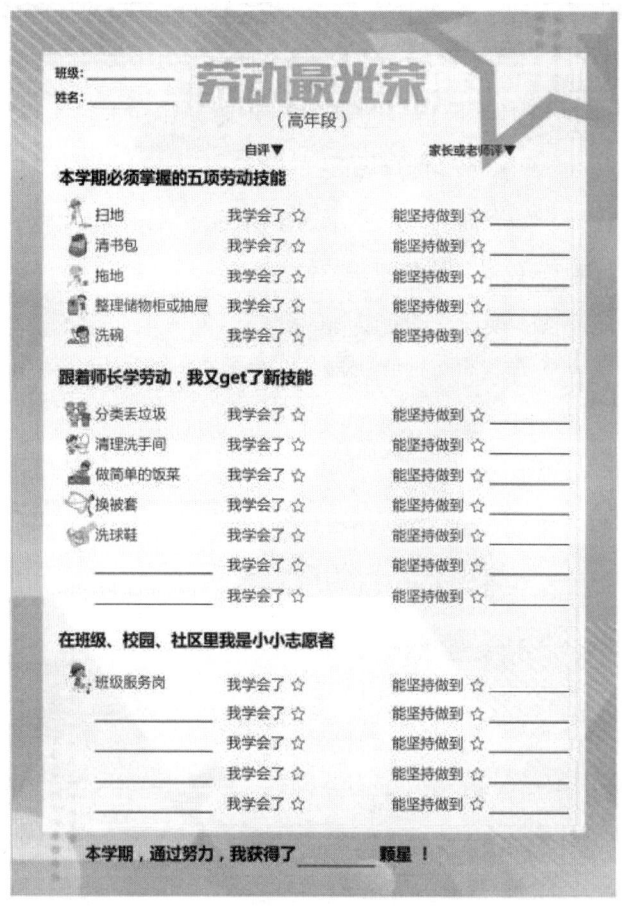

图6-10　劳动集星卡

  在这些劳动评价中，我们采取的原则是重参与，与以往的重选优有所不同，我们旨在鼓励全体学生人人参与，只要学生在自己已有的基础之上有所进步即可。

  ②特色劳动评价，引导学生纵向成长。

与基础劳动教育有所不同的是，特色劳动教育评价重选优，我们重点关注学生劳动技能的掌握程度，以此来引导学生关注自己的劳动技能掌握状况，以便学生有针对性地查漏补缺。在具体劳动项目中，我们采取评选"劳动小明星""劳动技能小讲师"等个人激励式劳动教育评价。

此外，在劳动教育特色评价方面，我校结合校情，立足于校园实际，开展一系列的劳动技能大比拼活动。在评比过程中，我们采取游园打卡方式，结合每个年段的特点，根据学生日常劳动教育的习得情况，将该年段学生所需掌握的技能一一罗列，学生依次在打卡点打卡完成。评价等级分为完全掌握技能、基本掌握技能、未掌握技能三个等级。学生通过比赛打卡，可以清楚地知道自己的技能掌握情况，并且根据自己的情况进行有针对性的训练。此外，我们还为每一年段的学生设计挑战打卡的劳动项目，鼓励学生在力所能及的基础之上有所成长。

通过多元的评价机制，学生分享劳动教育项目与劳动成果，使学生体会到劳动的价值在于"以劳树德，以劳增智，以劳强体，以劳育美"。

2. 评价内容多元，显性隐性齐评价

在对学生劳动教育评价的过程中，我校结合多年的经验，不但关注对学生劳动知识、劳动技能等外在表现的评价，还关注对学生劳动价值观、劳动情感、劳动精神等内在因素的评价。我校充分结合各种节日、时事以及突发性事件，组织学生向劳动者表达感恩之情，并体验他们的劳动，进一步感受他们的劳动精神。

此外，我校还联合家长，带领学生走进家长的工作场所，体验他们劳动的不易，学生通过感受、体验，并以劳动日记的形式将自己的收获记录下来，学生之间关于劳动的互动交流也是他们领悟劳动精神、劳动价值观、劳动情感的体现。

除了对显性的劳动技能的关注之外，对隐性的劳动品质、劳动价值观以及劳动情感的关注和熏陶也是我校劳动教育评价的关注点。这些隐性评价渗透在学生日常学习的方方面面、点点滴滴之中，相信在长期的坚持下，定能化无形为有形，切实提升学生的劳动品质，帮助学生树立正确的劳动价值观和劳动情感。

3. 评价主体多元，家校社协同参与

评价主体多元是指家长评价、教师评价、社区评价、同伴评价、自我评价相结合。学校场域内外相关的每一个人都可以作为评价者。在对接家庭场域的过程中，学校利用反馈单、师生会议等途径，让学生、家长、教师充分交换意见。

为了使学生形成稳定的劳动兴趣，学校线上、线下齐头并进开展家庭劳动教育，使学校、家长和学生形成一个"三位一体"的互动评价方式。在这样的双线并进评价过程中，学校注重"自我评价"与"他人评价"相结合，即"学生自评""伙伴互评""教师点评""家长参评"的多元评价形式，评价有重点、讲过程、看落实、重提升，较为客观全面地评价学生的劳动素养。其中，"学生自评"采取学生自我发现、自我评估等方法，进行自我教育，发挥学生的主体作用，"伙伴互评"则发挥了同伴互助互补的作用，促进共同成长，"教师点评"组织引导学生积极参与家庭劳动活动，"家长参评"则充分发挥家校共育的作用。

做好家校共育工作，化育人于生活。"劳动集星卡"活动实施过程中，家长和班主任通力协作，实时联络。学校和家庭联合召开相关会议，让家长与学生一同了解劳动内容及评价标准，理解劳动清单的意义。这既让学生认识到劳动在生活中的重要性，也能引导家长将劳动空间让给学生，培养学生自强自立的好习惯。家长与学校一样，是学生劳动教育的引导员、监督员，应根据学生日常劳动参与情况，按要求进行记录和评价，与班主任及时沟通，共同引导学生端正劳动态度，养成劳动习惯。

在社会劳动评价中，学校采取了"走出去、请进来"的方式对劳动教育进行评价。学校每月开展家长进课堂活动，家长走进学校后，带领孩子们品茶、插花、做手工，班级师生共同品尝劳动成果并进行劳动评价。劳动评价内容全面，为"家校社"共育提供了有效支撑，发挥了学校在劳动教育过程中的主导作用，也重视家庭在劳动教育中起到的基础作用，还兼顾了社会在劳动教育过程中的支持作用，实现了家庭、学校、社会教育的有效结合，拉近了学生与家庭、社会的关系。在劳动过程中，学生拥有更多与家长互相了解的机会，也学会了尊重平凡的劳动工作者，获得了积极、全面的成长。

劳动评价是劳动教育中必不可少的环节。学校的劳动教育评价体系从劳动意识、劳动观念、劳动能力、劳动成果四个维度进行了分析构建，并展开多维度评价，极大地促进了学生劳动素养的提升；但是劳动观念、劳动精神、劳动品质的形成具有长期性，不是一节课、一次活动就能实现的，需要在长期的劳动教育活动中不断累积，经由量变达到质变。因此在后续的研究实践过程中，我校会结合校情、学情，更深一步探究基于劳动素养的评价，同时号召全学科、全方位评价，让每一位教师都成为劳动教育评价者，让他们在各自的学科领域挖掘劳动教育元素。

🌀 第四节　培养"中华小当家"生存素养的典型案例

让学生学会劳动生活，是"中华小当家"的基本生存素养。结合其内涵、原则、策略，我们建立了家校劳动研修共同体，培养劳动技能小讲师，成立学校劳动工具博物馆，丰富学生对劳动教育的认识，在各方面进行了有益的尝试。

【案例一】

家校劳动研修共同体

一、案例介绍及分析

我校是一所城区小学，地处市中心繁华地带，学生生活于钢筋水泥建造的高楼大厦中，生活环境的限制性使得学生们缺乏劳动意识与劳动能力。

在一次午餐时间，学校推出了红薯杂粮饭。同学们吃得津津有味，教师不禁问道："今天的红薯饭是不是格外美味？"同学们鼓着腮帮子不停地点头。"要是能吃上自己亲手挖的红薯，那味道一定会更好。你们有挖过红薯吗？""没有啊，红薯要怎么挖呀？""我也没挖过，家人没有时间带我去挖红薯。"看着他们遗憾的样子，教师趁机追问："你们想亲自动手挖红薯吗？"同学们纷纷举手表达自己强烈的愿望。看着他们殷切的眼神，教师积极地与各方沟通，在学校的支持下组织挖红薯的活动。

以此为切入点，我校积极开展各项劳动实践活动，立足校园生活、走向社会各地，在劳动教育的过程中，注重引导学生亲身参与实践，在真实情境中动手参与、全方面探索，引导学生弘扬劳动精神，树立崇尚劳动、尊重劳动的价值观，培养和发展学生的劳动能力。

二、问题解决策略及过程

（一）明晰学校劳动教育目标

学校劳动教育的目标是培养学生良好的劳动观念和劳动习惯，传授实用的劳动技能，培养学生的创新意识和实践能力。具体包括以下几个方面。

（1）培养学生的劳动意识：通过劳动教育，让学生理解劳动的重要

173

性，了解劳动的意义和价值，树立正确的劳动观念。

（2）教授基本的劳动技能：学生应学习基本的劳动技能，如做饭、打扫卫生、洗衣服等，以及一些简单的职业劳动技能。

（3）培养学生的责任感和协作精神：通过参与劳动，学生应学会承担责任，理解自己的行为对家庭、社会和他人的影响，同时培养协作精神和团队意识。

（4）培养良好的劳动习惯：学生应养成良好的劳动习惯，如定时打扫卫生、定期整理个人物品、节约资源等，从而形成良好的生活态度和行为方式。

（5）促进学生的身心健康：学生应通过劳动锻炼，增强身体素质，提高身体协调性和灵活性，同时培养坚忍不拔的精神和乐观向上的态度。

这些目标既符合小学教育的整体要求，也与小学生的年龄特点和心理需求相符合，同时具有可操作性和可实现性。通过逐步实现这些目标，学校的劳动教育将取得更好的效果。

（二）制定学校劳动教育规划

为了更好地开展劳动教育，我校将劳动教育纳入学校课程计划，建立并不断完善劳动教育实施的保障体系。学校全面了解来自不同校区、不同年段、不同学科教师的意见，在进行了深入的分析和总结后，根据不同年龄阶段学生的心理特点和心理发展规律，分年级、分层次确定了相关劳动教育内容，制定了主题活动方案，并在全校颁布实施。

为了确保劳动教育的有效实施，学校建立了以校园为主导、家园为基础、社区为依托的三位一体协同交融的实施模式。通过家校联动、社区结对以及家长的指导与督促，形成劳动育人合力。

（三）坚持劳动实践活动引领

我校坚持在活动中发展的理念，推动劳动教育课程与其他课程有机融合，形成一体化设计。在课程内容的选择上，我们深入传统文化，挖掘适宜小学生的劳动教育内容。同时，我们注重学科扩展劳动教育课程和节日系列劳动课程的探索，以贯彻"五育并举"的新思路。

为培养学生的动手能力和提高学生对本土文化的认同感，我校组织一系列与传统文化相关的劳动课程，如制作剪纸、非遗脸谱等。同时结合传统节日，组织各种劳动教育活动，如端午节包粽子、中秋节做月饼等，形成独特的节日系列劳动课程。另外，在劳动教育实践中，将劳动与各学科知识相结合，探索"五育并举"的新路径，如深入了解劳动中蕴藏的科学知识等。学校已组织开展了各种独具特色的社会劳动实践活动。

1.田野里的童年：立夏小满正插秧，五月时节趣撒欢

在5月，我校以"认识小满，体会小满"为主线，进一步向学生介绍传统文化知识，拉近学生与传统文化节气之间的距离，让学生在感受传统文化魅力的同时，体会自己动手劳动的乐趣。在教师的组织下，家长带领孩子们一同前往庄园，在集合讲解基本要求后，开始一天的劳动实践之旅。教师向同学们仔细地讲解了插秧的方法和注意事项后，同学们换好装备，开始进入插秧环节。从一开始的不敢下田，到小心翼翼地慢慢下田，再到在田里活动自如、埋头插秧，欢声笑语萦绕耳边。一场乡村田野里的生活体验，就可以锻炼学生对自然环境的适应能力与应变能力。

2.共研布艺扎染艺术，传承民间传统文化

我校劳动研修小组走近千年的扎染历史，亲手体验扎染的魅力。活动伊始，扎染老师组织同学们进行了一项好看又好玩的"色彩游戏"，用五彩缤纷的颜色，吸引了同学们的注意力，激发了同学们对艺术的兴趣和想进一步深入探索的好奇心。紧随其后，扎染老师为同学们讲解了染料的历史，还介绍了古法传统纺织工艺——绞缬，也就是如今的扎染。老师的细致讲解让同学们对扎染艺术有了更深一步的了解。

实操环节，同学们纷纷化身图案设计师，扎进扎染的世界埋头苦干，巧妙搭配各式各样的扎染工具，在自己的一方小手帕上大显身手。经过扎染老师的指点和帮忙，同学们都制作出了独特新颖的作品。

同学们在感受扎染的快乐的同时，体会到了动手制作的乐趣和成就感，记住了来自自然的朴素美，也学会了在生活中探索美、发现美，自发地认同、热爱祖国的民俗文化，树立起强大的文化自信，也意识到自己肩负着传承中华文化的责任。

三、成效及总结

（一）注重劳动品质，构建多元评价

为了完善评价体系的全面性和客观性，学校采取了多元化的评价方式。

（1）学生的劳动技能评价：评价学生在实际劳动过程中掌握的技能和

能力，例如操作工具的熟练度、动手能力、解决问题的能力等，可以通过观察学生在实践中的表现、评估学生完成任务的效果来评价学生的劳动技能水平。

（2）学生的劳动品质评价：评价学生在劳动过程中展现出的品质特点，如认真负责、团队合作、吃苦耐劳等，可以通过观察学生在团队合作中的表现、他们对劳动的态度和责任感等来评价学生的劳动品质。

（3）学生的劳动价值观评价：可以通过观察学生对劳动的态度、对自己劳动成果的评价以及对他人劳动的尊重等来评价学生的劳动价值观。

通过评价的引导，我们希望帮助学生更好地认识自己在劳动中的优势和不足，促使学生持续反思和改进，从而不断提升生存素养水平。

（二）立足劳动实践，提升劳动能力

在实施劳动教育校本课程后，学生在劳动方面的参与度明显提高。特别是在简单生产劳动中，学生的参与意愿有了很大的变化，从不会劳动到日常经常参与劳动，显示出明显的成长和进步。

通过实践，学生不仅学到了专业技能，更重要的是培养了劳动意识和价值观，以及探索和沟通的能力。这种注重实践的劳动教育方法，能够更好地激发学生的积极性和创造力，使他们在劳动过程中获得成长和提升。

（三）聚焦传统文化，培养劳动精神

我校的劳动教育课程以传统文化为重要内容，在课程实施或劳动活动中，学生有机会亲身参与扎染、非遗脸谱等传统手工艺品的制作，通过这样的实践活动，学生能够更加深入地了解传统文化的内涵与特点，并在实践中体验和感受传统文化的魅力。同时，学生在劳动过程中学习到了相关的技能和知识，培养了动手能力和创造力。这种结合传统文化与劳动实践的教育方式，可以使学生在劳动中获得创造的快乐，激发学生的学习兴趣和积极性。

此外，这种教育方式不仅帮助学生形成劳动光荣的思想意识，还能够树立学生的文化自信。学生在劳动实践中既能够深刻领悟到劳动的价值和意义，产生对劳动的尊重和认同，培养劳动精神，还能通过深入学习和体验优秀传统文化，更好地认识自己的文化背景和身份，培养对传统文化的自豪感和自信心。这种教育方式不仅有助于学生全面发展和个性成长，也有助于传承和弘扬优秀传统文化，培养具有民族精神和社会责任感的新一代劳动者。

【案例二】

中华小当家——我是劳动技能小讲师

2020 年，中共中央、国务院与教育部相继发布了《关于全面加强新时代大中小学劳动教育的意见》《大中小学劳动教育指导纲要（试行）》。劳动教育的新浪潮呼之欲出。但是，在小学一线工作中，劳动教育更多停留在意识上、自主摸索中，缺乏实践行动，也没有系统指导。小学是人生启蒙的重要阶段，也是树立劳动意识、培养劳动精神和习惯的最好阶段，因此，探究培养小学生劳动习惯以及有效开展劳动育人的策略和途径是势在必行的。

一、案例介绍及分析

（一）案例背景介绍

在劳动教育轰轰烈烈的大浪潮下，因受疫情大环境的影响，学生很长一段时间处于线上学习状态，师生"隔屏相望"，一根网线串联起"教"与"学"。学生大多时间都在居家学习生活，而初期劳动教育课程的上课资源都来自网络上的视频，学生的学习形式受到环境、条件等的限制，大多为观看劳动视频，课后操作实践、拍照打卡。由于劳动教育针对性不强，加上学生长时间面对网络，各学科打卡作业增多，在劳动教育的开展过程中，学生的学习兴致不高，家长的配合度也不是很高，劳动教育的效果并不理想。

（二）案例分析

发现以上问题后，为更好地落实劳动教育，避免劳动教育虚化、弱化、边缘化，在学校领导的支持下，我校组建了劳动教育教研组，共同备课，研讨线上劳动教育课程实施方案，巧妙开发适合线上教学的劳动课程资源，我们的"中华小当家——我是劳动技能小讲师"活动就是在这种情况下应运而生的。

我们在全校范围招募"劳动技能小讲师"（见图 6-11），让学生自己成为劳动课的主导者，自己做老师、自己设计脚本、自己拍摄劳动教学视频，成为讲师走上讲台，学生可以从整理与收纳、烹饪与营养、家用器具使用与维护、农业生产劳动、传统工艺制作、工业生产劳动、新技术体验与应用、现代服务业劳动八大任务群中选择自己感兴趣或擅长的内容精心"备课"（见图6-12），就地取材，进行微课的录制。活动旨在全面培养学生的劳动品质、劳动精神、劳动能力和劳动意识。

图6-11 "中华小当家"劳动技能小讲师征集海报

图6-12 "中华小当家——劳动技能小讲师"课例

二、问题解决策略及过程

"中华小当家——我是劳动技能小讲师"活动一经发布，便得到了学生和家长的热烈反响。学生积极参与，与家长共同设计劳动教育课程。

（一）规范设计，落实教育内容

劳动技能小讲师是针对线上学习状态开展的劳动教育内容，在调动大家积极性的同时，也规范和把控学生小讲师的分享内容，因此在学生设计初期，我们采取的是先报名后确定的方式，学生可以先设计自己的讲解内容以及讲解方案，由班主任把控筛选后，交由学校劳动教育教研组进行统一审核指导，确保劳动技能小讲师的内容源于学生，对学生有针对性的指导。

在我们第一节劳动技能小讲师课堂中，小讲师易莉雅设计"早餐三明治"一课的灵感来源于现实生活。有时候她的父母比较忙，她如果学会做三明治，就可以为全家人做上一道既营养又美味的简餐。在劳动教育内容的征集过程中，我们鼓励小讲师们结合亲子关系、日常家务、生活创造三个方面展开。小讲师易莉雅谈到，在这次"备课"的过程中，她体会到了细节的重要性，做三明治看似比较简单，但是如果要有条理地呈现整个过程，需要先制定好步骤，才能够又快又好又干净地制作完毕，"特别是在切蔬菜和煎面包片的时候，一定要细致。"她说。为了能给其他同学把制作三明治的步骤清晰地讲解出来，易莉雅反复操练，将讲解内容烂熟于心。她也感叹，做一位优秀的教师，将教育的内容说清楚真的太不容易了！

（二）注重转化，深化学科融合

劳动教育不是孤立存在的，一定要引导学生明白劳动教育是可以跟其他学科有机融合的，让他们将自己所学所用巧妙运用在劳动技能小讲师内容分享中。学校劳动教育的学科融合，旨在将劳动教育有机融合在劳动必修课外的国家课程体系中。劳动教育并不是学科之外的附加品，每门学科自身都蕴含丰富的劳动教育资源，要准确把握劳动教育和学科教育的内在关联性，助力学生的劳动素养发展。引导学生发掘文化学科课程中的劳动教育元素，并将其融入劳动教育分享过程中。例如，将语文课中的"劳动诗词名句大收集"渗透到劳动精神品质分享中，将音乐课中学习的歌颂普通劳动者的作品、美术课中描绘劳动场景的绘画写生等巧妙运用在自己的劳动教育分享中，增强分享内容的立体性和吸引力，从而引导学生全面地看待劳动教育。

（三）丰富载体，增强劳动乐趣

在线上劳动技能小讲师征集过程中，考虑到各方面的因素，我们以学生方便取材、方便操作为主。恢复线下上课后，我们拓宽劳动教育的载体，包括以"家务活、班级值日、植物角、班级布置、班级大包干区、班级实践区和通识课"为主的日常化劳动和以"学农、劳技课、社团"为主的项目化劳动。在引导学生学会劳动、分享劳动的同时，也为学生搭建劳动教育平台，如我校本部校区凭借地理优势，与周边的红色教育基地结合，培养了一批优秀的"红巷苗苗"，为来此游玩的游客介绍红色故事；金都校区则在校园内为学生建立养殖园，园内的孔雀宝宝、兔子宝宝深受学生的喜爱，学生还为孔雀起名；橡树湾校区则建立种植园，学生在淡淡的玉兰花香里，收获了丰收的喜悦。多种多样的劳动载体，也为劳动技能小讲师拓宽了场地，增强了学生的劳动兴趣。

三、成效及总结

学生和家长的积极参与让"劳动技能小讲师"课程更加丰富多元，在设计课程、制作微课的过程中，家长以指导者的身份参与其中，有效化解由家务劳动可能会引发的一系列家庭矛盾。教师同时引导学生换位思考、理解父母，构建和谐的家庭关系，让学生学会感恩，达到情感教育的目的，也让学生在劳动中掌握技能、在劳动中感悟亲情。

当学生看到自己设计制作的劳动微课在全校劳动教育课上播放时，会更加深刻地感受到劳动所创造的价值和快乐，同时也激发了其他学生对劳动的热爱和兴趣，参与劳动课实践分享的学生越来越多，家长也更加配合，同时也让更多学生积极加入劳动技能小讲师的队伍中。

"中华小当家——劳动技能小讲师"活动不仅教育了学生，更提醒了家长劳动教育的重要性。在教育教学过程中，家校协同对于构建良好的劳动教育生态尤为重要，我们要重视并坚持线上、线下劳动教育，多方面汲取劳动智慧，创新劳动作业形式，做好劳动教育反馈，让劳动点亮学生成长的底色。"中华小当家——我是劳动技能小讲师"的活动仍在延续，现在学生可以真正走上讲台，将自己的劳动技能传授给更多的同学，一起参与劳动实践，共同成长。

【案例三】

劳动工具博物馆

习近平总书记曾经说过："劳动最光荣、劳动最崇高、劳动最伟大、劳动最美丽。"中华民族历来是勤于劳动、善于创造的民族，因为劳动创造，我们才拥有了辉煌的历史。而劳动工具是人类通过劳动认识世界和改造世界的媒介，它在诞生之初就蕴含了人类劳动的目的、价值、方法、观念、能力、精神和品质，是劳动文化的有形载体，在小学劳动教育课堂中具有不可或缺的重要作用。认识劳动工具的初始形态、功能，有利于学生把握一项劳动的本质意义，感受劳动效率的提高。我校地处武汉市中心城区，学生对劳动工具的认知少之又少，怎样才能让学生直观地认识和了解劳动工具、体验劳动工具对劳动的重要性呢？我校的中华劳动工具博物馆就是在这种背景下诞生的。

一、案例介绍

"这个展柜里面有两个玻璃制作的物品，像鸟一样，大家猜猜这是用来干什么的？""像装水的！""我觉得是装酒的。""喝奶的瓶子吧！"……一年级的劳动教育课正在中华劳动工具博物馆中进行。这节课是中华路小学劳动课程下"博物馆课程"的一个缩影。为了传承弘扬农耕文化，拓展学校劳动教育阵地，我校从五年前起挖掘周边农村乡土民俗，广泛收集农耕用品及生活器具，逐步建起了中华劳动工具博物馆。中华劳动工具博物馆建立后如何发挥其育人功能？学校劳动教育怎样开展才能发挥其应有的作用？校本化劳动课程如何体系化构建才能上出特色？带着这些问题，中华路小学开始了校本化劳动教育的"摸爬滚打"之路。

二、问题解决策略及过程

（一）广泛征集，充盈劳动工具博物馆

为了让中华劳动工具博物馆藏品更加丰富，更加具有教育意义，我校在向社会广泛征集的同时也向所有家长和师生发出征集令，并为藏品被收藏的捐赠者统一颁发"收藏证书"，捐赠器具永久标注捐赠者姓名以示纪念。为了让征集更具有针对性，我校将征集内容分为耕种类农具、加工类农具、工匠类农具、运输类农具以及其他类，在征集的同时，结合学校的劳动技能小讲师活动，引导学生查阅相关劳动工具的介绍以及使用方法，制作劳动工具的说明卡，通过家庭、校园、社会等多方力量，让中华劳动工具博物馆建起来了。

（二）合理使用，盘活中华劳动工具博物馆

建好中华劳动工具博物馆后，就要将其充分利用起来，用劳动工具来育人，因此我校把博物馆的资源开发、作用发挥等纳入劳动课程体系建设中，把博物馆陈列的农耕工具用图文并茂的方式在校内劳动教育读本中进行呈现，作为各年级劳动课程的重要内容。同时，教师根据教学需要，可以带学生到展馆内进行现场教学，也可以把部分工具拿到教室进行教学。带学生到博物馆上课，学生可以通过"摸一摸""猜一猜"等方式了解农耕用品的名称、材质和功能，从而体会劳动人民的智慧。

以"种韭菜"一课为例，该课旨在让学生掌握铁锹、铁耙、浇水管等常用农具的使用方法，学会种植韭菜，初步体会种植规律、田园乐趣和中国人的土地情怀。在教学过程中，学生换用小号工具，以保障工具使用得心应手。教师则带领学生走进中华劳动工具博物馆，详解工具的使用方法，分解使用工具的基本动作。此外，教师还需引导学生在运用过程中了解劳动工具的性质。劳动工具的使用方法与劳动性质密切相关。劳动性质转变后，劳动工具的性质随之转变。从菜农到普通城市家庭，种韭菜的性质从生产劳动转变为生活劳动，从靠天吃饭、土里刨食转变为提高品质、享受生活，从"田园食"转变为"田园诗"，劳动工具也发生了重要转变。锹、锄更加短、轻、便携，肥料优选有机复合，更加生态、环保。教师要结合学生生活实际，引领学生认识这种转变，体会新型劳动工具的适切性能。

（三）爱护有方，护好中华劳动工具博物馆

我校中华劳动工具博物馆是一座致力于展示和保护各种劳动工具的博物馆，旨在教育和引导学生尊重劳动、珍惜劳动成果以及爱护劳动工具，加之博物馆中的众多展品都来之不易，因此我校也相应采取了一系列的措施来保护各类展品，除常规的制度管理、环境管理、安全管理之外，我校还对博物馆内的劳动工具定期进行保养和维护。例如，对于金属工具，可以涂抹防锈油以防止生锈；对于木质工具，可以进行防潮、防虫处理。对来参观学习的师生，我们合理规划参观路线，设置指示牌并安排引导人员，帮助他们了解展品的布局和参观顺序，确保师生能够有序地参观展品，同时避免对展品造成损坏。我校还举办展览、讲座、互动体验等活动，向师生展示劳动工具的价值和意义，引导大家尊重劳动、珍惜劳动成果以及爱护劳动工具。

三、成效及总结

中华劳动工具博物馆的打造既丰富了学生的劳动认知，也加强了学生对学校特色劳动课程的了解，让学生明白了劳动教育的意义。俗话说："三分手艺，七分工具"，"工欲善其事，必先利其器"。做好劳动工具的教学，让学生实际接触、熟练运用和深入理解劳动工具，不仅有利于学生从浅层体验走向深度学习，逐渐形成包含态度、能力、精神、习惯和品质的劳动素养，而且还有利于学生认识真实世界，产生真情实感，塑造求真务实品质，促进学生对世界的理解从虚化转为实化，脚踏实地地感知世界，自然地融入世界，有力地改造世界。

（本章编写人员：许许多多、许静、杨晓丽、夏立艳、陈飘、刘群艳）

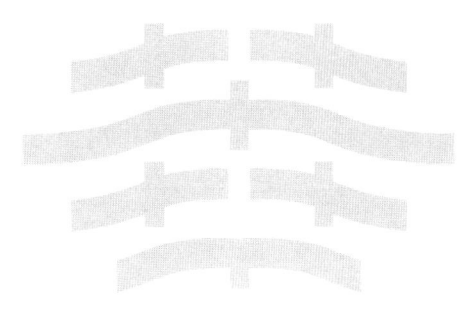

第七章
增进国际理解：培养"中华小当家"
全球素养的育人方式

第一节 培养"中华小当家"全球素养的内涵

全球素养，是指个人能够分析当地、全球和跨文化议题，理解和欣赏不同文化背景者的观点和世界观，与不同文化背景的人进行开放、得体和有效的互动，以及为集体福祉和可持续发展采取行动的能力。在日益全球化的今天，国际理解教育以促进国际理解为目标，通过各种教育手段和措施，培养具有国际理解能力与全球素养、适应全球化发展趋势的未来人才。

我校以培养"中华小当家"为育人目标，正在探索并形成螺旋上升的国际理解教育实践活动体系，帮助学生深度体验多元文化，提升学生跨文化理解能力，努力使学生成为具有包容性与同理心的新时代世界小公民。

"中华小当家"全球素养的内涵包括以下四个方面：中华民族和文化的自豪感、全球命运共同体的认知力、国际交流与合作的理解力、成为世界小公民的行动力。

一、培养学生中华民族和文化的自豪感

中华民族，有着五千年的历史，五千年的风风雨雨、艰难困苦从未让它倒下。作为中华儿女，每一代人都肩负着时代赋予的使命，肩负着责任与担当。

中华文化，是中华民族延续和发展的精神支柱，是世界文化的重要组成部分，是人类文明历史上的一颗璀璨明珠。要延续、发展、发扬中华文化，就需要引导学

生学习、掌握中华文化，并为中华文化的赓续、发展、传播做出个人的努力。

引导学生学习中华传统文化，有助于陶冶学生的心灵，提升学生的人文素养；有助于促进学生思想道德发展，奠定学生的人格基础；有助于提高学生构建社会主义和谐社会的责任意识。培养和造就有中华民族丰富文化底蕴的新一代，对基本实现社会主义现代化，实现中华民族伟大复兴的中国梦，具有重要的意义。

将中华优秀传统文化融入教育教学全过程，是我校引导学生树立正确的历史观、民族观、文化观，增强对中华民族自豪感的核心做法。

二、培养学生全球命运共同体的认知力

2013年3月，习近平总书记在莫斯科国际关系学院发表演讲，提出"这个世界，各国相互联系、相互依存的程度空前加深，人类生活在同一个地球村里，生活在历史和现实交汇的同一个时空里，越来越成为你中有我、我中有你的命运共同体"①。

"人类命运共同体"植根于五千年中华文明智慧的土壤，是与中华民族精神相一致的。自改革开放以来，我国在国际社会中发挥着越来越大的作用。公民国际理解的意识、知识、技能和态度将成为综合国力的一项重要指标，国际理解素养也将是未来公民文化素养的重要组成部分。因此，培养学生对人类命运共同体的认知力，尤为重要。培养具有全球素养的认知、意识和实践能力的学生，更是势在必行。国际理解教育要按照"先国家、后世界"的逻辑顺序，在培养合格国民的基础上培养其全球视野与全球素养，使其成为具有国际竞争力的人才。

"人类命运共同体"视域下的国际理解教育要培养的是能够站在人类共同利益之上，能为人类的可持续发展主动担当的国际化人才。在"中华小当家"国际理解教育活动中，我们引导学生了解不同地域、不同民族的文化背景知识以及社会风俗习惯，向学生阐述不同文化形态之间相互碰撞、借鉴的演变过程，引导学生更透彻、更细腻地把握地域文化的多元共融、包容并存的特征，帮助学生形成"和而不同、多元共生"的富有包容精神的文化观。

三、培养学生国际交流与合作的理解力

互联网时代的到来，使得每个国家都不再是一个孤立的小岛，整个世界已经连

---

①国家主席习近平在莫斯科国际关系学院的演讲(全文)，https://www.gov.cn/ldhd/2013-03/24/content.2360829.htm.

接成一个越来越紧密的大网。只有那些具有国际视野、能够参与国际竞争的国际化人才，才能拥有更大的发展平台。

国际理解教育不仅要注重语言和知识的学习，更应展现知识的根源及推理方式，使学生萌发对国家的情感认同，牢固树立社会主义核心价值观，同时对世界其他文化形成理解尊重的态度，增强国际交往能力，提升自身的国际竞争力。对于国际交流与合作的意识能力的培养是基础教育中不可忽视的一项内容。

"中华小当家"想要融入全球大环境，就应该从小拥有国际化视野和胸怀。我校注重提升学生的国际交流意识和跨文化理解与适应能力的培养，使学生从小理解文化的差异性和多元性。学校还注重提升学生的跨文化适应能力，帮助学生获取在全球范围内生活和工作所必需的知识、技能和价值观，从而形成世界性的思维。

四、培养学生成为世界小公民的行动力

《作为学校课程和生活之组成部分的国际理解教育（1968）》中提出："教育应帮助增进人们对世界和各国人民的了解，帮助青年人形成以相互欣赏和尊重的精神态度，来观察别的文化、种族和生活方式。教育应明确环境与生活方式和生活标准之间的关系。教育在对不同事物包括对不同的政治、经济和社会体制进行客观评价时，还应介绍存在于世界各国人民的生活和意识中的共同价值观、抱负和需要。"[1] 随着中国在国际社会中的影响力越来越大，参与、承担的国际事务越来越多、越来越广，与世界各国的交流越来越频繁，中小学生作为未来的世界小公民，更应该有走向世界大舞台的行动力。

首先，要帮助学生了解世界上不同国家和地区的发展现状和未来趋势；其次，要激发学生了解不同国家和地区的法律制度、经济发展、科技水平以及文化习俗等的热情；最后，还要引导学生了解国际组织、国际规范等。只有这样，学生未来才能更好地与国际接轨，参与到全球化进程中去。

"中华小当家"国际理解教育活动更加关注学生的国际态度、情感和行为方式，从国际理解教育的总体目标出发，将全球观念渗透到课程领域，让学生在充满开放、互动、国际气息的学校氛围中了解国际知识，掌握国际惯例，并学会通过周围其他人或事物的视角思考和解决问题。

"中华小当家"国际理解教育要求学校各层级、各科目的教师既富有国际视野，

---

①赵中建.全球教育发展的历史轨迹：国际教育大会60年建议书[M].北京：教育科学出版社，1999.

又有深厚的本民族文化底蕴，要用体现平等参与、交流、尊重、互助和理解的方式进行教学。培养"中华小当家"全球素养的育人方式，不仅要让学生掌握与我国和其他国家相关的基础性和事实性知识，而且要培养学生的全球意识和国际理解意识，让学生获得立足全球的开阔眼界和胸怀，改变学生的局部思维和行为方式，鼓励学生积极关注和思考国际问题，增强学生的国际决策和行动能力，从而引起学生在知识、态度、情感和行动等多维度上的改变，成为具有中国精神、世界胸怀的公民。

第二节 培养"中华小当家"全球素养的原则

增进国际理解，培养"中华小当家"的全球素养需要建立在尊重多样性、促进平等与合作、培养全球公民意识的基础之上，旨在引导学生以开放的心态和包容的精神，认识和理解不同文化，发展跨文化交际能力，这构成了国际理解教育的核心理念。坚持遵循国际理解教育的原则，是引导学生认识世界、理解文化、培养全球视野的基石，对培养具有全球竞争力的未来人才至关重要。

一、民族性与世界性相结合原则

（一）民族的就是世界的

民族性是国际理解教育的基础。每个民族都有其独特的历史背景、文化传统、价值取向以及目标认同，这些传统和背景构成了民族性的核心内容，具有无可替代的价值。在教育中，我们应该引导学生了解、尊重和认同自己的民族文化，包括语言、习俗、艺术、价值观等，从而培养他们的民族自豪感和文化自信。

在开展国际理解教育的过程中，应在教学、实践、交流的动态活动中引导学生学习民族文化，参与跨文化交流。要关注课堂教学中的民族文化教育的浸润，要关注实践活动中的民族文化体验，要关注国际交流中的文化展示。鼓励学生参与国际交流活动，展示自己的民族文化特色。

（二）世界是丰富多元的

国际理解教育致力于培养具有全球视野和跨文化交流能力的未来新人。在这一教育理念的指引下，我们认识到世界文化的丰富多元性是其核心特征之一。世界文化由无数种不同的元素、传统、习俗、艺术、信仰等构成，每一种文化都承载着其独特的智慧和价值。

从文化发展趋势来看，当前民族文化与世界文化的交流呈现高密度态势，多元文化的不断融合给学校文化建设带来了全新思路。我们要以中华民族优秀传统文化为基础，融入积极的世界性文化元素，从而拓宽学生的国际视野，培养他们的全球意识和跨文化交流能力。

从国家发展角度来看，国家正在推进"一带一路"倡议、推行国际理解与合作的教育。基础教育领域的国际理解教育承载着促进学生人文交流、民心相通、展示大国形象等重要使命。我校开展国际理解教育，旨在用开放的视野培养学生的家国意识、全球意识和人类命运共同体意识。

（三）立足中华传统文化

我校国际理解教育的开展，旨在让学生立足中国深厚的文化底蕴，放眼看世界。学校的办学愿景和文化追求是"擦亮中华文明底色"，让中华文化根植在学生心中，倡导每一名学生做中国好儿童；"融合多元文化原色"，理解、欣赏、接纳融合多元文化，提升每一名学生的国际素养；"创造美美与共彩色"，培育学生的中国精神和世界眼光，担负起世界公民的责任和义务。让每一名学生过一种有意义的学校公共生活，自然、自由、自觉地成长为社会公民，成为有包容性与同理心的新时代世界小公民。

只有将民族性和世界性相结合的原则贯穿始终，才能实现培养具有中华文化底蕴和全球视野的未来建设者、创造者的目标。

二、开放性与包容性相结合原则

（一）明晰开放路径，更新价值观念

开展国际理解教育遵循开放性原则，依托国际理解课程体系，丰富教学内容和形式，让学生能形成与他人友好相处的习惯、对外来文化理解的态度、世界和谐共赢的意识，树立正确的价值观。对于社会而言，开展国际理解教育帮助学生接纳异同、融洽相处，为促进社会和谐提供了有效的实施基础。

学习内容的开放。不局限于传统的课本知识，而是将国际社会的多元文化、全球性问题等内容纳入教学范畴，使学生有机会接触到更广阔的知识领域，培养他们的全球视野和跨文化意识。

学习方法的开放。鼓励学生通过自主学习、合作学习、探究学习等多种方式获

取知识，激发学生的学习兴趣和积极性，培养创新思维和解决问题的能力，提升学习效果。

学习资源的开放。充分利用校内外的学习资源，为学生提供丰富的学习材料和实践机会，使学生有机会接触更广泛的信息和知识，拓展他们的学习视野。

学习环境的开放。鼓励学生参与国际交流活动，如访问国外学校、参加国际联动活动等，与不同文化背景的人进行交流和合作，培养学生的跨文化交流能力和全球意识。

（二）尊重包容差异，促进多元交流

小学国际理解教育的包容性原则是指在教育过程中，积极倡导和践行对不同文化、观念和价值观的尊重、接纳和理解，以建立一个开放、平等、多元的学习环境。鼓励学生了解和欣赏不同文化的历史、传统、艺术和社会实践，认识文化的多样性和丰富性；鼓励开放交流，让学生在舒适的环境中分享自己的观点、感受和体验，倾听他人的意见，并尊重彼此的差异；鼓励学生关注全球性问题，如气候变化、国际合作等，并培养他们在全球范围内思考和行动的能力；鼓励学生学会尊重和理解不同文化的差异，培养跨文化交流的能力，以促进不同文化之间的友好关系和合作。

在全球化时代，引导学生学习人类价值、全球系统、全球议题和全球历史等知识，增进学生与他人之间的相互了解和相互包容，使学生具有和平、民主、发展的全球视野，能够从全球进步的角度思考问题。

（三）悦纳开放共融，增进理解与合作

国际理解教育中的开放性与包容性原则是相辅相成、互为补充的。在一个开放且包容的学习环境中，学生能够自由地表达观点、交流思想，并从中学会如何与人合作、解决问题。

三、习得性与表现性相结合原则

国际理解教育习得性原则关注的是学生通过学习，掌握国际文化、历史等多方面的内容，建立起对世界的全面认知。表现性原则注重学生在实践中运用所学知识，展示自己的理解和能力。这要求学生不仅要有扎实的知识基础，还要具备将知识转化为实际行动的能力。

国际理解教育的开展既需要注重学生对其他国家和文化的习得性理解，也要注重通过各种形式的表现来展示学生对这种理解的体验和认识。

（一）优化课程设计，满足学习需求

国际理解教育习得性原则要求课程以学生的现实需求为导向，优化课程设计，统整具有内在联系的学科内容及生活情境中的课程资源，将国际理解教育内容浸润于课程之中，开展主题教学和项目化学习，帮助学生自主建构对世界的认知及实践。

学校从课程目标、课程内容、课程实施和课程评价等多个维度，确立国际理解教育校本特色课程纲要。以主题内容为生长点，以教学过程为链接点，以策略融合为导引点，探索"融合式"学科课程设计的新思路，深化国际理解教育的深刻内涵，为学生的学习发展与进步赋能。

（二）开展主题活动，搭建展示平台

国际理解教育表现性原则旨在创造平台，提供机会让学生的语言表达能力、艺术表现能力、社会参与能力和创新能力得到展示和发展。通过用英语讲述中国传统文化和现代社会的故事，展示学生对国际理解教育的理解和体验；通过开展各种形式的艺术活动，展示学生对多元文化的理解和感受；通过主题文化月、节日活动以及项目式学习，为学生搭建实践平台；通过参与各种社会活动，提升学生的社会责任感和全球意识。

（三）拓宽交流形式，传递中国声音

以学校为阵地，积极推进国际理解教育，在活动中展示学生对国际理解教育的理解，提升学生的综合素质和跨文化交流能力，让学生成为中华文化的传播者、参与者、展示者。

第三节 培养"中华小当家"全球素养的实践路径

2020年6月，《教育部等八部门关于加快和扩大新时代教育对外开放的意见》提出，要"加强中小学国际理解教育，帮助学生树立人类命运共同体意识，培养德智体美劳全面发展且具有国际视野的新时代青少年"。可见，在基础教育阶段推广国际理解教育、全球素养教育势在必行。

一、体验多元文化，探寻中外文化融合之路

（一）开发"用英语讲好中国故事"课程

我校以立足中国、读懂世界、合作共生的课程理念，努力构建符合学校特色的国际理解教育课程体系，培养学生适应世界的能力。我校的国际理解教育课程体系围绕"用英语讲好中国故事"展开，构建了融入校园点滴的学科渗透课程，开拓文化广度、拓展视野的主题探究课程，弘扬中华传统文化、促进跨文化交流的人文交流课程三大课程体系。从2021年11月到现在，我校从一个校区试点发展到三个校区一起开设国际理解课程。

2021年9月1日，学校行政班子与武昌区英语教研员李昕老师一起召开研讨会，并形成课程建设工作组。经过向已经开办国际理解教育课程的学校学习了解经验，并与多家外教中介机构接触后，最终在2021年11月与武汉思拓咨询服务有限公司签订了外教课程服务相关协议。

在外教的选择上，我校立足于武汉市外国专家局的相关规定，同时兼顾小学英语课堂教学需要，从外教的教育背景、工作经验、试课表现等方面严把用人关。在外教一个月试用期期间，我校对外教的备课、课堂反馈、中外课堂合作等方面实行多轮考核。

我校的外教课程建设经历了不同阶段的探索与实践。

2021年11月至2022年6月，我校开展的课程以校内英语课堂延伸为主，即由英语教师与外教交流制定相应年级的教学内容。此阶段的实践激发了学生学习英语的兴趣，英语教师的协助与参与一定程度上提高了课堂效率，保证了课堂教学的顺利开展，效果明显。缺点是教学缺乏系统性。

从2022年9月起，经过长时间的搜集、研究及多次商定，我校选用了牛津大学出版社、北京教育出版社联合打造的《牛津英语话中国》系列图书作为教材。这套教材以中国优秀文化为话题和故事土壤，专注文化传承与家国情怀，提高学生的跨文化意识和能力。我校将外教课程深度联系生活，促进学生英语能力和文化积累双提升。

（二）实施"1＋1"双师课堂教学模式

我校选派优秀英语教师负责外教课程的研发与跟进，以专用教材为主线，统筹安排，做好各项计划及记录。专人负责，责任到人，也保证了校区间的协调统一，

并维持了良好的互通联系。外教与研发教师一起共研教学计划、突破文化障碍、搜集多媒体资源。外教根据教学计划熟悉备课，将课件资料交给课程研发教师审核，从而形成了个性化的、不断完善的课件库。

日常教学中，每节课都由两位教师共同承担，外教负责课堂教学，跟班教师负责关注学生的课堂表现、目标达成情况及学习习惯的形成，并及时优化调整。跟班教师会关注课堂的节奏，及时调整干预。例如，当所授内容对于学生来说有一定困难、学生反馈不够理想时，跟班教师会适当讲解，帮助学生理解和掌握。同样，当外教感到表达有障碍时，跟班教师会及时与学生交流解释，并密切关注外教传达的价值观。在中外教师的合作下，外教课堂氛围活跃，学生的学习兴趣被有效地调动起来，学生乐于参与，敢于表达。

（三）开展经典名著英文整本阅读活动

阅读是获取知识的重要途径。我校从不同年段、阅读情境、任务导向出发，开展经典名著英文整本阅读活动。

1. 从不同年段出发，甄选阅读材料

不同年段的英语水平及认知水平存在差异，因而在开展经典名著英文整本阅读活动时，1~2年级学生的阅读内容以中外节日文化为主，阅读材料以中文读本为主，辅以英文绘本，激发阅读兴趣，注重趣味性。3~4年级学生的阅读内容以中外故事为主，阅读材料以图文结合的读物为主，训练阅读能力的同时，积累相关表达。5~6年级学生的阅读内容以中外传统故事为主，阅读材料以比较阅读为主，辅以英语短文，文化色彩更加浓郁，在进一步提高阅读水平的同时，感受不同的文化，并挑战交流输出中国文化。

2. 从阅读情境出发，强化阅读理解

小学生的思维水平处于以形象思维为主的阶段，对距离自己生活实际较远的内容学起来难度比较大，因而创设阅读情境能够更好地帮助学生理解，使整本书阅读更有效地开展。在情境创设时，首先，营造良好的阅读氛围。我校设有双语阅读角，学生在教师的引导下安静阅读，能够更好地融入书本中，更有仪式感。其次，创设与读物相契合的情境，遵从整本书的脉络，统领整本书，前后相联系，而不是将个别难的部分从整本书中割裂开来。有计划地整合内容，帮助学生联系前后文，化繁为简，使学生更好地理解内容。同时，佐以实物，适当借助图片、视频、音频

资料，激发学生的听觉、视觉感官。最后，在阅读过程中渗透一些阅读方法与技巧，帮助提升学生的阅读水平，感受中外阅读的异同，加深理解。

3.从任务导向出发，提高阅读成效

任务驱动教学模式是助力学生主动学习的一个有效教学模式。在整本书主线的引导下，通过一个个任务或者问题的解决，引导学生找寻答案的同时，推进阅读的展开，让学生乐于挑战，深入思考。这样的任务也给学生提供了阅读的思路，对学生的阅读习惯产生了潜移默化的影响，使学生的阅读逻辑显著提升。

二、开展主题活动，促进中外文化融合落地

为了培养具有国际视野、家国情怀，有本领、有担当，能肩负起中华民族伟大复兴大任的时代新人，我校着力开发包含国际多元文化、具有地方特色的校本课程和活动课程，积极开展以本土文化认同为基础的教育实践。在武昌建城1800年之际，我校三个校区开展了"用英语讲好中国故事·国际文化艺术节"系列活动，旨在让孩子们看见更大的世界。

（一）"万人写中华"中英文书写大赛

学习英语，掌握一门语言，用语言将中国的文化传播出去，用英语讲好中国故事，以此彰显我们的文化自信与民族自信。在我校首届国际文化艺术节中，学校开展"万人写中华"中英文书写大赛，主题为"我家就在长江边"。本次活动旨在让学生"传承中华""放眼世界""展望未来"。学生自选一首自己喜欢的诗词，并将它翻译成英文，工整地写下来。活动期间，学校共收到硬笔、软笔书法作品上千幅，其中获奖的作品达到200份。这次比赛不仅吸引学生积极参与，许多家长也踊跃加入。学校将这些作品全部展示出来，还将特别有意义、有创意的作品印成了明信片、团扇等。

（二）英语嘉年华展示

我校三个校区近500名师生呈现了一场主题为"我家就在长江边"的大型展演活动。整场活动共分为"序幕""我爱我家·我爱我城""中国文化·世界表达""融汇中西·拥抱未来""尾声"五个章节，纪念武昌建城1800周年，以此激发学生做具有中国情怀、国际视野和跨文化沟通能力的时代新人。

黄鹤楼下，铿锵吟诵；长江之滨，快板说桥……师生们用中英文结合的方式，

讲述了"一桥飞架南北"——武汉长江大桥的建设故事，并重现了长江大桥通车时，人们欢呼雀跃奔走相告的场景。花木兰替父从军、岳飞精忠报国等中国故事被学生们改编成英文情景剧进行生动演绎。活动中，学生们还进行了传统英文话剧的演绎，多语种联唱《茉莉花》……来自俄罗斯、西班牙、英国等多个国家的留学生和外教在现场看得津津有味，也纷纷加入联唱环节。

（三）"一带一路"游园活动

2023年是"一带一路"倡议提出的第十年。在"六一"国际儿童节到来之际，为了引导和鼓励学生关注"一带一路"倡议，了解国家贸易创新与建设，我校结合小学生的特点，引导学生化身"一带一路"使者，在游园活动中了解世界各地的风土人情，在游戏运动的过程中获取相应的贸易商品，并发挥自己的智慧进行贸易兑换，沉浸式体验"一带一路"的贸易乐趣。

在这次活动中，每个班级扮演着不同的国家，每个班有不同的活动，只要完成活动就可以获得贸易资格，每个同学都是丝绸之路的使者。每个班的活动都有不同的挑战性，有的锻炼反应能力，有的锻炼身体的协调能力，还有的是在训练同学们的团结合作能力。学生不仅在游园活动中玩得特别开心，还有机会了解中国与"一带一路"沿线国家友好交往的历史，开阔眼界，体会异域之美，感受到了"一带一路"倡议为促进世界各国发展所带来的积极影响。

学校近3000名师生参与此项活动中。这是一次新奇且充满趣味与挑战的精彩游园活动。

三、拓宽交流平台，架起中外文化融合桥梁

（一）优化教研互动，加强中外教师交流

资源的有效开发、课堂的优化需要中外教师更好的互动与交流。学期开始时，教导处和英语教研组共同研讨，统筹安排制定学校国际理解教育各年级的教学目标。跟课教师协助指导外教做好任教年级的教学计划和课时计划，对即将开展的教学内容做提前规划学习，分清重难点，并协助外教突破文化障碍，确保国际理解课堂教学有序有效开展。

每个星期固定时间，各校区会与外教进行有主题的教研活动，包括上周回顾与教研分享。在上周回顾中，外教及跟课教师会从教学效果、课程设计、目标达成、突发情况等方面做一个小结。在教研分享时，英语教师针对反馈的问题集思广益，

与外教进行针对性教研分享，力求从课程体系的优化、教学设计的完善、学生习惯养成的引导等多方面提高外教课的教学效果。

工作之余，学校积极组织外教周末踏青、品茶，感受中国文化，增进中外教师的交流互动，让外教感受学校的人文关怀，加深对中国文化的认知，更好地融入这个大家庭。

（二）创设双语环境，丰富学生学习体验

空间即课程，生活即课程，世界即课程。我校积极打造"3+2"英语学习体验。

1. "3"个英语活动场所的设立

我校成立了英语广播台，配备专业录播设备，学生成为英语小主播。小主播们在英语教师的指导下开设每日英语栏目，每天早上带领全校同学一起听英语、说英语，营造英语学习氛围。我校在固定教室设立了英语活动室，学生在这里可以进行线上英语双师课堂的学习，参与英语相关的主题活动，在主题活动中学习中国传统故事，了解传统节日文化，体验中国传统手艺，感受风土人情。我校建设了校园英语角和班级英语角，设置双语图书角，为学生提供英语阅读的场地。校园英语角也为外教提供了休息的地方。每个星期固定时间，学生可以在校园英语角与外教进行对话交流。

2. "2"个展示平台的建设

环境建设优化的同时，我校积极为学生打造展示平台。每学期开展至少2种形式的英语展示活动——社团活动和英语嘉年华活动，使每个学生的个性和潜能得到充分发挥。

（三）加强校际联动，助力中外文化融合

2023年9月28日，我校与新西兰克赖斯特彻奇市哈雅塔社区学校签订了跨国友好学校协议并互赠礼品。在这次活动中，两位外国校长了解了中国的二十四节气、硬笔书法、京剧脸谱、中国的软笔书法和国画、中国传统乐器琵琶、古筝等。他们对中国的传统文化充满了好奇与向往，他们不断提问，不断点头微笑，不断与作品创作者合影留念。此次活动，为两国两校搭建起了友谊的桥梁，也为促进两国两校深度交流奠定了基础，更为中华路小学国际理解教育的发展增添了力量。

此外，我校还与湖北大学外国语学院联动，建立湖北大学SOMA英语话剧团中

华路小学素质教育实践基地。在我校首届国际文化艺术节上，湖北大学SOMA英语话剧团与我校学生合作表演了英语话剧《音乐之声》，后期还将深入我校指导英语社团的话剧表演。

四、展示中华文化，向全世界传递中国声音

为拓宽青年教师的国际视野，我校青春中华加油站举行了以"欢迎你到我们家"为主题的留学生交流活动。我校青春中华加油站全体成员以及湖北大学留学生朋友们共同参加了本场活动。活动分为三个板块展开，分别为"你从哪里来""我家很好玩""我们是一家"。

在"你从哪里来"板块，留学生代表们依次为全场观众介绍了自己的家乡特色，内容涵盖了传统节日、服饰、美食等，生动有趣的图片与介绍让我们对不同国家的文化有了深入的了解。

随后，为了彰显中华文化之美，让外国友人更深入地了解中华文化，感受中华文化的博大精深，我们进入了活动的第二板块"我家很好玩"。参加活动的伙伴们分成三组，体验具有中国特色的民俗活动，分别是绘制脸谱、汉楚插花、非遗糖画。在民间手工艺人的手把手教学下，我校教师和留学生们一起了解了民俗活动的历史，并学习了中国民间手工技艺，留学生与教师兴趣盎然、积极参与。在这场活动中，大家不仅更深刻地了解了中华文化的内涵，还掌握了做手工的技巧，体会到了艺术创作的乐趣。

在"我们是一家"板块，整场活动达到了高潮。全体教师与留学生们一起唱响了《相亲相爱》、*We Are the World*等中英文歌曲。活动也在大联唱中结束，其乐融融，热闹非凡。

此次文化交流活动，让外国留学生与我校青年教师有了进一步的了解，拓宽了彼此的视野，为我校今后继续开展国际文化交流研究，向全世界传递中国声音提供了更广阔的思路。

愿景、文化和使命是一所学校价值观的体现，为学校的战略发展指明了方向。中华路小学将全球素养的发展融入学校的愿景、文化和使命中。在新的时代背景下，中华路小学将继续努力，不断完善课程体系，提升教学品质，营造良好的育人环境，培育更多具有全球素养的人才。

第四节　培养"中华小当家"全球素养的典型案例

国际理解教育是培养"中华小当家"全球素养的重要途径之一，学校着力通过推进国际理解教育培养学生的全球素养。我校在国际理解课程建设方面进行了一些尝试。

【案例一】

办国际文化艺术节，展现学生全球素养

2023年5月，在武昌建城1800年之际，学校三个校区开展了为期一个月的"用英语讲好中国故事·国际文化艺术节"活动，每个星期的系列都不同，旨在让中华路学子们更多地去了解武昌这座1800年历史名城的风云历史，去感受母亲河长江对我们的滋养、孕育，让"爱国、爱城、爱校、爱家"的情怀根植在内心，让中华路学子们看到更大的世界。

我校的三个校区都在长江边，此次活动以"我家就在长江边"为主题，开展了一系列主题活动。

一、笔墨展风采

（一）万人写中华，抒发爱国情

学习英语不仅仅是掌握一门语言，更重要的是用掌握的语言将中国的文化传播出去，用英语讲好中国故事，从而彰显文化自信与民族自信。在我校首届国际文化艺术节中，学校开展了"中英文书写"与"万人写中华"的硬笔、软笔书法比赛。在"中英文书写"比赛中，学生自选一首自己喜欢的诗词，将它翻译成英文后工整地写下来。在"万人写中华"活动中，学生与家人一起书写以"爱我中华"为主题的书法作品。学校共收到学生的硬笔、软笔书法作品上千幅，其中获奖的作品达到200份。这次比赛不仅吸引学生积极参与，许多家长也踊跃参加。学校将这些作品全部展示出来，还将特别有意义、有创意的作品印成了明信片、团扇等，送给到来的嘉宾们。学生在展现书法才艺的同时，也借笔抒发爱我中华的情怀。

（二）校园艺术展，发现身边美

艺术节前，学生激发灵感，发挥想象，用艺术作品展现自己的家、自

己的城。在艺术节期间，三个校区的美术教师将收集到的学生作品分为"传承中华""放眼世界""展望未来"三个板块进行布展。布展的作品有学生的绘画、书法、泥塑、手工制作等几十种作品。

参观者走进校园后就如同步入了武汉一日游的旅途，在师生导游的双语介绍中，领略武汉的桥、武昌的城和校园的美。

二、展演显技能

2023年5月19日下午，来自我校三个校区的近500名师生呈现了一场主题为"我家就在长江边"的大型展演活动。整场展演共分为"序幕""我爱我家·我爱我城""中国文化·世界表达""融汇中西·拥抱未来""尾声"五个章节。

来自橡树湾校区的孩子们以主题为"花开种花家"大型歌舞表扬拉开了表演的序幕。在"我爱我家·我爱我城"章节中，音乐教师张黎与三（5）班的学生一起深情吟诵了《黄鹤楼》。本部及橡树湾校区学生代表用流利的英语，以情景剧及快板的形式生动地展现了武汉市长江大桥的变迁。接下来的"中国文化·世界表达"章节中，师生同台表演了诗歌唱诵《诗韵四季》，让大家感受到了四季不同的韵味。朗诵社团的同学与教师一起深情朗诵了《满江红》，气势磅礴。英语社团的同学们演绎了《花木兰》中替父从军的经典桥段，再现了机灵萌动的《功夫熊猫》。在"融汇中西·拥抱未来"的章节中，我校星海合唱团带来了英文合唱 *A Little Love*。击剑社团的同学们英姿飒爽，他们的"'剑'证中华击剑"表演让台下的观众为之惊叹。五（7）班的同学们穿着汉服，表演了诗词吟诵《将进酒》。外教与全校师生互动表演的 *Do Re Mi* 将活动气氛推向了高潮。节目刚开始，外教在舞台上吉他弹唱，与舞蹈队的同学们一起欢乐舞蹈。随着音乐的升华，外教跑下舞台与台下的师生互动。全校师生在外教的带动下，挥动着色彩缤纷的手掌道具齐唱跳，彩色的手掌此起彼伏。最后，整场活动在全体演职员和全校师生共同合唱的《生长吧》歌声中落下帷幕。

这次活动中，有近200多位学生登上了舞台。他们通过精彩的演出，尽显中华小当家的良好语言素养与文化水平。

三、外援助成长

我校积极与区内不同学段、不同语种学校合作，为文化艺术节增添了不同地域文化元素。

本次活动中，我校邀请到了来自俄罗斯、西班牙、英国等多个国家的留学生与我校外教一起表演多语种联唱《茉莉花》。熟悉的旋律、新的韵味，给在场观众带来了一场视听盛宴，也让学生感受到了不同语言的交流碰撞，体验了多元文化的魅力。

来自湖北大学的SOMA英语话剧团与我校舞蹈队、外教合作表演了英语话剧《音乐之声》。湖北大学SOMA英语话剧团将我校作为素质教育实践基地，定期来校指导我校学生演英语课本剧。SOMA社团指导学生的课本剧《功夫熊猫》《花木兰》等在学校各种大型活动中展演。这些展演极大地激发了学生学习英语的兴趣，也将用英语讲好中国故事的种子种在了学生心里。与这些专业社团的合作，为我校学生打造了更加丰富的文化体验场，让"合作、包容、共赢"的理念在学生心中萌芽。

学生用自己的声音，以英语作媒介，向世界展现武昌教育的风采，展现中华路学子的英姿。我校会继续将国际文化艺术节办成年度盛会。在后续的活动中，我校将探寻更多领域的融合，让学生欣赏多元的文化，看到更大的世界，向世界传递我们的声音。

【案例二】

"一带一路"游园活动，打开学生全球视野

两千多年前，我们的先辈跨越草原沙漠，征服惊涛骇浪，开辟连通亚非欧文明的古丝绸之路；两千多年后的今天，中国倡导的"丝绸之路经济带"和"21世纪海上丝绸之路"激发起这段奇迹历史的新活力，架设起亚非欧人民友谊的新桥梁。开放包容、互学互鉴，是古丝绸之路延续数千年的精神遗产，也是"一带一路"倡议的精神指引。

2023年是"一带一路"倡议提出的第十年。十年来，中国政府积极推动"一带一路"倡议，加强与沿线国家的沟通磋商，推动与沿线国家的务实合作，实施了一系列政策措施，收获了丰硕的成果。

儿童，是未来世界的主人，他们将面临的是一个日益开放、日益融合的世界。在2023年"六一"国际儿童节到来之际，为了鼓励学生关注国家时事，树立责任意识，培植家国情怀，在实践中拓展国际视野，我校开

展了"走一带一路，做和平使者"的大型游园活动。

一、游历沿途"城市"，感受异域文化

本次游园活动由24个班级模拟展示"一带一路"途经的城市，布置展示区。展示区设在学校的大操场及小操场。每座城市都有学校统一制作的展示板和货物印章。各班同学发挥聪明才智，在有限的场地中尽可能地从不同方面去呈现当地的特色。活动当天，行走在操场上，仿佛身处小型世界公园。在这里，我们看到了不同国家特色建筑的缩影，欣赏到了异域舞蹈，品尝到了特色美食。有的班级借机办起了小型画展，用艺术的形式展示当地的风情。有的学生特意学了几句当地的语言用来招揽"游客"。不少没有展示任务的学生则穿上了不同国家的服装。游园的过程也是一次跨文化的交流，除了可以感受文化氛围，在"游戏体验区"或者"通关问答区"完成挑战，还可以获得相应的货物印章。

沉浸式氛围让学生在游园中感受和认识到了"一带一路"沿线国家和地区的文化历史、风土人情、特色物产、民族服饰，并了解了"复兴之路、中国影响"的相关知识。

二、进行"货物"交换，体验贸易乐趣

本次游园活动设计了贸易卡及获胜机制。学生想方设法地在不断游历的过程中获得更多的货品及金币，以求最后的胜利。学生游历各个"城市"（展示区）后，可以选择交易或直接获得金币。因此，学生需要根据贸易卡上不同物品的价值，推算不同方式的收益，从而选择收益更多的方式，如此锻炼了贸易能力。无论是热衷集章的学生，还是喜欢买卖的学生，或是追求最终获胜的学生，都能在这次活动中找到适合自己的游玩方式。他们也在一次次货物交换的过程中感受到了"一带一路"倡议为促进世界各国发展带来的积极影响，认识到了贸易对促进国家经济发展和文化交流的重要性。

在这项活动中，每个班级扮演不同的国家，每个班有不同的活动，只要完成活动就可以获得贸易资格，每名同学都是丝绸之路的使者。这次活动锻炼了同学们管理钱财的能力和沉稳的心态，开阔了同学们的眼界。三(8)班的郭思成同学表示："我对沙特阿拉伯印象最为深刻，有机会我想去沙特阿拉伯旅行，想去实地看看阿拉伯的沙漠、峡谷，感受一下阿拉伯文化的活力与热情。"

三、完成调查问卷，提升活动的意义

活动结束当天，金都校区1071位学生完成了一份该项活动的专题问卷，调查结果显示，能清楚地掌握游戏规则的学生占到总人数的85.1%，非常喜欢这项活动的学生占到总人数的90%，能从活动中感受到活动意义的学生占到总人数的90%，希望继续开展这项活动的学生占到总人数的95%。

寓教于乐，寓学于趣。我校开展的"一带一路"游园活动为学生打开了认识世界的窗口，激发了学生对多元文化的兴趣，培养了学生对多元文化的包容心和理解力。学生在实践活动中，增强了对不同地域文化习俗的理解与认同，提升了对国家的认同感、归属感、责任感和使命感，逐渐拥有了开放的心态和国际视野。

此次"一带一路"游园活动主要涉及经济方面，让学生体验了贸易的乐趣。在之后的活动中，我校深度探索其他方面，例如饮食、服饰等，增进学生对"一带一路"倡议的理解，加强学生对人类命运共同体的认识。

【案例三】

与国际学校续合作，培养学生全球素养

为了让学生接触不同文化、语言，促进文化多元性的理解和包容，帮助学生更好地理解和尊重不同文化，我校积极与国际学校展开了深入的合作，共同培养具有国际竞争力的人才。

一、与国际学校签订友好学校协议，搭建友谊桥梁

2023年9月28日上午，我校接待了新西兰克赖斯特彻奇市哈雅塔社区学校一行。参加该项活动的有新西兰哈雅塔社区学校校长佩吉·巴罗斯博士（Dr. Peggy Burrows），玛依瑞哈高中校长哈利·罗曼纳先生（Mr. Harry Romana），武汉市外事办美大处科长杨南希，武汉市教育局副局长陈磊，国际合作与交流处处长董亦频、二级调研员胡忠巍、陶瑶瑶，武昌区教育局党委副书记、副局长王鹍，教育局职成科吴斌，武昌区中华路小学领导班子及教师、学生代表。

上午9：30，两位外国友人在工作人员的陪同下准时到达中华路小学金都校区，市区领导及学校行政班子在校门口热情接待。在校长罗宏文、

书记夏惠的引导下，两位新西兰友人首先来到了学校的动物养殖基地。在这里有学生们精心喂养的兔子、孔雀、迷你羊、鸸鹋……英语教师朱海燕带领苏子墨、侯乐言两位同学用流利的英语告诉大家，同学们平时课间喜欢到养殖基地前，寻找动物的身影，与它们互动，与身边的同学分享自己的新发现。养殖社团的同学们在夏黎老师的指导下悉心照料动物，给它们喂食、清理笼子。学校每学期也有轮换的班级专门负责养殖基地。同学们都很期待自己的班级能够被幸运地选中。这不仅丰富了同学们的校园生活，培养了同学们的劳动意识、动手能力，还培养了同学们的爱心。听到这里，佩吉·巴罗斯博士、哈利·罗曼纳先生情不自禁拿起工具，亲手喂养了动物。

接着，大家来到了校园的春晖厅，涂艺潇同学用英语自豪地介绍了春晖厅里准备的展演活动。随后，严雪锋老师带领孩子们用小提琴、钢琴和打击乐器为来自新西兰的客人演奏了一首毛利族的乐曲，同学们还邀请大家拿着乐器一起演奏。听到熟悉的旋律，佩吉·巴罗斯博士非常开心，即兴为大家唱了一首毛利歌曲。

穿过春晖厅，来到大操场，三个校区国旗护卫队的同学们已经做好了升国旗的准备。在雄壮的国歌声中，同学们迈着整齐的步伐走向升旗台，将鲜艳的五星红旗升起。教官王聪老师用英语向来宾介绍了国旗护卫队的成立、发展及意义，他的介绍让两位新西兰校长非常感兴趣。

接下来，一行人步入行政楼。一楼，邓可欣、龚澄两位同学用英语向大家介绍了学校的名师风采、校歌及教师誓词。一楼到五楼的楼梯间，挂满了教师、学生的美术、书法作品。郑皓、杨雨瑶、童羽瑶三位同学向大家介绍了自己作品的创作过程及作品所表达的意义。一路上到四楼的阅览室，邓玲和杨思两位老师早已带着学校英语社团的同学在这里排演英语课本剧《花木兰》。两位外国校长不仅喜欢《花木兰》的中国故事，更惊讶的是孩子们用课本剧的方式将中国故事演给他们看、讲给他们听。

继续前行至舞蹈室，张黎老师也准备好和同学们用优美的歌声将《黄鹤楼》唱给来宾听。毛子昂、朱玺然两位同学用英语介绍了武昌的地标建筑黄鹤楼。"……黄鹤楼，情悠悠……"优美的歌声让两位校长赞不绝口，随后与穿着美丽汉服的师生们合影留念。

五楼的书画室里，副校长许许多多带领学生在这里写书法、画国画。

两位新西兰校长对中国的软笔书法和国画充满了兴趣。佩吉·巴罗斯博士拿起毛笔写了两个字，哈利·罗曼纳先生也拿起毛笔在纸上画了几笔。

最后大家来到了五楼的音乐厅，音乐教师曹畅、熊婉琪正在用中国传统乐器琵琶、古筝演奏传统乐曲《茉莉花》。嘉宾落座后，旗袍队的女教师和汉服队的六位同学为嘉宾奉上了校园茶艺师沏好的中国利川红茶。在嘉宾的共同见证下，我校与新西兰克赖斯特彻奇市哈雅塔社区学校签订了友好学校协议，结为友好学校。以结对促交流，以交流促发展。此次签约为我校提供了更广阔的国际交流平台，为双方进一步深入合作奠定了良好基础，推动了我校国际交流工作迈上新的台阶。

二、开展中外师生互相访学交流，促进相互了解

2007年，我校程红老师带着学生去新加坡蔡厝港小学，开展了一次国际交流活动。新加坡蔡厝港小学热情接待了他们。上午，欢迎仪式后，我校师生代表走进他们的教室，与蔡厝港小学师生一起共听一堂课，课后与班上的同学就课堂内容与日常活动等进行了交流。下午是联欢活动，我校师生与蔡厝港小学师生一起进行了手工实践，学习并体验了制作绢花，感受到了多元文化在这里的碰撞。之后，我校学生去到结对学生的家里，体验生活。此次交流活动让学生体验了不同地域的学校生活和日常生活，感受到文化间的差异。

2008年5月20日，我校与新加坡蔡厝港小学开展了第二轮国际交流活动。5月20日，我校代表前往武汉天河机场迎接新加坡蔡厝港小学访问团的成员，向他们赠送了挂有中国结和同心锁的饰品，送去了我们真诚的祝愿：让火红的中国结带给他们幸福，愿同心锁让我们心手相连。5月21日上午，两校的师生代表欢聚在四楼阶梯教室里，进行了简短而热烈的欢迎仪式。欢迎仪式上，徐宏丽校长热情致辞，欢迎蔡厝港小学师生再次来到中华路小学。少先队员代表还向蔡厝港小学师生介绍了我校别具一格的校园文化、班级文化和丰富多彩的少先队活动。结对班级还开展了分班的欢迎仪式。下午，蔡厝港小学师生学习了中国画、中国武术等中国特色课程，领略和感受了中国传统文化的无穷魅力。本次中新交流活动历时9天，蔡厝港小学师生参加了一系列丰富多彩的学习交流活动。与新加坡蔡厝港小学开展的两次国际交流活动增进了两校之间的友谊，加强了师生的互访交流，让两校师生感受了彼此不同的文化氛围与教学模式，也让学生

能够亲身体验不同国家的文化和教育，提高语言能力和跨文化交流能力。

我校积极与国际学校开展互访互学活动，为学生创造走出去的机会。学生在交流活动中，锻炼了跨文化沟通交流能力，坚定了对学校、家乡、祖国的热爱，并用自己的语言，将中国文化传递出去。

教师作为教育的传递者，在了解不同地域的教学思想、教学方法后，取长补短，能更好地优化教学策略，培养学生的国际竞争力。教师在吸收先进的教育理念、引进先进的教学资源后，能更好地丰富学生的知识面，提高学生的综合素质。只有拥有国际视野的教师才能更好地打开学生的国际视野，培养学生的全球素养。

（本章编写人员：翁葆华、章玲、杨思、杨明、马玉霜）

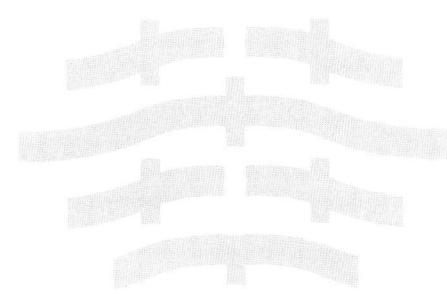

第八章
培养"中华小当家"的育人机制与实践效果

第一节　培养"中华小当家"的育人机制

武昌区中华路小学在培养"中华小当家"的二十余年育人实践探索中，逐渐形成了以课程育人、活动育人、评价育人、协同育人为一体的"四轮驱动"育人机制。"四轮驱动"育人机制作为学生全面发展的有力支撑，使培养有爱国情怀、讲文明礼仪、有学习素养、会劳动生活、有国际视野的全面发展的"中华小当家"育人目标成为现实。

一、课程驱动，构建"五大素养"导向的育人体系

在积极落实国家课程的基础上，武昌区中华路小学依托武昌地域特色及学校周边红色资源，逐步形成了体系化且具有前瞻性的校本课程，构建了以"五大核心素养"为导向的育人体系，即"爱国课程体系，培育文化素养""礼仪课程体系，培育社交素养""深度学习课程体系，培育学习素养""劳动课程体系，培育生存素养""国际理解课程体系，培育全球素养"，以期深入推进教育教学改革及回应中国式教育现代化对人才培养的战略需求。

（一）建构爱国课程体系，培育"中华小当家"文化素养

爱国课程体系是以《新时代爱国主义教育实施纲要》为指导，搭建的一套全面的教育框架，旨在通过一系列的教育活动和课程设计，系统地将爱国主义精神贯穿学校教育全过程，让爱国主义精神在学生心中扎根，增强学生的民族自豪感和归属

感，培养具有爱国强国意识的"中华小当家"。

1. 依托课堂教学，加强课程融合

将爱国主义教育内容融入语文、道德与法治等学科教材编写和教育教学中，加大爱国主义教育内容的比重。在课程中重视爱国主义教育，包括中华优秀传统文化、革命文化、社会主义先进文化的教育，让学生了解中华民族的发展历程，培养文化自信和民族自豪感。充分利用学科课程加强学生对国家悠久历史的了解和对优秀文化的传承。通过爱国课程，引导学生把爱国情、强国志、报国行自觉融入坚持和发展中国特色社会主义事业、建设社会主义现代化强国、实现中华民族伟大复兴的奋斗之中。

2. 创新教育形式，提升教育实效

创新爱国主义教育的形式，丰富和优化课程资源。学校支持和鼓励开发微课、微视频等多种形式的教育资源和在线课程，充分利用现代信息技术，以生动形象的方式传播爱国主义教育内容，增强教育的实效性。同时，开发体现爱国主义教育要求的音乐、美术、书法、舞蹈、戏剧作品等课程资源，通过多样化的教育形式，提高爱国主义教育的吸引力和感染力，帮助学生更好地理解和实践爱国主义精神。

3. 抓住事件契机，增强家国情怀

抓住事件契机进行爱国主义教育，通过具体的历史事件、纪念日、重要时刻等，更生动、直观地展现国家和民族的发展历程，弘扬民族精神，激发"中华小当家"的爱国情感和责任感。利用历史事件和纪念日进行爱国主义教育具有重要意义，如在每年的国庆节、七一建党节、八一建军节等节日集中开展爱国主义教育，举办各种形式的纪念和宣传活动，使学生更加深刻地理解历史，增强家国情怀。

在学校现实的校本化育人体系上应运而生的爱国课程体系作为一个综合性的教育体系，不仅能够提高学生的知识水平，还能在潜移默化中培养学生的爱国情感和道德品质。通过爱国课程体系，学校能更好地培养出具有家国情怀的有理想、有本领、有担当的"中华小当家"。

（二）构建礼仪课程体系，培育"中华小当家"社交素养

礼行于外，而德诚于中。本课程旨在通过礼仪教育，帮助我校学生树立正确的人生观、价值观和待人处世的态度，培养优秀的社交能力和美好的品格。通过学习礼仪课程，学生能够在各种社交场合中自如地表现自己，提高人际交往能力，增强自信心与自尊心。

1.礼仪课程具有传承性,是传授礼仪知识的育人体系

礼仪课程源自中国传统文化,是一门基础素养课程。我校礼仪课程的教学体系始终注重培养学生的自尊心、恭敬心、友爱心,同时也不忽视对学生外在行为的培养。我校礼仪课程是通过传授礼仪知识培养学生的文明素养、养成学生良好礼仪行为的课程,是一门通过模拟生活情境或创设生活实景,实现学生文明礼仪知、情、意、行的统一的课程。

2.礼仪课程具有连续性,是促进良好行为的育人体系

礼仪课程体系设计,是为了循序渐进、更系统地对学生进行具有连续性、完整性的教育训练,也是为了拓展更加广阔的教育空间。我校拟将"文明礼仪教育"作为校本课程进行开发、完善,确定以"家庭礼仪""校园礼仪"和"社会礼仪"为主要内容,从学生们初入学开始,对学生进行系统的、渐进的文明礼仪教育,有目的、有计划地将学生带入现代文明(良好人际关系)的殿堂,以此促进我校学生形成良好行为习惯及健康人格,更好地养成文明的校园风貌。

3.礼仪课程具有生活性,是提升综合素质的育人体系

礼仪课程体系旨在全面提高学生的思想道德素质和文明礼仪修养,展示他们学习礼仪、实践礼仪的风采。教会学生必要的礼仪知识,并通过动作行为和言语行为,在对自我、对别人两种对象,在学校、家庭和公共场所三种场合,在衣、食、住、行四种生活内容的多维领域中习得和运用礼仪智慧,使学生成为一个品学兼优、彬彬有礼、有团队精神、言谈举止受人欢迎、讲文明、懂礼貌、有教养的中华好少年,提升我校学生的整体素质。

我校礼仪课程内容包括三个单元:"家庭礼仪""校园礼仪""社会礼仪"。通过三个单元的礼仪课教学,让学生学会学习和与他人交往,懂得感恩父母、老师、学校、祖国,热爱生活,树立远大目标,增强自信,做文明有礼的中华路学子。

（三）构建深度学习课程体系,培育"中华小当家"学习素养

"注重基础—促进发展—追求创新"是我校课程体系的建设目标,在准确落实国家课程的基础上,我校积极构建深度学习课程体系,以体系化、层级化的课程培养学生的学习素养,促进学生全面而有个性的发展。

1. 学生中心：课程统整与创生

课程是学校的教学基础，也是学生发展的基础资源。高质量学校的建设离不开高质量的课程体系设计。立足新时代，紧扣立德树人目标，学校结合已有的校本课程、项目课程和课后服务课程，对课程体系的迭代升级进行顶层设计，开发和实施了少年儿童成长"五色"课程图谱——红色立德课程、蓝色科创课程、黄色健体课程、紫色臻美课程和绿色劳作课程，不断丰富学生学习经历，提升学生学习素养。

2. 学习中心：课堂改革与建构

教学改革改到深处是课堂，为了提供满足学生学习素养培养需要的高质量教学，学校构建了三阶四环"精学"课堂教学模式。"精学"课堂是对教学起点、教学目标、教学内容、教学方法、课堂练习、学科实践活动等教学要素进行选择、精简与优化后的课堂。"精学"课堂将学生个体学习、小组学习与全班学习三种教学组织形式结合起来，并且按照"个体预学——小组互学——全班共学——生成延学"的顺序推进教学过程。为了助推"精学"课堂的高效落实，学校确立了课堂评价的基本原则和对照的课堂教学评价细则，研制了不同学科的课堂评价表，以便对每个学科都做到有针对性的精准评价。

3. 素养中心：作业设计与创新

作业是培养、提升学生学习素养的重要手段。学校紧跟时代发展步伐，契合新课标精神，明晰作业设计的内在机理，以学习任务为载体，设计了教学评一体化的大单元作业设计案例，编写了教师单元教学设计指南和以大概念为核心的单元作业设计指南，让各学科在科学规范的范畴下运行，有效发挥作业减负增效的作用，真正提升学生的核心素养。

经过近年来的实践，深度学习课程体系推动学校教育教学高质量发展初显成效。课程的实施充分发掘了学生的潜能，实现了学生全面而有个性的发展，也指导教师以此为依据不断调整、优化、丰富课程内部结构，提升了教师的课程设计与实施能力。

（四）构建劳动课程体系，培育"中华小当家"生存素养

在构建小学家校社协同育人课程体系时，我校从校园、家园（家庭）和社会三个层面出发，设计了一套全面、系统且富有实效性的课程体系，以培育"中华小当

家"的生存素养。

1. 坚持育人为本，创建校园责任课程

校园责任课程的创建主要包含两个方面：核心课程体系建设和校本课程开发。核心课程体系建设综合"五育并举"，即以德育、智育、体育、美育、劳育为核心，构建全面的课程体系。通过"五育并举"的实践，形成了包括节日课程、传统文化类课程在内的丰富课程体系。同时，核心课程体系建设倡导学科融合。校本课程开发，即根据学校特色和各学年段学生需求，开发具有校本特色的课程。我校构建的"3＋3＋N"社会参与类课程体系，就是从人与人、人与社会、人与自然三个维度出发开发的多样化的课程。同时我校鼓励教师结合自身特长和当地文化资源，编写校本教材，供特色社团使用。

2. 促进协同共育，创建家园生活课程

家园生活课程包含家庭教育指导和亲子共育活动。家庭教育指导是通过家长大课堂等形式，为家长提供系统的家庭教育指导，帮助他们树立正确的教育观念。同时利用网络平台提供家庭教育资源和学习机会，方便家长随时随地进行学习。亲子共育活动包括学校组织的亲子共读、亲子运动会、亲子手工艺品制作等活动，增进亲子关系，提升家庭教育的实效性。鼓励家长参与孩子的学习和成长，与孩子共同制订学习计划、完成学习任务等。

3. 强化知行合一，创建社会体验课程

创建社会体验课程，首先是引入社会资源，充分利用社会资源，如博物馆、图书馆、科技馆等，为学生提供丰富的课外学习机会。邀请具有专业优势的家长和社会人士进校园开展讲座、授课等活动，拓宽学生的视野和知识面。其次是组织学生参加社会实践活动，如志愿服务、社区调查、环保行动等，培养学生的社会责任感和实践能力。通过社会实践活动，让学生深入了解社会、关注社会问题、思考解决方案等。

构建小学家校社协同育人课程体系需要从校园、家园和社会三个层面出发，形成全面、系统且富有实效的课程体系。通过核心课程体系建设、校本课程开发、家校共育活动、家庭教育指导、亲子共育活动以及社会资源引入和社会实践活动等多种方式，共同促进学生的全面发展。

（五）构建国际理解课程体系，培育"中华小当家"全球素养

我校的国际理解课程体系围绕"用英语讲好中国故事"这一主题展开，构建了学科渗透课程、主题探究课程、人文交流课程三大课程体系。

1. 学科渗透课程

二至五年级每个班每周安排一节专门的国际理解课程，以《牛津英语话中国》教材为载体，以中国故事、传统文化为依托，在用英语讲好中国故事的过程中，提升学生的英语表达能力，将中华优秀传统文化融入教育教学全过程，增强学生对中华民族和中华优秀传统文化的自豪感和跨文化意识。过程中，我校英语教研团队与外教积极优化课程设计，从课程准备、课程实施、监督管理、反思重构等方面落实，将国际理解教育内容浸润于课程之中。

2. 主题探究课程

每学年学校开展主题鲜明的英语嘉年华大型展演活动，在活动中，学生用不同形式讲好中国故事，展示他们的国际观念和跨文化交流能力，提升学生的综合素质。我校致力于将中华优秀传统文化融入教育教学全过程，引导学生树立正确的历史观、民族观、文化观，增强他们对中华民族的自豪感。

3. 人文交流课程

人文交流的目标是传承友好，促进文明互学互鉴。我校与新西兰哈雅塔社区学校签订了跨国友好学校协议，拟加强双方在教育教学、文化交流、师生互访等方面的合作。学生用英语向来访外宾介绍团扇、端午的来历及寓意，用英语讲述花木兰的故事等。通过多样化的交流活动，促进两国学生相互了解、相互尊重，培养具有国际视野和跨文化交流能力的未来人才。

国际理解课程的设计与实施，不仅能够使学生具备国际人文知识，形成国际理解的意识，增强国际交往能力，提升自身的竞争力，而且对拓展其学科视野、锻炼和提升其科学思维和创新能力有很大的促进作用。

二、活动驱动，丰富综合实践导向的育人方式

作为与课程并驾齐驱的综合实践活动，它更广泛、更持续，它更注重关键能力、必备品格和正确价值观的培养，它在不断迁移和深化中走向更完整的课程。武昌区中华路小学一直致力于开展丰富多彩的课内外实践活动，不断丰富课程内容，

拓展育人方式，让学生在爱党爱国实践活动中厚植家国情怀，在校内外主题实践活动中养成文明礼仪，在课程化竞赛式实践活动中达成深度学习，在创新性系列课内外主题实践活动中学会劳动生活，在传统与新颖相结合的国际理解实践活动中培养全球素养。

（一）开展爱党爱国实践活动，培育"中华小当家"文化素养

党的十八大明确提出了"把立德树人作为教育的根本任务"，因此要把思想政治工作贯穿教育教学全过程，持续深化新时代中小学德育工作，促进学生德智体美劳全面发展。为深入贯彻落实习总书记"引导青少年扣好人生第一粒扣子"的重要指示和党中央、国务院关于加强青少年爱国主义教育的决策部署，武昌区中华路小学以落实立德树人根本任务为中心，以社会主义核心价值观为引领，在"站在'小中华'，心系大中华，全面发展强中华"的学校精神指导下，从组织丰富的爱国爱党实践活动入手，不断加强中华优秀传统文化教育和革命传统教育，引导学生深刻理解中华民族五千多年悠久灿烂的文明史，培养学生的民族自信心和自豪感，充分发挥文化滋养人、浸润人的作用，为立德树人提供有力支撑。

1.溯源红色基因，挖掘红色资源，开展爱党爱国实践活动

我校作为一所有着深厚文化底蕴的红色学校，始终牢记育人使命，积极践行社会主义核心价值观，充分发挥学校教育主阵地作用。学校结合多方面的资源，通过多种形式的课内外活动开展了一系列丰富多彩的爱国爱党实践活动，深刻挖掘校园周边资源，溯源学校红色基因，开展了"学党史 感党恩 跟党走"系列、"红巷爷爷讲党史"等多彩的党、团、队活动，以红色文化为纽带，建立文化联盟共同体。

2.发挥节日文化教育功能，开展爱国主题文化活动

学校充分引导学生关心、关注国家大事，突出爱国强国教育内容，在日常的学习生活中，帮助学生将爱国强国思想内化于心、外化于行。积极组织开展升国旗、唱国歌、国旗下讲话、晨会讲话等教育活动，帮助和引导少先队员树立光荣感、归属感和使命感，传递"红色力量"，培养"红色信仰"。同时抓住重大社会事件与传统节日，以"五育并举"为理念，有针对性地组织开展教育活动。例如，在七一建党节、八一建军节等特殊的日子里，带领同学们到相关基地开展活动，在丰富、拓展校园文化内涵的同时，进一步激发学生的爱国情感。将过"洋节"的好奇心转化为过传统节的热情，用趣味游戏节、冬至故事节、新春游艺节等吸引学生。

3.结合党史、国防教育，推行爱国主义教学活动

夯实"红色根基"的"党润童心"项目和"武昌区中华路小学少年军校"的成立意味着爱国主义教育不能仅仅停留在感情的层面，更要付诸实践。爱国主义教育不仅是对学生进行认识上的构建，更重要的是从行动上让学生做到理论联系实际，理论指导实践，在丰富多彩的活动中培养对祖国的敬畏感、归属感、荣誉感和责任感。

新时代是奋斗者的时代，每个人都是追梦者，唯有行动才能成就梦想。新时代的爱国实践活动，就是要引导学生在学习知识的过程中增强民族自豪感和民族自信心，不断增强做中国人的志气、骨气、底气。

（二）开展文明礼仪实践活动，培育"中华小当家"社交素养

文明礼仪学习活动是文明礼仪教育的基础，通过学习活动，学生可以更了解文明礼仪规范。日常生活中处处需要文明礼仪，而文明礼仪教育不是短时间就能完成的，文明礼仪行为的养成也不是一蹴而就的。教师需要将文明礼仪融入学生的日常生活和实践活动中，让学生在认知和实践中不断学习和巩固，最终内化为自身的文明礼仪修养。

1.以主题教育为载体，有序推进礼仪活动

不同类型的礼仪活动需设定不同目标，应当树立"大主题"理念，将教学、课外活动和社会实践等统筹考虑，从而构建全面育人的框架。一样的校园时序需要不一样的活动创意，根据学校特点，我们开展了一系列特色礼仪活动。如在"与军运同行"校园文化节中千名学生一起表演军体拳；在落实"双减"政策活动中我校师生参与礼仪引导和作品讲解；在学校各类活动中我校教师礼仪队展现礼仪风采。

2.以日常活动为依托，激发学生礼仪学习兴趣

倡导通过小型活动实现大德育目的。在设计礼仪教育活动时，要确保学生全身心参与，在愉悦氛围中进行自我体验和道德判断。我校组织学生在汉剧社团中学习古代行礼方式，如作揖礼、万福礼、抱拳礼、鞠躬礼、跪拜礼；组织学生在朗诵社团中学习登台的形体礼仪；组织学生在足球、篮球、排球赛场上学习团结友爱的集体主义精神和勇于挑战、永不服输的体育精神；组织学生在科技展上学习求真务实、集智攻关、动手实践的科学精神。

3. 将校内校外相结合，形成家校礼仪教育合力

我校定期组织家长会，向家长普及文明礼仪知识，让家长更了解学校的教育理念，并达成家校共育的教育模式。为了让家长和学生了解、掌握家庭常规礼仪，能够在家庭生活中遵守礼仪规范，享受温馨的家庭生活，我校还定期开展线上"家庭礼仪"主题教育活动，让文明之花开遍家庭、校园和社会。

文明礼仪教育活动的创设和开展是文明礼仪教育的主阵地。学校不断丰富文明礼仪教育活动，使学生在不同方面受到思想上的熏陶，成长为讲文明、懂礼仪的优秀小学生。

（三）开展深度学习实践活动，培育"中华小当家"学习素养

深度学习实践活动基于深度学习的理论和方法，通过实际操作和应用来加深对学习知识、原理和应用的理解。在推进深度学习的过程中，我校通过举办一系列深度学习实践活动来培养"中华小当家"的学习素养。

1. 以竞赛式活动激发学生学习兴趣

通过"经典诵读考级活动"来激发学生学习传统文化的兴趣，夯实学生的文化根基，弘扬中华优秀传统文化；通过"计算大赛""解决问题大赛"等活动来培养学生的数学思维和数学学科素养；通过三个校区"三大球联赛"提高学生的身体素质，在校园内营造出一种健康文明、团结向上的氛围。

2. 以主题式活动培养学生实践能力

通过"用英语讲好中国故事·国际文化艺术节"系列活动，着力开发国际多元文化交流，积极开展以本土文化认同为基础的教育实践；通过"科技嘉年华"活动培养学生的科学素养和动手实践能力；通过艺术节活动培养学生的艺术特长，提升学生的审美素养。

3. 以课程化活动提高学生综合素养

我校通过开展图书馆相关课程来拓宽阅读路径，在低中高学段，分别开设绘本阅读、整本书阅读和名著阅读的系列课程来丰盈阅读活动，实现"全科、全时、全域"阅读。

通过以上实践活动，学生的学习素养不断提升，我校学生作品多次在武汉市经典诵读大赛、武昌区蒲公英阅读小镇、武昌区运动会、武昌区科技嘉年华等活动中荣获奖项，学校合唱团的演出曾登上北京卫视的直播节目，走上央视的舞台。

总之，深度学习实践活动是深度学习过程中不可或缺的一环，有助于培养学生的创新意识和在具体情境中解决问题的能力，提升学生的综合能力，培养"中华小当家"的学习素养。

（四）开展劳动生活实践活动，培育"中华小当家"生存素养

学校积极推行一系列创新和多元化的劳动实践活动，旨在丰富学生的实践经验，培养其劳动技能和爱劳动的精神。学校通过校内外的多样化活动，让学生在亲身体验中学习劳动的意义，理解劳动的价值，并锻炼他们的实际操作能力。

1. 培养"中华小当家"——浸润日常生活，求劳动之"真"

学校组织了系列研学活动，四年级经历一次秋收、五年级体验一次露营，让学生走进田间地头，直接接触土地，进行农耕劳动，从播种到收获，体验农业生产的全过程。这些活动不仅让学生亲身感受自然与人的连接，还教会他们珍惜粮食和劳动成果。在露营基地，学生学习搭建帐篷、设计门头、烹饪早餐等生活技能。这些经历帮助他们提升自信，增强解决问题的能力。这些活动不仅让学生在真实的劳动和生活场景中学习和劳动，也让他们享受劳动的乐趣，并学会独立生活和团队合作。

2. 培养"中华小传家"——弘扬传统文化，养劳动之"善"

结合节日和纪念日，学工处还会发布各种劳动实践活动，鼓励学生在家和社区参与劳动实践。例如，在端午节期间，学校鼓励学生学习包粽子，在了解传统文化的同时，习得相关的劳动技能。在冬至故事节时，学校开展了系列活动，使非物质文化遗产走进校园，赋予传统以新的生命。学生有机会亲手体验制作糖画、学习戏曲脸谱绘画等传统技艺。这些活动不仅丰富了学生的文化生活，也让他们认识到传统文化的独特价值和魅力，同时锻炼了他们的动手能力和审美能力。

3. 培养"中华小创家"——感受田园诗韵，成劳动之"美"

我校开发以"田园诗韵——培养中华小创家"为主题的学习任务群，以劳动教育学科为本，综合语文、美术、科学、综合实践等多学科，激发学生主动学习、主动劳动的兴趣，激发学生的审美情感，培养学生的创新创造意识。

丰富多样的劳动实践活动使学生在实践中学习、在体验中成长，有效地将劳动教育融入日常教学中，为学生的全面发展打下坚实的基础，并通过实践让学生体验到劳动的价值和乐趣。通过这些活动，学生不仅学会了如何劳动，更重要的是理解

了劳动的社会意义和带来的个人价值，为他们未来成为社会的有用之才奠定了良好的基础。

（五）开展国际理解实践活动，培育“中华小当家”全球素养

我校立足中国传统文化，充分挖掘国际理解元素，组织开展了一系列国际理解教育实践活动。这些活动内涵丰富，形式新颖，学生的全球素养在生动多彩的活动中得以提升。

1. 依托环境文化，打开学生国际视野

我校利用“3＋2”体验，充分发挥环境育人作用。通过英语广播台、英语活动室、英语角的建设，让英语回归语言，融入日常，让语言回归情境，自然而然地发生。学生在日积月累的语言熏陶和跨文化交流中夯实语言基础。开展社团活动，让学生在发掘自己兴趣爱好的同时，了解中国传统文化。开展英语阅读活动，让学生从书里看到更大的世界。

2. 依托主题活动，展现学生综合素养

我校立足中国传统文化，积极探寻本土文化与国际文化的融合，找准时间契机，以“我家就在长江边”为主题，以本土文化认同为基础举办国际文化艺术节，让家国情怀根植在每个学生心中。国际文化艺术节以学生为主角、英语作媒介，多维度展现了中华路学子的风采，向世界传递我们的声音。随后，我校紧贴时事，以“一带一路”为主题，重走丝绸之路，开展游园活动。活动中，学生既是异域文化的扮演者，也是贸易活动的参与者。任务驱动下的一次次贸易体验，让学生在了解地域特产的同时，培养了财商。多彩的主题活动展现了学生的综合素养，丰富了学生的异域文化体验。

3. 依托校际互联，提高学生跨文化交流能力

我校积极与国际学校“手拉手”，开展师生互访，拓展多层面、多形式的交流合作，搭建跨文化交流桥梁，让师生有机会亲身体验不同文化，拓展国际视野，增强跨文化交流能力。

三、评价驱动，提升全面发展导向的育人效果

武昌区中华路小学以打造“中华小当家”为目标，积极探索并构建了“中华小当家”多元评价机制。“中华小当家”多元评价机制从横向来看包括爱国情怀教育

评价体系、文明礼仪教育评价体系、深度学习教育评价体系、劳动教育评价体系和国际理解教育评价体系五个方面，从纵向来看每一体系都具有评价维度多元化、评价主体多元化、评价层次多元化的特点。通过对学生的课程及活动的多元化评价，帮助学生明确自己的优势及不足，进而全面提升自我。

（一）形成爱国情怀教育评价体系，培育"中华小当家"文化素养

校园作为对学生进行爱国主义教育的重点单位，有效建立科学的爱国主义教育评价体系至关重要，为此我们做出了一系列探索：重点对学生在校园乃至校外生活中的日常表现进行客观、全面的评价，关注学生的学习过程、实践能力、个人素养的形成与发展。

1.挖掘资源，寻求各级部门支持

2018年11月5日，经武昌区人民武装部、武昌区教育局批准，"武昌区中华路小学少年军校"正式挂牌。我校建立少年军校评价体系，组织开展知军、爱军、拥军、学军的特色活动，继承发扬爱国主义精神、增强国防意识、培养集体荣誉感。学校还通过召开主题班队会、参观红色教育基地、参加军营开放日活动、观看军事纪录片等方式开展爱国主义教育、革命传统教育、国防教育，不断推动爱国主义教育评价体系的建设与完善工作。

2.拓展平台，整合现有评价体系

2019年10月，我校三个校区大队部依托"武昌区少先队员证"，通过"红领巾争章活动"促进全体少先队员主动学习国旗、国徽、国情等知识，队员们还不定期以"小队问答"的形式争得奖章，贴于证书中，教师以此来评价队员们相关知识的积累与掌握情况。同时，我校积极响应武昌区"红色寻访活动"，与"红色场馆"深度合作，鼓励队员们走进"红色场馆"，在不断的寻访过程中，了解革命先烈们的成长事迹。场馆工作人员亦会在"队证"上盖章，队员们不仅收获了"寻访证书"，还能在现场聆听那段艰苦卓绝岁月里的感人故事。

3.建立机制，依托手册递进培养

2023年9月，武昌区中华路小学《Do Re Mi成长手册》制作完成，进入武昌区中华路小学的一年级新生们会在此手册的指引下，快速适应校园生活。其中"国旗在我心——观摩国旗护卫队展示"活动，让新生们初入校园就了解了相关军事知识。新生通过成长手册的指引，在一项项的活动打卡中，将爱国主义的种子植入

心田。

我校通过挖掘资源、拓展平台、建立机制等一系列创新举措,不仅丰富了爱国主义教育的形式与内容,还成功构建了一套科学、系统的评价体系。这一系列探索与实践,不仅让爱国主义的种子在学生心中生根发芽,更促进了学生综合素质的全面提升,为培养具有爱国情怀、担当精神的新时代接班人奠定了坚实基础。未来,武昌区中华路小学将继续深化爱国主义教育,不断创新评价体系,让爱国之情、强国之志、报国之行在学生中蔚然成风。

（二）形成文明礼仪教育评价体系,培育"中华小当家"社交素养

有效评价能够促进学生良好行为习惯的养成,因此,学校积极探索并构建了"中华小当家"文明礼仪教育多元评价机制:通过建立文明礼仪督查制度和文明礼仪帮扶制度,用评价树立榜样,构建家校社三合一监督评价网,促进学生文明习惯的养成。

1. 建立文明礼仪评价机制

建立正副班主任制度,不断提升班主任与副班主任的配合效率,助力礼仪教育的落地生根;建立礼仪之星督查队,在学校日常管理工作中发挥学生的重要作用,形成学生自我管理和自我教育的制度体系;建立礼仪教育勤反馈制度,用及时高效的信息反馈,让学生的文明习惯养成工作取得更快的进步和更大的实效;建立全方位日常评价体系,通过坚持不懈的评比监督,让学生不知不觉养成良好的道德品质、行为修养和高雅的礼仪习惯。

2. 全员参与评价

多元化的评价主体是提升礼仪教育的重要手段,教师、学生、家长和社区全员参与,共同评价礼仪教育的成效。通过调查问卷、访问、报告等形式来收集反馈信息,运用情景模拟、编导表演等方式对学生的礼仪进行打分,有助于我们更全面、更深入地了解学生的礼仪修养水平,为他们提供更有针对性的指导。

3. 全程渗透评价

礼仪评价在开展礼仪教育的全过程密集渗透:礼仪学习前,有检验学生文明习惯与礼仪学习准备程度的诊断性评价;礼仪课程与礼仪活动进行中,有检验学生文明观念和实践能力的形成性评价;某一项或某一阶段礼仪学习结束后,有了解学生是否达成文明礼仪养成效果的总结性评价。礼仪教育开展与礼仪评价相生相伴,双

线并进，以达成更好的礼仪教育成效。

4.全方位促进评价

礼仪教育内容广泛深刻、形式灵活多样，我们以培养品学兼优的礼仪好少年、培养彬彬有礼的好少年、培养有团队精神的好少年为目标，不仅要教育学生将美德观念深植于心，也要培养学生形成适应社会文明秩序的礼仪实操能力。我们从习惯养成、价值追求、品德认同、行为规范、社会交往、协作能力等方面，全方位评价学生的礼仪达成，能够让礼仪教育评价更为全面、客观和准确。

（三）形成深度学习教育评价体系，培育"中华小当家"学习素养

我校在二十年余年的课程改革中，始终致力于探索和实践能够真正提升学生综合能力的教学模式，并不断打磨学生深度学习评价体系，以构建更加科学、有效的评价机制。通过课程评价标准1.0到7.0的迭代优化，不断提高学生课堂学习的有效性；通过学科特色的"校园活动日"来增加学科评价的多元性和趣味性；通过十三年来对无纸化测试的研究、反馈、更新来强化对学生学习素养形成的诊断性。

1.以评促教，以评促学

评价不是目的，而是手段。科学合理的评价体系能够引导教师改进教学方式，激发学生的学习兴趣，最终实现教与学的双重提升。我校课堂评价标准从1.0到7.0，不断细化评价指标和细则，针对不同学科特点，研制不同的课堂评价表，并制定与课堂教学评价标准相呼应的课堂教学评价细则，确保评价的精准性和可操作性。开展"聚焦一节课"活动，通过全校性的课堂观摩和研讨活动，引导教师关注学习氛围的营造、课堂管理的有效性、教学过程的清晰度、教学指导方式的多样性等关键要素。强化师生互动与评价，鼓励教师尊重和利用学生智慧，设计能够促进建构性对话的问题，并引导学生参与到课堂评价中来，提高学习效率和质量。"精学"课堂评价体系不仅是评价学生学习效果的重要工具，也是提升教学质量、促进学生全面发展的有力保障。

2.关注过程，多元评价

打破传统的单一评价模式，关注学生在学习过程中的参与度、合作能力、创新意识等多方面的表现，建立多元化的评价体系。学校将对学生学习的评价融入校园活动中，让科技节、艺术节、运动节、爱心节、阅读节、书法节成为不同学科的延伸课程。这不仅促进了课程供给内容和形式的变革，更重要的是通过多元化的评价

方式和丰富的学习活动，有效提升了学生的批判性思维、问题解决能力、沟通合作能力、自主发展能力和社会责任感。科学的评价体系和及时的反馈机制，帮助教师不断反思和改进教学方法，提高了教师的专业素养和教学水平。课堂教学环境逐步优化，以学生为中心的评价理念和互动式的教学模式，营造了积极活跃的课堂氛围，激发了学生的学习兴趣和潜能。

3. 注重反馈，持续改进

评价结果不是终点，而是新的起点。从2011年开始，在"双减"政策还未提出的时候，学校就开始尝试将一年级期末测试由卷面测试转变为对综合能力的考查。教师为学生设计了一系列学具操作活动，并拟定评价方案，方案中涉及的考查指标有数学语言的理解能力、动手操作能力以及推理能力等。在期末质量分析大会、各学科教研活动中对评价方案进行总结反馈，帮助教师和学生发现问题、分析原因，并进行针对性的改进和提升，不断完善学校无纸化测试方案。

对深度学习评价体系的构建是一个持续改进和完善的过程。我校将不断总结经验，积极探索，努力构建更加科学、完善的评价体系，为培养适应未来社会发展的优秀人才奠定坚实的基础。希望通过我们的不断努力，为学生提供更合适的教育，为全国小学教师提供有益的借鉴和参考，共同推动我国基础教育的不断进步。

（四）形成劳动教育评价体系，培育"中华小当家"生存素养

劳动教育评价是劳动教育实施的"指挥棒"，也是劳动教育高质量发展的重要保障。在劳动教育评价的过程中，我校始终坚持建构指向劳动素养培育的劳动教育评价体系，着力推进家校社协同育人评价。

我校以打造"中华小当家"为目标，积极探索并构建家校社协同育人机制下的小学劳动教育评价体系。

1. 评价形式多元化，调动内驱齐上阵

为了更好地唤起学生的劳动兴趣，养成良好的劳动习惯，我校开展了团体捆绑、个人激励、个人展示等多种劳动教育评价方式，逐渐形成了"团体＋个人""基础＋特色"的多元化劳动教育评价机制。在团体评价方面，我们依托每周的五好班级评价；在个体评价方面，我们针对全校学生开展基础性评价，以获得劳动奖章为依托；在个体特色评价方面，我们采取评选"劳动小明星""劳动技能小讲师"等个人激励式劳动教育评价。

2.评价内容多元，显性隐性全方位

在评价内容方面，我们不仅对学生劳动知识、劳动技能等外在表现进行评价，还关注对学生劳动价值观、劳动情感、劳动精神等内在因素的评价，使评价内容多元化。将劳动评价渗透在学生日常学习的方方面面、点点滴滴之中，在长期的坚持下，定能化无形为有形，提升学生的劳动品质，帮助学生树立正确的劳动价值观，建立优良的劳动情感。

3.评价主体多元，协同育人共参与

在评价主体方面，我们将家长评价、教师评价、社区评价、同伴评价、自我评价相结合。在"劳动集星卡"活动实施过程中，家长和班主任通力协作，实时联络，让家长与学校同为劳动教育的引导员、监督员。在社会劳动评价中，则通过走出去、请进来的方式，每月定期开展家长进课堂活动、家校研修共同体活动等，让学生在活动过程中有更多与家长互相了解的机会，同时学会尊重劳动者。

学校的劳动教育评价体系从劳动意识、劳动观念、劳动能力、劳动成果四个维度进行分析构建，并展开多维度评价，极大地促进了学生劳动素养的提升。

（五）形成国际理解教育评价体系，培育"中华小当家"全球素养

我校国际理解教育以课堂教学为依托、以主题活动为载体、以人文实践为导向，从课程评价、活动评价、实践评价三个方面构建以学生发展为中心的多元评价机制。

1.课程评价

我校二至五年级每个班每周设置了一节专门的国际理解课程，以"立足中国、读懂世界、合作共生"为课程理念，引导学生用英语讲好中国故事。课堂上教师通过诊断性评价的方式，关注学生在课堂上的表现，与学生进行一对一或者小组形式的面谈，对学生进行口头表扬或者积分鼓励，提升学生课堂参与度，增进学生的国际理解力，促进学生语言表达能力和文化水平的全面提升，同时，帮助学生精准了解自身在跨文化沟通能力、文化价值理解能力以及创新思维能力等方面的优势与不足。

2.活动评价

我校国际理解教育以"用英语讲好中国故事·国际文化艺术节"系列活动等为抓手，关注对学生进行激励性评价。"万人写中华"中英文书写大赛将学生作品制

作成明信片，让学生体验仪式感与成就感；"我家就在长江边"的英语嘉年华活动，为学生搭建展示平台，体验跨文化联动的欣喜感与文化自信；"一带一路"游园活动，布置各国展区展示文化风情，以通关问答换取贸易印章，以沉浸式游戏体验增强文化认同感及传播文化的使命感，培育学生的开放心态，拓展国际视野。在活动中的多元激励性评价，不仅帮助学生从表层了解全球形势、文化差异，更能引导学生以全球化视野深度分析和综合思考问题，增强文化包容能力和适应能力。

3. 实践评价

我校与外国学校签订友好学校协议，搭建便捷的跨文化交流的桥梁。在访学交流的实践活动中，关注对学生的国际理解能力进行表现性评价。通过观察学生在与外国伙伴交流时的流畅度、准确性，评价语言表达能力；通过观察学生在社交中的自信程度、礼仪规范、应变能力等评价学生的文化理解能力；通过观察学生在国际合作与交流中运用全球素养的相关知识和技能，用英语讲好中国故事的效果，评价学生的文化传播能力和影响力。通过真实情景的跨文化实践交流，以及在过程中进行表现性评价，让学生看到多元世界，并向世界传递中国声音，打破地域限制，为学生塑造更广阔的全球视野，增强全球责任感。

四、协同驱动，形成共商共建导向的育人机制

在坚持"五育并举"的今天，家校社协同育人的理念越来越被大家熟知和重视。武昌区中华路小学在不断探索的过程中也逐渐形成了共商共建的育人机制，学校、家庭及社会在教育资源共享、系列课程实施、特色育人活动开展及多元评价反馈等方面积极探索出协同育人新路径，开拓了协同育人新领域，构建了更加紧密、更加高效的教育共同体，为培养堪当民族复兴重任的时代新人做出了应有的贡献。

（一）探索爱国情怀教育协同育人模式，培育"中华小当家"文化素养

爱国情怀教育协同育人模式，即利用家庭、学校和社会三方的影响力，共同推进"中华小当家"的爱国主义教育。这种新型的育人模式，有效弥补了学校教育中家庭和社会资源缺失，实现了家校社三方资源的有机统一，是帮助"中华小当家"厚植爱国主义情感、提升思想建设水平的创新途径。

1. 家庭：做培育"中华小当家"文化素养的实践者

家庭教育是基础。家庭的爱国主义教育，具有基础性和生活性。学生大部分时间都与家人待在一起，将爱国主义教育活动渗透进日常生活中，学生可从另一个角度认识中华文化。在小学低年段中，我们以学科课本为蓝本，鼓励学生回家后阅读通俗易懂的爱国主义读物，了解"家"和"国"的简单概念。在小学中、高年段，父母引导孩子由关心家人到关心周围的人和事，欣赏祖国的壮美风光，感受祖国悠久的历史文化，了解并遵守社会规则和法律法规等。

2. 学校：做培育"中华小当家"文化素养的组织者和引导者

学校教育是关键。学校在爱国主义教育中起主导作用。我校深入挖掘承载爱国主义教育的各类课程资源，将其和祖国丰富的自然资源、中华优秀传统文化的精神资源统整起来，使学校爱国主义教育的内容更加丰富多彩。此外，我校在创新爱国主义教育载体上也下足功夫。校园里每天的升旗仪式、周一晨会时"党润童心"主题演讲、国旗护卫队展示、丰富多彩的爱党爱国爱社会主义的"三爱"主题教育活动，如国庆节主题活动、纪念抗日战争胜利主题活动等，这些都以规范化的外在形式激发"中华小当家"爱祖国、爱人民、爱社会主义的责任感和使命感。

3. 社会：做培育"中华小当家"文化素养的协同者

社会教育是保障。社会中各种类型的爱国主义教育实践场所为家庭教育和学校教育提供了平台和资源，具有体验性和实践性。在中队辅导员的带领下，各中队把爱国主义教育实践场所由校内拓展到校外，走进纪念馆、博物馆、图书馆、科技馆等，利用社会资源，深入开展各种实践学习活动。在社会教育实践过程中，也能有效检验家庭和学校爱国主义教育的教学效果。社会教育是对进一步增进"中华小当家"文化认同感和民族自豪感的有益补充。

由此看来，家庭、学校、社会的爱国主义教育目标相同、内容交融、作用互补，各具育人特色。把握学生的成长规律，持续推进家庭、学校、社会的爱国主义协同教育，发挥三者的积极影响力，能够为巩固"中华小当家"的爱国情怀提供坚实基础，进一步推动我校爱国主义教育事业的发展。

（二）探索文明礼仪教育协同育人模式，培育"中华小当家"社交素养

学校在培养"中华小当家"社交素养的过程中，指导学生在家庭、学校、社会中不断学习实践,构建出家庭、学校、社会共同发力的礼仪教育体系,努力完善礼仪共育桥梁的协同化路径。

1. 家校携手,明礼仪之道

家庭是学生学习的第二课堂,同样担负着重要的教育职责。中华路小学通过开办"家长学校",让家长摈弃陈旧观念,提高家校合作意识。同时,结合新媒体平台创新家校合作的途径,开展各种家校共育活动,在活动过程中增强礼仪教育的仪式感,使家长意识到礼仪教育对学生成长的重要性。

2. 别样讲堂,承礼仪之美

学校课堂作为教育的主要实施阵地,发挥着不可或缺的作用。中华路小学积极推动"家长讲堂活动",邀请优秀学生、优秀家长分享经验,为更多的家长提供示范;定期召开分年级家长会和毕业生家长会,以家长带动家长,提高家长的整体素质;每年举办一次"好习惯培养"专题家长开放日活动,倾听家长在教育孩子过程中遇到的问题及困惑,促进家校合作。

3. 走进社区,行礼仪之举

学校积极配合社会各方面,致力于加强学校周边环境综合治理,并努力吸纳家长、社区参与学校的德育建设,共同打造一个有利于小学生健康成长的社会环境。同时,依托社区,为学生提供社会实践基地,积极开展社会公益活动,让学生在实践中接受教育,养成良好品德和文明礼仪习惯。

4. 和谐社会,扬礼仪之帆

学校在合适的场所积极开展丰富多彩、直观形象的礼仪教育主题活动,如礼仪知识竞赛、礼仪示范表演、小品表演、文明礼仪用语征集、演讲、征文等,引导学生积极主动地参与礼仪活动,并在活动中磨炼意志,发扬优点,改正缺点。

在教育现代化的背景下,中华路小学积极发挥其主导作用,构建出家庭、学校、社会共同发力的礼仪教育体系。学生在不断学习、践行的过程中将文明礼仪内化于心,外化于行,使文明礼仪之花在校园绽放。

(三)探索深度学习教育协同育人模式,培育"中华小当家"学习素养

探索深度学习教育协同育人模式,旨在通过整合教育资源、创新教学方法与手段,培养具有深厚的中华文化底蕴、创新思维、自主学习能力、社会责任感以及解

决实际问题能力等综合素养的"中华小当家"。

1. 融合中华文化与深度学习内容

将中华优秀传统文化元素融入深度学习课程体系中，如开展语文和美术的跨学科融合课程，通过历史故事、诗词歌赋了解和脸谱有关的文化知识，再借助绘画将这一传统艺术表现出来，学生在参与的过程中自然吸收并传承中华文化。

今后，还可以利用虚拟现实（VR）、增强现实（AR）等技术，创建沉浸式文化学习场景，如古代建筑探索、传统节日体验等，加深学生对中华传统文化的理解和认同。

2. 强化批判性思维与创新能力培养

鼓励学生在实际生活中发现问题，运用科学方法和信息技术手段进行分析和探究，培养批判性思维和解决问题的能力。学校为学生创建了实践平台，如人工智能室、创客空间等，提供工具和资源支持学生开展创新项目，如人工智能机器人编程、3D打印等，激发学生的创新潜能。

3. 促进自主学习，培养终身学习意识

为学生设计个性化学习路径，利用大数据和人工智能技术，分析学生的学习行为和能力，为每位学生定制个性化的学习计划和资源推荐，促进自主学习。引导学生反思学习过程，学会自我评估和调整学习策略，培养终身学习的意识和能力。

4. 强化社会责任感与公民意识

组织学生参与社区服务、环保行动等社会实践活动，将所学知识应用于解决实际问题，培养学生的社会责任感和公民意识。

5. 优化协同育人机制

学校积极构建家校社育人平台，通过共建平台、共创课程、共研项目、共享资源等方式，为学生提供多样化的学习机会。例如，与武汉自然博物馆、湖北省科技馆等多个利于学生开展实践活动的场馆联系，让学生在真实情境中探索科学奥秘；在"家长进课堂"活动中邀请各行各业的家长走进课堂，激发学生对各方面知识的兴趣，拓宽学生的知识面。

探索深度学习教育协同育人模式，培育"中华小当家"学习素养，需要我们在教学内容、教学方法、教育环境及育人机制等多个方面进行全面创新与实践，以培

养既具有深厚文化底蕴又具备创新能力和社会责任感的未来人才。

（四）探索劳动教育协同育人模式，培育"中华小当家"生存素养

劳动教育协同育人模式强调在教育过程中，学校、家庭、社会等多方主体共同参与、相互协作，形成一种协同育人的机制。这种模式旨在通过整合各方资源，优化教育环境，提高教育的质量和效果，培育学生的生存素养。

生存素养包括思想政治素养、文化素养、劳动素养等各个方面的内容。劳动素养即劳动课程要培养的核心素养，主要包括劳动观念、劳动能力、劳动习惯和品质、劳动精神。为培育具有中华情怀的时代新人，我校劳动教育以培养"中华小当家"生存素养为基本的育人目标，切实开展劳动教育。

1. 以"校"为线，厚植劳动意识

以学校为主导，"课程化"提升劳动教育品质。劳动教育是学校立德树人根本任务的重要组成部分，人人都有劳动教育职责、各门课程都有劳动教育功能，必须形成全员、全过程、全方位加强劳动教育的格局。

我校将校园内各类场域进行开发与利用，为劳动教育实践提供场域空间。首先，要在三个校区内做好校园卫生保洁和绿化美化，把校园每个地方、每一株植物都包干到班，责任到人。其次，在落实好三个校区基本要求的同时，又要开创各校区的特色，如橡树湾校区的责任田——跨学科的综合性学习、金都校区的孔雀园——混龄式的探究性学习、本部校区的讲解员——公益性的服务性学习，在整体和谐统一的同时又做到各具特色、有机融合。

2. 以"家"为点，根植劳动基因

学校通过家校协同，带领学生和家长共同开发家庭空间。一些在课堂、学校无法实践操作的劳动内容，需要家长的助力。我们围绕衣食住行用等日常生活劳动常态，建立"家庭实验室""阳台盆栽园""收纳示范角"等，将厨房、客厅、卧室、书房等作为劳动实践场所。同时，根据学生的年龄特点，学校规划了不同特色的劳动课程，从拌凉菜到煮热干面，从认识劳动工具到学习非遗扎染，从认识农作物到走进田间地头植树、摘果子、挖红薯，鼓励学生在生活中认识劳动、学会劳动、爱上劳动。

3. 以"社"为面，沃植劳动素养

在不断摸索与尝试中，我校加强与社会各界的联系，利用社会资源，拓展劳动

教育实践基地。同时，我校积极关注与企业、社区合作，开展劳动体验和社会服务活动，例如，组织"国旗护卫队"前往消防大队等地进行参观学习；组织开展五年级劳动教育研学课程，带领学生前往"光谷有田教育基地"了解并学习专业的劳动技能。通过参与社会实践劳动，学生能更好地理解劳动的价值，培养社会责任感。

劳动教育协同育人模式的实施，有助于形成良好的教育环境，提升学生的劳动技能和生存素养，为培养社会主义现代化建设所需的合格人才奠定基础。

（五）探索国际理解教育协同育人模式，培育"中华小当家"全球素养

我校以"国际理解教育"为理念开展各类教育活动，积极探索国际理解教育协同育人模式，帮助学生提升全球素养，培养学生适应时代发展所需要的必备品质、开放心态和全球意识。

1.感知世界多元文化，培养学生全球视野

学校通过开发"用英语讲好中国故事"课程，实施"1＋1"双师课堂教学模式，开展经典名著英文整本书阅读活动，以课堂为主阵地推进国际理解教育，让学生在自我文化认同的基础上，了解和感受世界文化的多样性，懂得尊重和包容多样性，培养全球视野。

2.体验校园特色活动，培养学生全球思维

在课堂之外，我校积极开展以本土文化认同为基础的国际理解教育主题实践活动，让学生在沉浸式体验活动的过程中，提升探究与思辨能力，提升文化理解与尊重能力，培养全球思维能力，促进中外文化交流。

3.参与国际交流互动，培养学生全球意识

我校积极与国际学校联动，鼓励学生积极参与互动交流，用英文流利地介绍中国优秀传统文化，向全世界传递中国声音，在中外互动交流过程中，让学生拥有立足本土文化、放眼世界的合作共赢意识，具备促进国际理解的行为习惯和全球意识。

我校立足中国传统文化和本土资源，聚焦国际理解课程目标和核心素养，通过特色校园活动和国际交流活动，推动国际理解教育落地生根，培养学生跨文化理解和交流能力，拓展学生国际视野，发展学生核心素养，帮助学生树立人类命运共同体意识，培养能在国际与多文化环境中有效学习、工作和与人相处的未来人才。学

校将继续不断探索创新国际理解教育的协同育人途径,强化国际理解教育的保障措施,从而有效培养学生的国际理解素养,促进学校特色发展和办学品质的有力提升。

第二节 培养"中华小当家"的实践效果

武昌区中华路小学在不断优化、完善"四轮驱动"育人机制的过程中,取得了优异成果。

一、厚植爱国情怀教育的实践效果

青少年儿童是爱国主义教育的重点群体,武昌区中华路小学以培养热爱祖国、热爱中国共产党、热爱中华优秀文化、具有家国情怀、堪当民族复兴大任的"中华小当家"为育人目标,在七十多年办学过程中形成且日益丰富的"站在'小中华',心系大中华,全面发展强中华"的办学精神引领下,全体教师把爱国主义教育融入学校育人的全过程,取得了一个个辉煌的成绩,在省、市、区乃至全国范围内都产生了积极的影响。

2018年9月18日,武汉市2018年度爱国主义宣传教育月集中展示活动走进武昌区中华路小学。时任武汉市委常委、宣传部部长李述永参加活动并为"红色巴士一日游"活动授旗。

2021年4月27日,武汉市中小学"立足思政课主阵地,做党史教育排头兵"党史学习教育研讨会小学专场活动在中华路小学举行。党员教师柳丽执教"我心中的中国共产党"一课,将新时代中国共产党不断学习、开放自信、亲民为民的形象深深刻在学生心中。

2024年3月21日,中共武汉市教育科学研究院第三支部委员会、武汉市教育科学研究院小学教学研究室、武昌区教育局教研培训中心和武汉市武昌区中华路小学联合开展"人生课堂 党史领航"主题党日活动,党员教师潘爱玲现场带来展示课"岩石、沙和黏土",共同回顾党的光辉历程,传承红色基因,激发奋进力量。

2022年以来,中华路小学党总支书记夏惠围绕"党润童心"思政大课项目的实施开展撰写多篇文章,有的在全市全区进行经验宣讲,有的发表在《党员生活》杂志,有的被评为全市2023年度"十佳书记案例",收录在各类杂志或专辑之中。

回望过去,武昌区中华路小学在爱国主义教育的道路上留下了坚实的足迹,每一次活动的成功举办，都是对红色基因的一次深情传承，也是对新时代青少年成长成才的一次有力推动。党建、团建、队建工作也在走向成熟，我校党总支2016年被武汉市委组织部表彰为"五星"基层党组织，2023年被评为武汉市示范党支部；教工团支部1998年被评为"武昌区青年文明号"，2024年获评"武昌区五四红旗团支部"；少先队1997年获得全国红旗雏鹰大队称号，2000年以来连续获评湖北省少先队工作示范单位。

展望未来，中华路小学将继续秉持"站在'小中华'，心系大中华，全面发展强中华"的学校精神，坚持"党润童心"，育人为本，不断创新教育模式，深化爱党强国教育，让红色文化成为滋养青少年心灵的源头活水，培养出更多有理想、有本领、有担当的时代新人，为实现中华民族伟大复兴的中国梦贡献青春力量。而那些关于红色记忆的故事，也将如同中华路小学校园内的玉兰树一般，四季常青，永远芬芳！

二、养成文明礼仪教育的实践效果

中华路小学组织开展"校园礼仪三字歌"研学活动，在丰富学生课余生活的同时，让更多的学生在"三字歌"中追寻礼仪的足迹，帮助学生在各年段的主题活动中有序实践，将礼仪教育真正落实到学生的学习、生活中。

课堂是实施礼仪教育的重要阵地，为此，我校进行了长期、深入的探索，针对不同的礼仪实践情境和问题，结合各学段学生的认知和行为特点，融合各学科各类教学手段和方法，打造了一系列优秀礼仪课程。这些课程设计合理巧妙，礼仪实操务实有效，礼仪素养立意深刻，体现出我校对礼仪教育的坚守与开拓精神。礼仪教育课堂不断焕发新的生机。

我校的礼仪教师团队建设已经取得了一定成效，在文明礼仪教师团队中，有这样一批礼仪教育专业素养高、礼仪教育实践能力强、经验丰富的导师，他们是礼仪种子教师不断成长的引路人和支持者。他们中既有校内导师（武汉市"最美教师"、武汉市十佳班主任、从教二十多年的优秀少先队辅导员），也有校外导师，他们给予礼仪种子教师专业上的指导，充分调动各方资源，共同为我校文明礼仪教师团队的建设助力。

通过实践研究，我校形成了文明礼仪教育"135"实施范式。"1"即一个中心：以践行文明礼仪、提升文明素养为研究主线。"3"即"三全教育"：全员、全程、全科教育。全校师生及全体家长共同参与；全程关注文明礼仪习惯的养成和文明素养的提升，教育贯穿学生学习和生活的始终；覆盖全学科，将文明礼仪教育有机融入学科课堂教学，共融、共生、共长。"5"即五个途径：创设文明礼仪校园文化、构建文明礼仪教育课程体系、融合各学科进行教育、形成系列化的校域特色育人活动、共建家校社三位一体育人网络。

三、达成深度学习教育的实践效果

在二十余年的课程改革和教学实践中，我校始终坚持"以人为本、全面发展"的教育理念，致力于构建科学有效的育人体系，取得了显著的成果。通过不断完善的"精学"课堂评价体系和多元化的教育模式，我们不仅提高了学生的学业成绩，更在培养学生的核心素养、综合能力和社会责任感方面取得了丰硕的成果。

（一）学生核心素养的全面提升

我们的课程改革以培养学生的核心素养为目标，通过系统化的课程设计和评价体系，学生在批判性思维、问题解决能力、沟通合作能力、自主发展能力和社会责任感等方面得到了全面提升。学生学会了独立思考，不仅掌握了理论知识，而且提升了应用知识解决实际问题的能力。我们注重培养学生的自主学习和自我管理能力，学生逐渐形成了自我约束和持续发展的意识。

（二）多元化教育模式的创新实践

为了满足不同学生的个性化需求，我校在课程设置和教学方法上进行了多元化的创新实践，取得了显著成效。如个性化课程设置、跨学科项目学习、信息技术与教育融合，以及校内外合作交流等。

（三）教师专业发展的持续提升

在课程改革和育人实践中，我们同样重视教师的专业发展，通过系统的培训和评估机制，不断提升教师的教学能力和专业素养。我们定期组织教师参加专业培训和学术交流，邀请专家进行专题讲座，加强教师的专业能力。通过课堂观察和教学评估，教师能够及时了解自己的教学效果，并根据反馈进行反思和改进，持续提升教学质量。我校教师团队在研究的基础上构建了深度学习课程体系，形成了"精学"课堂教学模式，提升了自身的课程设计与实施能力。青年教师多人次在全国及省、市、区级赛课中获奖。

（四）学生综合素质的全面发展

通过系统的课程设计和育人实践，学生在德智体美劳等方面得到了全面发展，形成了健全的人格，提升了综合素质。每学年均有学生在各级各类比赛中获奖，如楚才写作大会、武汉市中小学生经典诵读活动、武昌区运动会等。我校在作业设计及评价上不断创新，组织的"无纸笔"测查在武昌区产生积极影响，学生在这样的学习氛围、学习环境下，学习素养不断提升，自主创新能力不断增强，实现了全面而个性的发展。

四、学会劳动教育的实践效果

学会劳动生活，是"中华小当家"的基本劳动素养。结合其内涵、原则、策略，我们建立了家校劳动研修共同体，培养了劳动技能小讲师，成立了学校劳动工具博物馆，丰富了学生对劳动教育的认识，进行了很多有益的尝试。我校目前已形成了一套具有本校特色的劳动教育校本管理、课程开发、实施资源与评价体系。同时，以"中华小当家"劳动教育课题研究为抓手，促进了学校育人方式的不断创新。

（一）以"中华小当家"劳动教育研究为载体形成合育机制

1.精心设计劳动内容，让劳动成为亲子关系的润滑剂

学校就地取材进行劳动教育，结合亲子关系、日常家务、生活创造三个方面开展专题线上劳动教育，着重培养学生在做饭、收拾房间、清洁卫生等生活技巧方面的劳动技能，居家劳动课程可以引导家长以指导者的身份参与其中，引导学生换位思考、理解父母，构建和谐的家庭关系，让学生在劳动中掌握技能、感悟亲情。

2.积极构建劳动教育体系，打造学生开放视野的百科全书

学校精心策划、发展出了八大劳动任务群，开展"中华小当家——我是劳动技能小讲师"活动，鼓励学生成为劳动技能小讲师，录制劳动教育微课或现场教学，指导全校学生一起开展劳动教育，充分感受劳动的快乐和光荣。开展"劳动技能大赛"，以赛促学，验收学习成果，让学生体验成功的快乐。

3.推进落实劳动评价，践行劳动课程的教学评一体化

劳动教育的重要一环在于劳动成果的生成。检验劳动成果最有效的方式就是劳动过程的记录、劳动作品的生成以及劳动感悟的撰写。对学生提交的劳动作业，老师们认真阅读、积极评价,指导学生撰写劳动感悟,评价他们的劳动过程和成果,给他们鼓励,让他们更有兴趣参与每次的专题劳动教育。学校分年段制定了"劳动最光荣"评价表,评选"劳动小达人"。

4.建设劳动教育实践基地,加强劳动教育与校园生活的联系

根据学校三个校区的不同校园空间特点和教师特长优势,积极开发校内外劳动教育实践基地:本部校区——革命博物馆、红巷文化馆、科技馆等;金都校区——孔雀园、兔子园、空中花园;橡树湾校区——蔬果园等,将劳动教育与生活实践紧密结合。

5.开发劳动教育资源,构建家校社劳动共育机制

学校坚持因地制宜,突出劳动教育资源开发与现代信息技术融合,实现劳动教育资源的整合、渗透与研发。同时进行小学劳动教育校外资源研究:以学校为主导、家庭为基础、社会为依托,建立家庭、学校、社会三方协同教育机制,形成了一套具有本校特色的劳动教育课程、资源与评价体系,充分发挥学校的主导作用,合力推进劳动教育,形成"以劳树德、以劳增智、以劳强体、以劳育美、以劳创新"的育人格局。

(二) 以"中华小当家"劳动教育研究为抓手创新育人方式

1.学科育人

学校自主设计了劳动教育校本管理体系、劳动教育课程资源体系、劳动教育读本和劳动教育资源包。学校研发的"中华小当家""中华小传家""中华小创家"校本劳动教育读本分别从日常劳动知识技能、中华传统劳动精神文化传承、劳动创新等维度进行编写,深受学生的喜爱。我们将传统的从网络获取劳动课程资源或者教师自主设计劳动课程变成面向全校学生招募"劳动技能小讲师",让学生成为伙伴的"老师",自己备课、设计脚本、制作微课、走上讲台,这样的课堂更加接近学生,也更受学生欢迎。

2.活动育人

为培养新时代的"中华小当家",我校开设了一系列的特色育人活动:开展"劳动技能大赛",用活动促进劳动教育的落实落地;用"劳动主题教育周活动"发起劳动挑战;孔雀园、兔子园、开心农场、假日养殖小队等让校园劳动延伸至校外。

3. 评价育人

我们坚持分层分级，夯实劳动技能基础，表现式评价和学段综合评价相结合，注重学生劳动素养的全面提升。"劳动最光荣"分级评级、"劳动小明星""劳动奖章"荣誉，以及学生"三自"评价，主要以学生自评、家长和老师评价为抓手，关注学生生活自理、学习自理、能力自信三个方面的成长情况。"劳动达人"积分卡活动促使家长客观地评价学生劳动教育的完成情况。另外，我们将"中华小当家"特色课程中所涉及的评价与少先队"红领巾争章活动"相结合，并制定规范的争章标准，设计特色奖章。借助互联网，创新劳动教育评价方式，充分展示学生劳动成果，激发学生劳动意识，鼓励学生劳动创新。

4. 协同育人

学校与家庭教育最根本和最初始的目的都是让孩子们能够幸福成长，而缺失任何一方都是不完整的教育，"中华小当家"的培养亦是如此，学校的教育是有限的，但是学校教育与家庭教育相结合，则会迸发出无限的可能。为了进一步促进教育多元化，我校成立了家校研修共同体，将班级分成若干小组，充分发挥家长资源，把家长请进来，走进学生的课堂，为学生带来各行各业的科普知识，同时我们也联合家长将学生带出去，开展各式各样的劳动实践研修活动。

学校充分发挥微校平台的宣传辐射作用，家校社合力推进劳动教育，形成"以劳树德、以劳增智、以劳强体、以劳育美、以劳创新"的育人新样态，成为湖北省劳动教育数字化资源基地校和中国"生活·实践"教育基地校，并于2023年获得了中国"生活·实践"教育研究院颁发的优秀实验学校称号。

五、增进国际理解教育的实践效果

"站在大中华，心系全世界，五育融合强世界"是我校国际理解教育的宗旨，也是世界公民应该具有的素养。

为了推动学生全面发展，学校设计"五色"课程体系，国际理解教育属于红色立德课程。学校选用《牛津英语话中国》系列图书作为课程教材，并依据教材及学生的年龄特点确定各年级的教学目标。在保障国家规定课程的同时，二至五年级课后服务中增加了每周一节的外教课，周五开设了英语社团课程，由学生自主选择参加。在外教的选配上，学校依托正规服务公司，选聘有教育背景、有工作经验、试课表现优秀的人员，目前每个校区保证有一名外教承担所有班级的外教课。同时我们还选择了我校优秀的英语教师与外教共同研讨课件，跟班听课，保证教学效果。

学校打造"3+2"英语学习体验场，其中"3"是指学校的英语广播台、班级英语角、学校英语吧，"2"是指学校每年举行两场大型英语活动。例如，在以"我家就在长江边"为主题的"用英语讲好中国故事·国际文化艺术节"上，学生在文艺会演中用全英文介绍了武汉的桥，表演了英语课本剧《花木兰》《中国熊猫》，用纯英文吟唱了古诗《将进酒》，并用多语种共唱《茉莉花》。在"走一带一路 做和平使者"游园活动中，学生扮演各种角色，进行货物贸易活动等，了解各国文化，提高国际理解能力。

湖北大学SOMA英语话剧团将我校作为素质教育实践基地，定期来校指导同学们演英语课本剧。

2023年9月28日，学校接待了新西兰克赖斯特彻奇市哈雅塔社区学校校长一行，并与哈雅塔社区学校签订了友好学校协议。

"以理解促理解，以天下观天下"，在学校开展国际理解教育，是学校培养人才的需要，也是国家培养人才的需要，更是人才创造未来世界的需要。中华路小学的师生正走在努力让教育链接更大世界的路上。

岁月不居，铭记前行足迹；育人为先，绽放教育华彩。二十余年的教育改革实践，让武昌区中华路小学探索出属于自己的"四轮驱动"育人机制，即"五大素养"为导向的课程育人体系、综合实践为导向的活动育人方式、全面发展为导向的评价育人模式及共商共建为导向的协同育人机制，四者共同推进学生文化素养、社交素养、学习素养、生存素养、全球素养的养成。在探索的过程中，我们虽然取得了一定的成绩，但在育人前行的道路上，还在不断寻找新的方向。学而不止汲滋养，行而不辍向未来，今后我们将继续以立德树人为总目标，谱写"中华小当家"育人新篇章。

（本章编写人员：范成君、刘文敬、夏惠、雷莹、沈朝霞、许许多多、翁葆华）

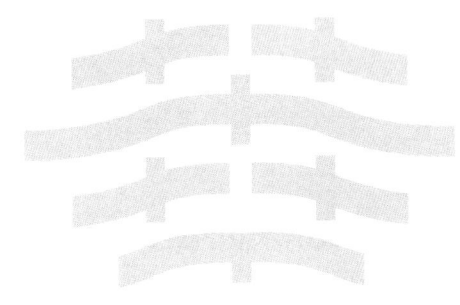

后　记

中华路小学以校名中的"中华"二字而自豪，也以中华民族的伟大复兴为己任。为党育人、为国育才，是学校的使命与担当。学校自2000年以来，针对当时教育存在的育人目标"五育失衡"、育人模式"单一封闭"、育人实践"低浅体验"等现状，一直探索育人方式的变革，以正确的教育行为选择指向符合新时代社会发展价值的教育目的，更好地回应"培养什么人，怎样培养人，为谁培养人"这一根本问题。

二十余年的育人方式探索具有基础性、连贯性、时代性和全面性，学校历任校长围绕"中华"提出办学理念与办学文化，最终形成了"站在'小中华'，心系大中华，全面发展强中华"的办学宗旨，致力于培养会自主学习、会劳动生活、讲文明礼仪、有爱国情怀、有国际视野的全面发展的"中华小当家"。

二十余年来，学校一直以坚持素质教育为办学追求，注重以教师队伍建设为抓手，提升学校办学质量，重点在课程建设、课堂变革、生活德育等方面进行专题研究，以培养有中华情怀的"中华小当家"为育人目标，提升学生的核心素养，促进学生的全面发展。

二十余年的育人方式变革研究，注重课程创新、育人内容体系创新和育人实践路径创新。目前已经形成了"中华小当家"之"劳动与生活"校本课程、礼仪教育课程、礼仪教育操作手册、"党润童心——我讲党史、校史小故事"校本课程等研究成果。2011年，学校已出版《我和我的学校》《教师日常那些事》两本专著。《人民教育》和《中国教育报》专栏对学校推进素质教育进行了专题报道。

先进的办学理念、良好的校风学风，保证了学校教育教学效果的跨越式发展，强劲的发展态势赢得了广泛的社会赞誉。学校办学成效显著，先后被评为全国学习型学校、全国红旗大队、全国语言文字规范化示范学校、湖北省示范学校、湖北省综合办学实力50强学校、湖北省教改名校、湖北省少先队工作示范学校、湖北省依法治校示范学校、湖北省法治建设示范学校、武汉市五星级基层党组织、武汉市师德建设十佳集体、武汉市素质教育特色学校、武汉市艺术教育先进学校、武汉市群众满意中小学、武昌名校。近十几年来，学校作为湖北省国培计划培训基地，每年接待来自全国乃至国外各界人士参观、考察、交流上千人次，发挥着广泛的辐射作用。

本书在撰写过程中，得到了全校教师的大力支持。湖北大学的靖国平教授、武昌区教培中心伊满香主任也给予了无私且专业的支持。在此一并感谢！

如何培育时代新人，我们一直在探索中前行。由于我们的育人方式还是一种"草根式"的探索，书中难免会有欠缺之处，敬请广大同行提出宝贵意见。

武昌区中华路小学

2024 年 3 月